识干家

企業閱讀　學以致用

快消品
促销管理与方案
规划 · 技能 · 工具

张荣举◎著

中华工商联合出版社

图书在版编目（CIP）数据

快消品促销管理与方案：规划·技能·工具／张荣举著．—北京：中华工商联合出版社，2021.7

ISBN 978-7-5158-3031-5

Ⅰ.①快… Ⅱ.①张… Ⅲ.①消费品－促销策略 Ⅳ.①F713.54

中国版本图书馆 CIP 数据核字（2021）第 109354 号

快消品促销管理与方案：规划·技能·工具

作　　者：张荣举
出 品 人：李　梁
责任编辑：于建廷　臧赞杰
装帧设计：仙　境
责任审读：傅德华
责任印制：迈致红
出版发行：中华工商联合出版社有限责任公司
印　　刷：河北宝昌佳彩印刷有限公司
版　　次：2021 年 10 月第 1 版
印　　次：2021 年 10 月第 1 次印刷
开　　本：710mm×1000mm　1/16
字　　数：363 千字
印　　张：20.25
书　　号：ISBN 978-7-5158-3031-5
定　　价：88.00 元

服务热线：010－58301130－0（前台）
销售热线：010－58301132（发行部）
010－58302977（网络部）
010－58302837（馆配部、新媒体部）
010－58302813（团购部）
地址邮编：北京市西城区西环广场 A 座
19－20 层，100044
http：//www.chgslcbs.cn
投稿热线：010－58302907（总编室）
投稿邮箱：1621239583@qq.com

导读

在我22年市场作战的生涯中，促销一直都是“攻城略地”的好帮手。我带出了很多促销作战的高手，他们中很多在企业都是拔头筹的存在，既可以实战，也可以培训带团队。

在带团队的过程中，我非常想找一本关于在企业中实施促销的书，并介绍给团队，这样就可以不用我亲自讲解，但这方面的系统书籍几乎是空白。很多专业书籍很棒，但要么是从整体上论述促销，要么只是介绍常见的促销类型，多是理论知识，落地的细节很少。我是在台湾地区很多老师和前辈的指导下，一点点在工作实践中学会如何促销的，写作本书是希望补上这个空白。

产品雷同，其实也不可怕。市场竞争就如军事作战一样，大家都带兵，那就拼将领们的指挥能力，比一下谁在市场“白刃作战”中更能懂得利用促销手段来击败对方，赢者一样可以获得市场。

本书将促销管理的方方面面（如促销规划、打法、具体落地执行细节、终端人员技能及训练）都涵盖在内，不论企业规模大小，只要照此操作，促销活动一定会卓有成效。

本书介绍的促销思维、策划方法、促销技能和工具，非常具有落地实操性，同时配合大量的实际案例，便于读者更好地学习和领悟。本书结合线上、线下的促销趋势，找到线上、线下促销的结合点，将其融为一体，解决了很多企业传统市场部门无法参与电商部门促销运作的难题，将线上、线下的促销统合在公司整个促销体系中。

我在快消品开发领域摸爬滚打二十多年，带领团队击败了多个大、中、小品牌，培训了很多专业技能人才，钻研出一套可行的系统方法。通过这套方法，读者可以带领促销团队击败各路高手。

本书能做什么？

对于大、中、小型企业及管理者而言：

- 建立一个专业化的市场部促销管理部门。
- 有利于建立公司促销流程，细化职责，明确分工。
- 管理和带领团队进行公司整体促销规划。
- 在线下、线上市场开发的不同阶段，灵活运用各种促销组合打法。

- 建立自动化、数字化提报及核算体系，加速审核进程。
- 建立一个专业化一线促销员团队。
- 帮助企业培育核心关键人才，打造核心市场部促销团队。
- 解决市场部与销售部之间的争端，将团队所有人的经验整合起来。

对于市场部促销团队及有志于促销的营销人员、院校学生而言：

- 了解促销及线上、线下各种促销方式、技巧。
- 学习实战打法，快速上手。进行公司级的促销管理，运作线上、线下促销。
- 学会全面策划一场具体的促销活动。

序言

中国中小企业的数量已经超过3000万家，从业人员达数亿人。很多企业的产品高度雷同，销售方法类似，基本上都是特价、低价、搭赠，企业生存举步维艰。（有关产品开发方面的内容，可参见笔者所著《快消品产品开发方法：打造快消爆品》一书。）

不同的促销方式，运用的技巧不同，用得好，起到四两拨千斤的作用。高手所体现的价值是结合自身的技巧，运用适量的资源，击败配置大量资源的竞争对手，获得胜利。

离开技巧谈资源，只能用海量资源去面对对手。

很多中小型企业，甚至是销售额达几十亿元的企业，往往陷入这个怪圈，周而复始，受伤甚重。

本书的内容特色：

本书可以作为公司市场部每个岗位的具体技能要求参考。

本书从管理整体促销活动、运用促销去“攻城略地”到单场促销活动策划、现场促销的管控、促销团队技能，翔实、系统、全面地讲解了企业促销的运作。

第一章，促销管理。详细讲述了公司促销的目的和类型，阐述了公司年度、月度、单场促销活动都要重点管理的原则。

第二章，线上、线下促销方式及组合运用。着重讲述了各种促销活动方式和团队激励方式，并按照市场开发规律组合运用。

第三章，单场促销活动策划及管控。着重讲述了如何策划一场促销活动，并在策划中将促销管理的7大重点原则融入进去。

第四章，高效月度促销规划。着重讲述了市场作战规划的策略及打法，以及如何按照促销管理的7大重点原则进行月度促销落地及规划。

第五章，高效促销提报体系。讲述了公司促销提报流程及审批要点、各种类型的自动化核算控制。

第六章，促销活动现场管理的核心技能。着重讲述了促销活动现场的控制要点。

第七章，终端6步销售法。讲述了终端促销卖货的6个技巧以及简化版的三段式销售技巧。

第八章，终端促销员的理念与管理。讲述了促销员应该具备的理念、规范和促销员管理的问题点。

笔者的职业生涯开始于康师傅企划部（台资企业称呼市场部为企划部），任职产品经理。

2006 年，笔者在调味品知名企业北京市老才臣，与董事长陈月平先生一起，启动全国促销，综合运用包装附奖、赠量、爆品爆促、订货会、人员地面促销推广等手段，击败各路高手。老才臣成为全国腐乳行业排名前两位的品牌，在很多区域排名第一；料酒成为全国前三的品牌。

2007 年，笔者任职青岛一家年销额达 7 亿元的肉制品公司市场部负责人时，带领团队，既在传统的小零售店经销渠道、超市包装产品渠道，也在散货柜台销售区，用促销打法尤其是人员促销售卖技巧、各种地面推广技巧，击败行业排名第一的品牌。

后来笔者服务于百年品牌——青岛灯塔，任职副总经理。其间，重建营销中心各职能，带领销售、市场团队击败市场排名前列的品牌，突出重围，策划的每一场促销活动都是超市和批发市场中最亮眼的，业绩遥遥领先。

本书虽从笔者二十多年最擅长的快消品促销角度来写作，但理念、方法、流程、工具等同样适用于其他行业。

目录

第一章
促销管理

本章主要讲述企业促销运作的痛点、公司促销的目的及分类，以及促销管理的7个重点原则。

一、企业促销运作的痛点

一提到促销，好像谁都可以做，市场部成了管理企业和品牌形象的“面子部门”，这是在很多小型企业甚至一些中型企业经常发生的现象。

其实，促销是很专业的工作，需要大量的专业技巧、专业运用方式，要花费大量的资源，应该上升到企业战略层面。

（一）传统线下促销运作的痛点

促销是很多企业的痛点，如若管理不当，资源的错误或无效投放会非常严重，浪费极大。

现实中，往往存在这些现象：

很多销售人员甚至高管，只是对一些促销名词有浅显的认识。

特价、搭赠都得做，一定要比竞品价格低，否则没法干。

搭赠，100+10，谁不知道啊？特价9.9元，谁不懂啊？

抽奖，摆个抽奖箱，放几个赠品不就行了吗？

订货会更简单，找个酒店，大家吃吃喝喝，做销售的最会喝酒吃饭了，再设个大力度搭赠政策，不就剩打款、出货了吗？

促销员，谁还不会找几个大姐站在那里，听一听别人喊的就学会了。

一个信念：别人有，我也得有。大不了大力度做特价活动，老板不给，那是老板的问题，市场竞争那么激烈，不投入费用，行吗？

所以，销售部一提到促销，必须主力单品，必须大力度特价、大力度搭赠，没有这些就没法完成业绩。

市场部每次提到促销，都会问：有什么目的？为什么促销？竞品都有什么活动？

不知道！就只有一条：必须给促销资源。

一提到品牌的培育，就是广告、围挡、条幅、遮阳伞、帐篷。活动现场乱七八糟。

市场部如果没有竞品的促销信息，再对很多促销技巧一知半解，规划时也是毫无新意，就剩下各区域、系统的搭赠、特价等销售人员都会的工作，最多加上一些物料，完全成了汇总部门。

签批时，最多计算费用率，写上不疼不痒的几句需要注意和提醒的话，接下来的主要工作是追踪。签批下来，领导问：为什么这样做？不知道，或者随便演绎一通。怎么可能知道啊？

对于促销目的和原因，业务人员也一知半解、信息不全，甚至连残缺不全的信息都不愿意告诉市场部。老板问时，扬扬自得地说出来，作为说明自己本事大、万事通、了解市场的资本。市场部就如同摆设。

汇总一下，大概有以下痛点：

- 公司的整体促销规划混乱，意见很难达成一致。
- 主力产品无限制地促销，而很多其他产品得不到有效的推广。
- 促销申报乱七八糟。
- 相关人员不会核算，或是核算麻烦，核算方式不一致。
- 促销活动方式不合理、促销运用呆板，没有相关技巧。
- 审批意见模糊，无法做出判断。
- 销售部最常说的是市场部规划的促销活动不合适。
- 市场部最头疼的是销售部根本不懂促销，只知道要低价、大力度。
- 销售部常督促市场部要拿出创意好的促销活动，而市场部却对市场状况一无所知。
- 一开会讨论促销，销售部最常做的是拿出市场的竞品爆炸信息“炸晕”全场，指责规划好的促销不合适。
- 在促销现场，促销员都是普通的套话，不会用话术。
- 现场布局混乱。
- 销售没有成交技巧。
- 促销活动组织混乱。
- 促销信息混乱，或者压根就没有准确的市场信息。
- 促销员混乱。
- 进入了“促销，促销，一促就销，不促不销”的怪圈。

促销真的像业务人员说的这样吗？以上问题无法解决吗？肯定不是！

以上提到的只是没有技巧而只有初步经验的伪促销，专业的促销是破解这一切问题的“钥匙”。

（二）线上促销运作的痛点

很多企业的电商部是集店铺运营、产品开发、推广、促销、服务于一体的综合部门，与公司其他部门分开，独立运营，经常与线下市场操作脱节。真的要这样吗?

由于电商平台的专业性，有很多专业术语和专有的操作模式，这造成传统的快消品人才很难理解和介入。

很多电商运营人员都是年轻人，接触平台较早，懂平台特性，加上各电商平台的促销、推广都已经模块化、系统化，这已经成为一个纯技术问题。但是，他们对于促销各方面的真正技巧的运用却很难在短时间内融会贯通。

这与当初KA超市兴起，传统流通市场、渠道人员不理解KA系统的运作模式、专业术语以及超市的推广、促销方法等是一样的情况。

公司整体市场的拓展，始终是对不同消费群体的获得，只不过是线下某区域群体或线上全国范围的某类聚集群体的区别。所以，都要做品牌与产品认知教育，运用促销与消费者沟通，与竞品作战，二者的理念和方法是一致的。

电商部门与其他部门专业技能的核心思路是一致的，只是用不同的技术手段展现出来，尤其与市场部的品牌建设、产品开发、产品管理、促销、媒介广告等方面，完全可以深度融合。

二、促销的定义

促销战略是营销四策略之一。广义的促销战略包含广告战略、促销推广活动战略、公共关系战略、人员销售战略等，如图1－1所示。

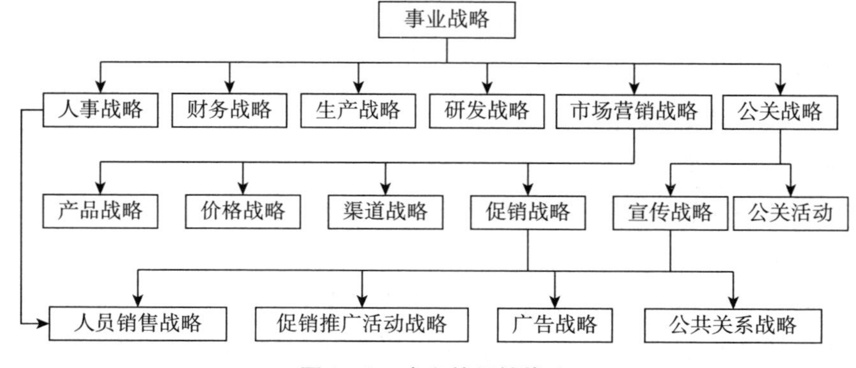

图1－1　广义的促销战略

促销承接了公司的事业战略落地，是销售活动中最重要的环节，其能否落地、能否起到实际作用，决定了企业的生死。

在企业中，一般常说的“促销”往往特指促销推广活动，本书所论述的就是这类促销。

促销，是教育市场认知及促进销售进行的一系列方法及手段，是促发渠道商和消费者购买意愿和行为的方法和手段。

具体定义促销，就是在某一特定的时间内，在特定的地区、区域，针对特定的传播对象（目标客户、目标消费群体），要么提供直接的购买认知、诱因、回馈及承诺，以促使其做出特定的购买决定；要么采取特定的行动，而这些行动将会使对促销活动有所回应者受惠，目的是谋求创造或刺激消费者对商品、品牌的需求。

三、公司促销的目的及分类

在企业中，促销是根据企业的具体战略和销售过程中的需要开展的，都承接着一定的目的。根据不同的促销目的，采取不同的促销方式。

（一）促销目的

促销的目的非常多，如针对品牌的、产品的、销售过程中的问题的、吸引消费者及改变态度的、竞争性应对的（比如攻击、防御）等。

（1）品牌推广：品牌知名度、品牌属性认知度、喜好度、忠诚度的提升。

任何一场促销活动都蕴含着对品牌的打造，需要尽可能地加入品牌元素，加强品牌信息的传播和塑造，这是基本要求。

（2）产品推广：产品属性认知度、知名度、喜好度、试用、初次购买、重复购买、习惯购买。

产品属性与产品定位息息相关，产品属性因素的传播是促销活动的核心目的之一。产品的定位是产品本身区别于竞品的独特优势，是顾客购买产品的真实目的（满足其差异化的需求），也是消费者不断重复购买的真实原因，这是在促销活动中要长期不懈、坚持贯彻的行为。

（3）新产品推广促销活动。新产品上市，离开了促销，举步维艰，不要指望消费者会主动关注、了解你的产品。

新产品必须运用促销进行推广，把试用、试吃、抽奖、游戏、特价、买赠方式结合起来对新产品进行推广。

（4）刺激产品购买推荐以及消费群体的口头交流与扩散的发生。

如果消费者购买并使用产品后比较满意，能够将对商品满意的信息传递给周围的人群，其价值是非常大的。因此，关注并主动刺激消费者这种行为的发生，给予其一定的促销激励非常重要。

（5）即时销量提升：短期内刺激消费者增大购买量或吸引更多的消费者参与购买。

消费者需要额外诱惑和甜头，否则，消费者会因为额外的诱惑转头购买其他品牌，因此必须用促销活动来刺激消费者不断购买。

（6）吸引人潮，用于营造销售气氛或整体产品策略牺牲品的促销。

“马太效应”是不二法宝，人会因为其他人的行为（尤其是很多人的同种行为）而发生盲从购买行为。没有人来到货架前，就不会有销售的发生，有了人潮，才会有销售的可能。因此，对爆品、网红产品、各种尖货等加大优惠力度，吸引人潮，其他产品的销售机会也就来了。

（7）吸引人潮，获得渠道的正面支持。

如果你的产品及促销活动总能吸引人潮，超市和线上平台一定会给予你扶持措施。

（8）阻击竞品。

阻击竞品，除了选用合适的产品外，促销是最合理的手段，正面防御与正面攻击、侧翼进攻及防御等战法，都少不了促销开路、打开局面。

（9）紧密结合社会环境变化，进行有利于品牌建立或即时销量提升的活动。

每当环境变化或有重大事件发生，消费者的注意力就会集中在这些变化或事件上。以此为由举办促销，就能吸引消费者的关注。除了带来销量的增长，消费者还将品牌与这些事件紧密联系起来，这对品牌形象、品牌个性的塑造、品牌与消费者关系的拉近无疑是有极大好处的。

（10）主题促销。

主题促销就是寻找各种机会吸引消费者的注意力，自己创造能吸引消费者注意力的主题促销活动，以提高销量和培育品牌与产品。

（11）节庆促销。

中国传统节日、国际上通行节日、纪念日、公司节庆日、新店开张日、老店翻新日、超市专有节日……原则是“有节用节、无节造节”，寻找各种机会吸引消费者的注意力。

（12）厂商周。比如配合商场的厂商周、公司发起的厂商周等，寻找各种机会吸引消费者的注意力。

（13）结合目前的营销环境需要举办的促销活动。

不同的营销进程、不同的市场开发进程、不同的产品上市进程，需要不同的促销来配合。

（14）在营销工作执行过程中出现的问题解决专案。比如处理库存（商超、公司）、即期品处理、问题产品处理，刺激进货、上架奖励等。

（15）根据合同必须执行的促销。

很多平台，不论是线上平台，还是线下平台，都会在合同中规定一些重点时点的促销要求和费用投入，公司必须执行合同的要求，与他们建立良好的关系。

（16）配合公司整个行销传播与广告、公关的促销活动。

整合行销传播是营销的基本要求，运用促销加深客户对广告传播内容的二次认知与理解，去配合某些公关目的是再平常不过的事了。

（17）配合价格调整的促销活动。

价格调高了，消费者极有可能转移购买，怎么办？用促销。一步步降低优惠幅度层级，吸引消费者继续购买，直至最终习惯养成。

（18）刺激销售团队士气的促销活动。

为了激励团队的士气，必要时举办促销活动来提高销量，获得胜利。针对团队本身设立激励活动，让他们在利益刺激下努力执行市场动作。

（19）配合公司战略跟进的促销活动。

公司一些大的战略调整，可能需要用促销活动来支持，比如企业上市或融资、开发客户时，都需用促销活动来打造企业形象，大力提升业绩。

（20）根据其他目的进行的促销活动。

公司需要快速回款，举办订货会，用大力度促销，直接收取现金。

公司需要攻进某一平台或系统，用促销在标杆系统获得成功，以此来吸引平台的关注，公司可以获得优惠条件。

为了获得分销商、零售店的支持，提高他们的进货积极性，举办促销，增加分销商、零售店的毛利率。

为了让经销商相信新产品能够成功，进货售卖，运用促销手段去打造标杆。

（二）促销分类

提到促销的种类，就必须提到渠道的特性。在营销中，渠道与促销是密不可分、连成一体的，正如产品和价格是一个共同体。

不同的渠道，使用的促销方式不一样，促销要达到的目标也不一样。

根据促销对象的类型，促销一般分为终端消费者（或客户，特指最终使用者）促销、渠道客户（代理商、分销商、零售商等）促销、内部销售团队促销三类，如图 1－2 所示。

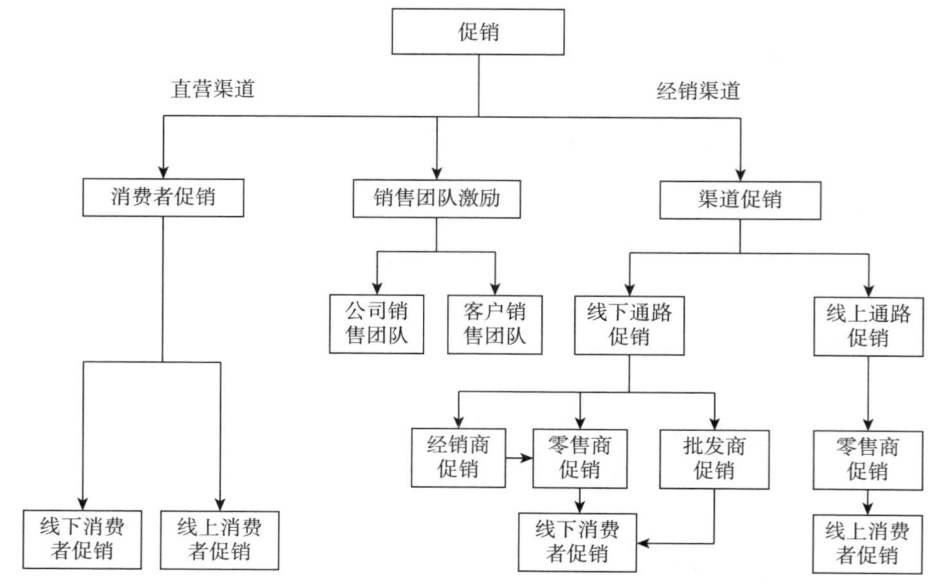

图 1－2　促销分类

直营渠道：公司直接合作的大型超市、卖场渠道及直接供货的大型餐饮客户和特殊客户的渠道；公司在线上自有的天猫、京东、淘宝等商店。

经销渠道：通过经销商辐射小型店铺、餐饮批发、特殊渠道客户的渠道；公司供货给在天猫、京东、淘宝等线上平台开设店铺的客户及微商等渠道。

消费者促销：直接针对终端使用者的促销活动，终端使用者为消费者、餐饮饭店、大型特殊客户（企业、单位、学校等）。

消费者促销具体分为由公司直接举办的消费者促销和由渠道商举办的消费者促销。根据渠道性质的不同，又分为线上消费者促销和线下消费者促销。

渠道促销：针对渠道客户举办的促销，分为针对零售商、批发商、销售团队的促销。根据渠道的不同，又分为线上渠道促销和线下渠道促销。

销售团队激励：分为针对公司销售团队的激励和针对客户销售团队的激励。

四、分渠道的促销类型

想真正理解促销，必须先理解渠道结构及其各自的特性。

渠道（通路）指的是产品从生产方到达消费者（使用者）所流经的路径。促销是打通路径和促使产品加速流动的方法和手段，针对各渠道级别的客户方面施加。

对于任何产品，生产方想要自行送到消费者手中，由于消费者（客户）的数量庞大、分布零散、配送距离远近不一，在经济性上是达不到的，必须借助散落在各区域的、消费者已经习惯去购买的中间商，比如零售商、经销商、分销商等。中间商同时销售众多品类和品牌的产品，可以分摊成本，如图 1－3 所示。

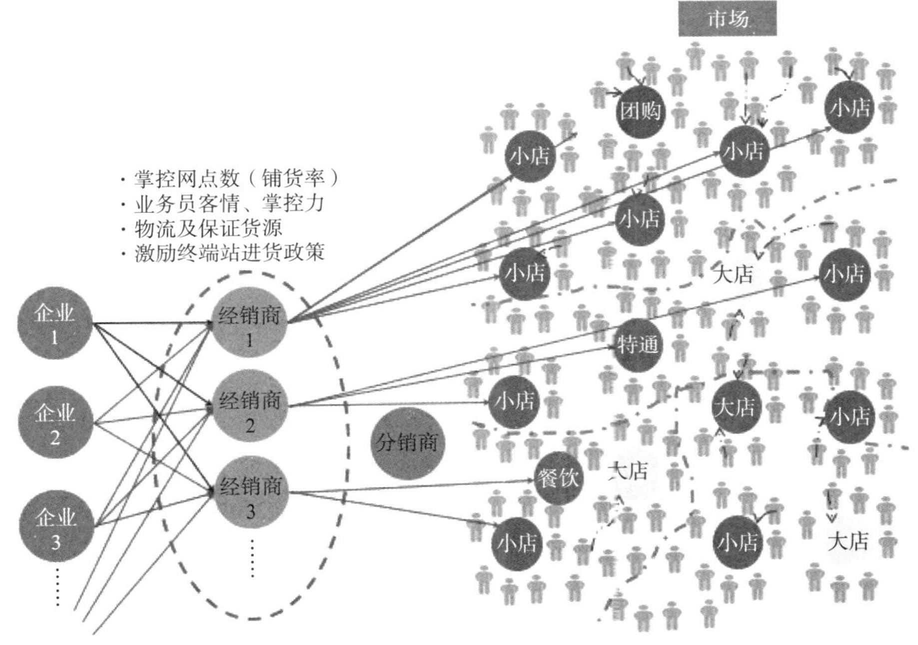

图 1－3　渠道的意义

电商经济的兴起，让生产方可以直接面对终端消费者（客户），大大缩减了中间商渠道的毛利差，让商品变得非常经济实惠，成为一大重要渠道。

即便现在电商经济兴起，很多产品由于其特殊性（保鲜、时效、购物体验），以及消费者的购买习惯难以改变等因素，线下渠道也难以完全被替代。

渠道的结构有很多，渠道结构不同，意味着促销类型也不同。

（一）传统线下渠道的促销

根据产品的特性，传统线下渠道分为家用产品线下渠道和餐饮产品线下渠道两大类型。这两大类型渠道的促销运作是不同的。

1. 家用产品线下渠道的促销

家用产品线下渠道结构，如图1－4所示。

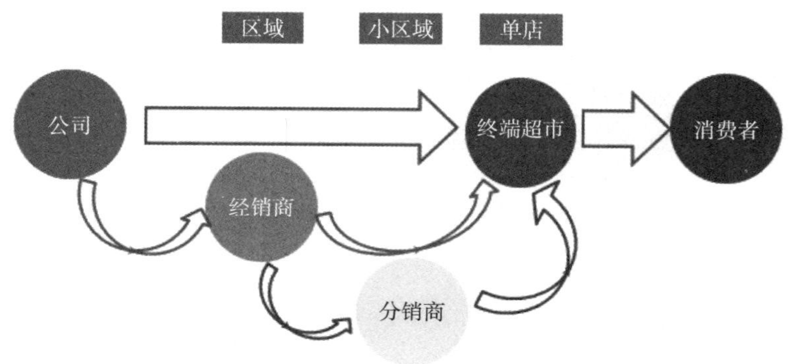

图1－4 家用产品线下渠道结构

零售店规模的大小不同，家用产品线下渠道的结构也不同。

有些连锁大卖场、连锁超市、连锁便利店会由公司直接供货，有些会由经销商供货。

小型的夫妻店，大部分由经销商供货，还存在部分二级分销商。

传统线下渠道的分销商作用越来越弱化，尤其是在经济发达地区，已经不是渠道的主流。

在发达城区，传统快消品的线下渠道，基本上只剩下直营渠道、经销商供货终端零售店两大渠道类型。经销商通过分销商覆盖终端零售店的现象只作为一种有益的补充，在经济欠发达的偏远三四线城市、乡镇等，分销商可能还是主流。

（1）公司直接供货KA型零售商渠道的促销

这种渠道是直供大型连锁型零售客户（含国际型卖场、中型连锁、百货连锁、CVS便利店），超市客户直接面对消费者，如图1－5所示。

不同规模的超市，对不同品牌的毛利率要求不同，超市毛利率分为前台毛利率、后台毛利率，综合毛利率倒扣20%～40%。超市的市场运作能力很强，产品进店后，零售商会根据销量自动下订单订货，厂家只要努力提高销量就可以了。

促销一般是针对消费者的促销，以及获取超市特殊支持的坎级返利、陈列、海报、印花等渠道促销。

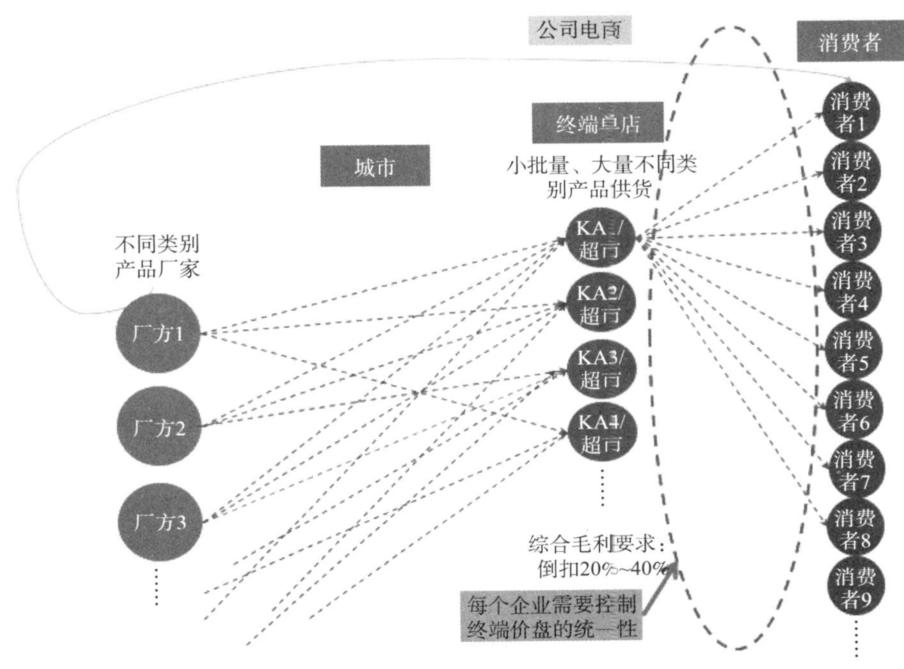

图 1－5　线下公司直接供货的 KA 型超市渠道特点

（2）通过经销商供货 KA 型零售商渠道的促销

这种类型是通过经销商供货连锁型零售店，经销商毛利率顺加 15% ～30%，这取决于行业的类型及经销商的实力与客情，如图 1－6 所示。零售终端的毛利率要求类似于厂家直供渠道。

这种类型适合无法直营的区域和品牌。单个品牌运营，由于销量较低，无法承担大量的运营费用。很多品牌可以通过经销商来分担团队、库存、管理、客情的成本，甚至部分特殊陈列、广告等资源的费用，厂家只要给予经销商足够毛利率及促销活动就可以了。

因此，促销类型除了消费者促销部分，还加上针对经销商的渠道促销、针对经销商团队的激励促销。

（3）通过经销商供货零售小店渠道的促销

零售小店一般是通过经销商（或部分分销商）来供货，经销商毛利率要求顺加 15% ～30%，零售小店顺加 20% ～25%，如图 1－7 所示。这部分客户由于经营大量的品类和品牌，规模、专业性、人员、资金等有限，运作方式不如大型连锁零售商规范，由老板决定能不能进货和如何合作。

因此，经销商和零售商、分销商的进货意愿和资源占用非常重要。

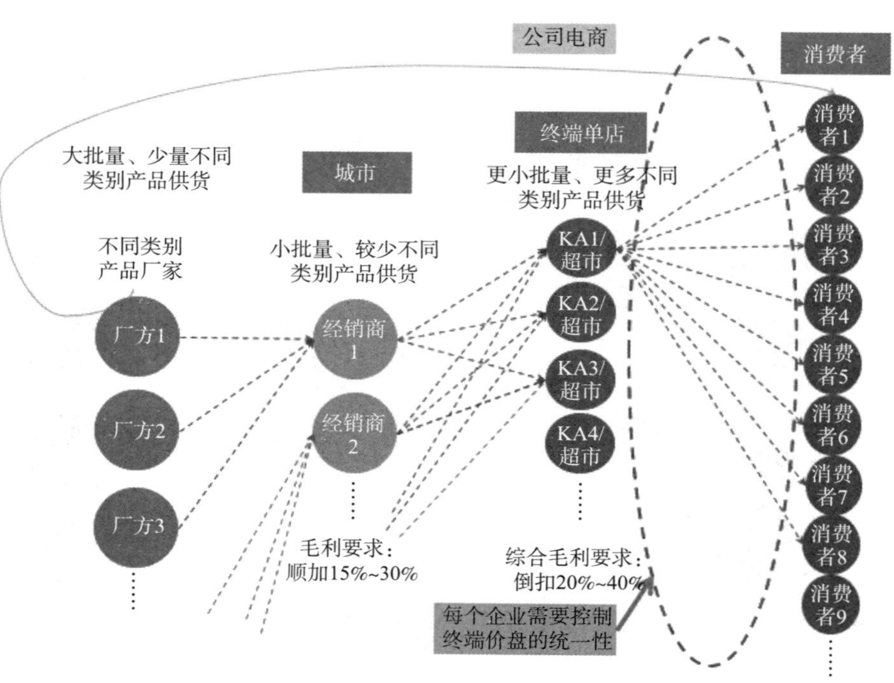

图1－6　线下代理商供货的KA型超市渠道特点

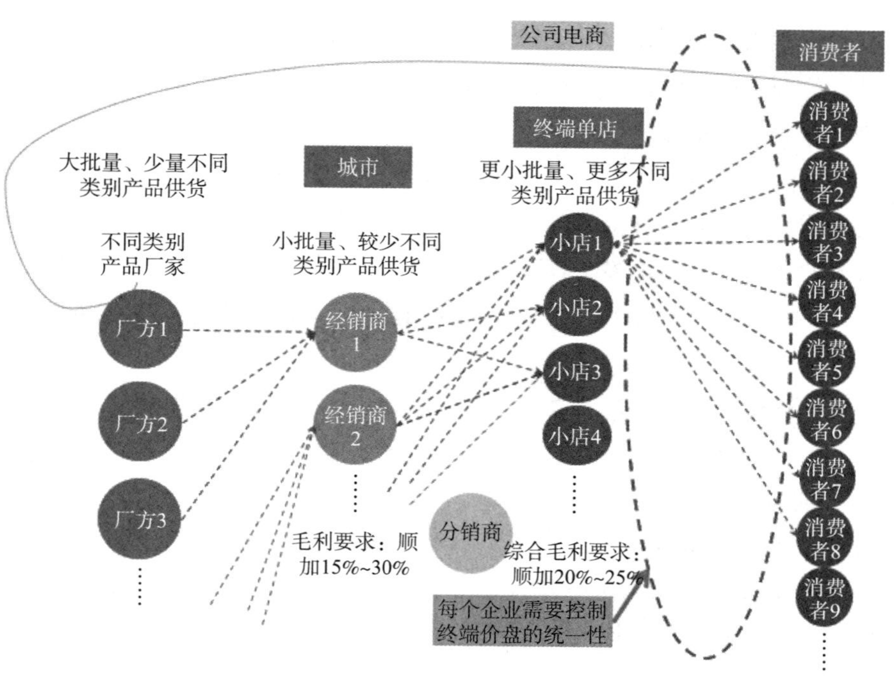

图1－7　线下代理商供货的零售小店渠道特点

除了针对消费者的促销外，针对渠道中间商的促销也非常重要。比如通过搭赠、提前打款促销、压库、订货会、铺货促销、付费陈列、门头及付费广告宣传物等，引导经销商、零售店老板的进货意愿。

这类市场发展到成熟阶段后，会要求促销下放到下一级渠道的小型零售店。

针对经销商团队的促销激励也非常重要，主要用于调动其团队的意愿。

渠道中间商的窜货是非常可怕的行为，历来是各生产商最头疼的大事，越有能量的客户，窜货能力越强，因此促销要讲究均衡性。

2. 餐饮产品线下渠道的促销

餐饮产品线下渠道结构，如图 1 –8 所示。

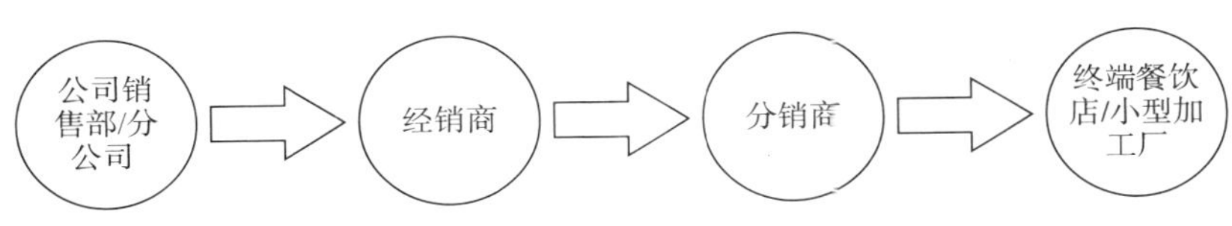

图 1 –8　餐饮产品线下渠道结构

餐饮渠道的结构，仍然是通过经销商去覆盖散布在批发市场的大量分销商，进而辐射数量众多的中小型餐饮店。

大型餐饮连锁集团中，有些是经销商直接供货，有些是厂家集中供货。

餐饮店对食材新鲜度的要求，决定了其一周之内多频次、简单快速、集中采购的模式，有其长期合作的固定分销商，尤其是中小型餐饮。所以，分销商是不可代替的一环，每个分销商提供种类繁多的餐饮原辅料产品。

餐饮渠道常说的分销商（批发商），其渠道地位其实是对应传统产品渠道的零售商，如图 1 –9 所示。由于其同在一个批发市场，竞争激烈，导致毛利率较低，一般顺加 5% ~15%，出货价格低是最大的现状，控制好价盘是最紧要的工作。

餐饮渠道的促销核心之一是针对分销商的促销，适当增加其毛利率，促发其进货意愿，占用其资金、仓库等核心资源。货压进去后，分销商就会努力销售产品。

同时，还要激发餐饮店的进货意愿，直接针对饭店的终端促销（饭店地位等同于消费者）也是一个核心。

针对经销商的促销，初期可以保留一部分，待市场成熟后，一般要求其将促销下放到下一级渠道分销商和餐饮店。

针对经销商团队的促销激励非常重要，主要用于调动其团队的意愿。

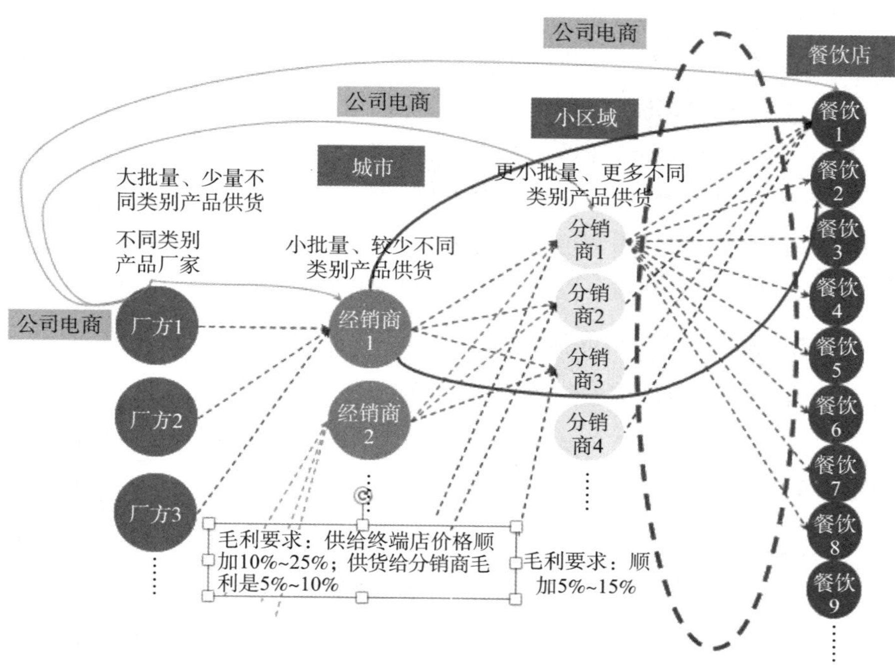

图 1－9　餐饮产品线下渠道特点

（二）线上渠道的促销

根据产品类型，线上渠道分为家用产品线上渠道和餐饮产品线上渠道两大渠道类型，促销也各不相同。

1. 家用产品线上渠道的促销

家用产品线上渠道结构，如图 1－10 所示。

图 1－10　家用产品线上渠道结构

电商在蓬勃发展中，越来越成熟。电商平台，比如天猫、淘宝、京东、亚马逊、微商，以及抖音、快手的短视频直播卖货平台等，都是直接面对全国消费者的渠道。

电商平台中有公司直接开设的店铺，也有经销商开设的店铺。

电商是无视渠道级别的，消费者自由地比价，自主地在各店铺购买，如图1－11所示。不论你是公司开的电商，还是第几级分销商开的电商，同一个产品，要控制相同的价格才可以。促销的核心工作是严控终端价盘。

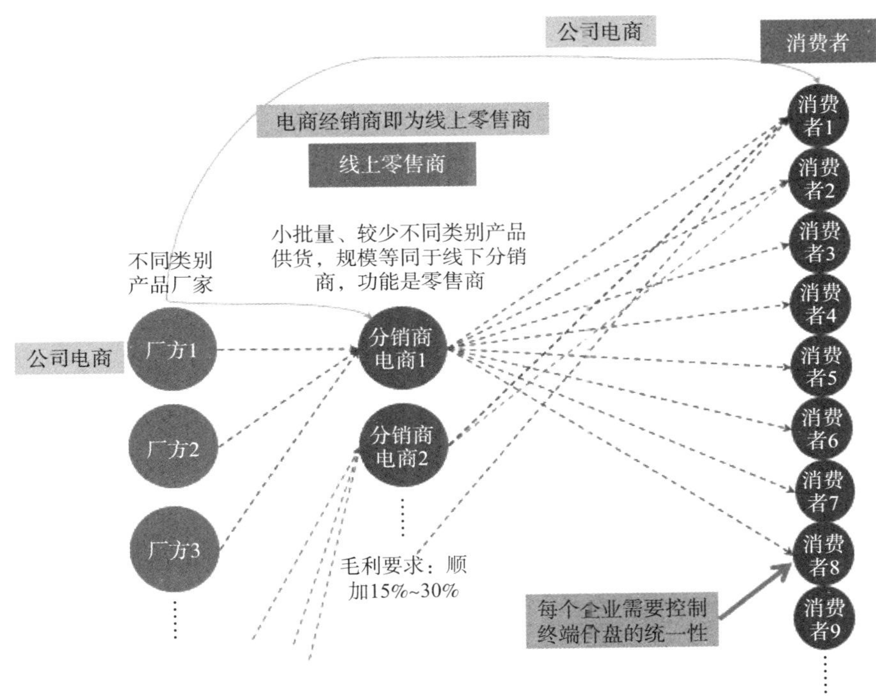

图1－11 家用产品线上渠道特点

促销是直接面对消费者，给予分销商的促销绝大部分都下放到消费者促销环节。当然，存在针对分销商的一部分合作费用分担、坎级返利、团队激励等促销。

2. 餐饮产品线上渠道的促销

餐饮产品线上渠道结构，如图1－12所示。

餐饮产品的电商渠道发展很迅速，有很多专门供货给餐饮渠道的电商平台。比如，美菜网，一家专门给餐饮店、小超市做配送的电商；海底捞开设的蜀海，是专门针对餐饮店做集中配送的电商。

平台通过在网上接单，自己设立仓库、自行配送或寻求合作配送商配送到门

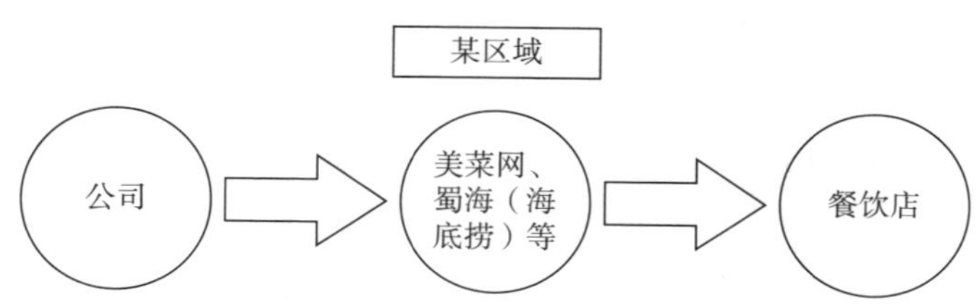

图 1－12　餐饮产品线上渠道结构

店，完全打破了传统的经销商、分销商模式。

餐饮产品的促销主要针对餐饮店，方式以成件购买的坎级搭赠、坎级特价、爆品惊爆价为主，也需要做针对平台的渠道促销。

（三）线上线下融合的新零售平台的促销

新零售是顺应网商发展，线上线下开始深度融合（互联网＋），以年轻消费群培养（平均消费年龄 18～40 岁）为目标。

1. 各大平台渠道的促销

很多大型超市、连锁超市、个人超市、品牌专卖店等入驻了各大平台，比如美团、大众点评的团购平台，美团、饿了么、京东生鲜等外卖平台，支付宝、微信、京东等支付平台，线上线下的销售融为一体。

这个渠道的促销主要是针对消费者的促销，以及超市、平台的渠道促销。

2. 社区微信团购渠道的促销

滴滴（橙心优选）、拼多多（多多买菜）、美团（美团优选、美团买菜）、兴盛优选、叮咚买菜，以及个人通过微信群做社区团购，其渠道结构如图 1－13 所示。

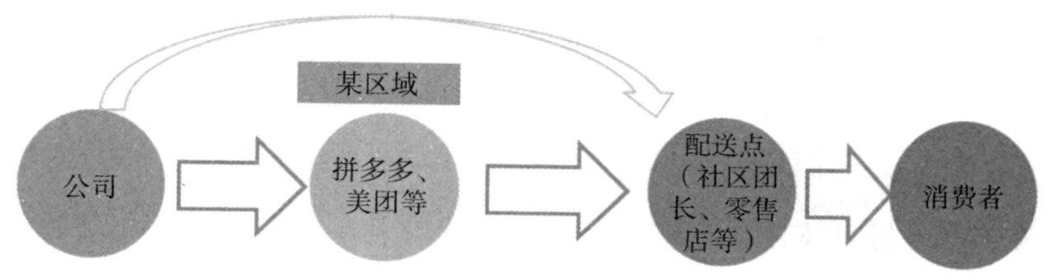

图 1－13　线上线下融合的微信社群渠道结构

社区微信群在社区设立固定提货点，提货点由零售店、房产中介店、菜鸟驿站、个人群主（团长）等组成。群内的顾客在电商平台或群内下单，由团长们汇总到平台，再由平台统一安排货源。很多大平台已经在各地建设大型现代物流仓库，厂家提前一天配送到仓库，平台第二天配送到自提点，消费者在自提点提货。

各大平台代替了传统经销商和零售店（KA 大店和传统小店）的功能，具有更大的议价能力，社区团长不需要空间陈列产品和保留库存，具有更大的灵活性。

未来，消费者只会在平台上下单，甚至个人社区团长也会成为补充，只保留配送点功能。

线上渠道以更便捷、更直接的运作，逐渐抢夺传统渠道的市场份额。

促销是直接针对消费者的促销与针对各大平台或个人社群主的渠道促销。

消费者促销方式类似于 KA 店促销模式。相比传统的零售小店很难进行促销的缺点，线上促销完全无视这个缺点。

五、促销管理7大重点原则

公司的促销管理要考虑全局性、系统性。

促销产品的选择、促销方式的选择、促销毛利率的控制、促销力度的选择、促销活动资源的配置、信息传达控制、辅助物控制 7 个方面，要遵循一定的原则。

（一）促销产品的选择原则

促销仅仅是产品与消费者的一种沟通，产品的选择是促销的重中之重。

产品的选择与促销目的息息相关，根据促销目的和市场状况选择合适的产品。

1. 保证公司产品线中的每个品类每月都参与促销

在激烈的竞争环境下，消费者的注意力被极大地稀释，促销是吸引消费者注意力的强大手段。

每个产品品类对应着消费者的某种购买需求集合，一旦在某个品类中，产品长时间未被消费者注意到，长此以往，该产品会在大多数消费者的购买品牌选择范围中消失。

每个品类的目标消费群体并不重合，需要每个品类都参与促销，保证每个月与目标客户群体都有一次接触沟通，并起到部分重叠刺激的作用。

2. 每月促销中保证有 1 ~ 2 个主力单品

在常规促销中，团队的销售目标达成是重中之重，促销是达成销售的重要手段，团队的销售目标增长一般在10%～30%，甚至更高。除了新产品、新渠道、新区域带来的增长外，现有区域、渠道、产品带来的增长也是重头戏。

保证1～2个主力单品带来的产品增长，确保主力产品销售占比达到一定的百分比，这是可以计算出来的，每场促销活动带来的增长率乘以产品的销售占比，就等于给整体销售目标带来的增长率。

其余可以配置一些非主力产品、潜力产品、新产品等。

如此，既能保证整体的销售增长，也能保证产品与消费者接触的活化性。

3. 应对竞品，选择产品进行防御

很多时候，除了确保增长外，由于竞品攻击带来的销量下滑，也必须有合适的产品来应战。可以选择被攻击主力单品进行正面防御，也可以选择其余产品以攻代守，攻击竞品的其他主力单品，以弥补丢失的市场份额。

4. 市场进攻

结合要攻击的竞品产品线，选择合适的进攻产品，同时选择一些策略性的产品，比如提升品牌形象的产品、提升人气的牺牲型产品，或者用来阻挡对方反击的产品。

5. 潜力产品

潜力产品是有巨大的市场增长空间，可以获取大量的市场份额的产品。这类产品可以单独配合试用类促销，结合特殊陈列、堆头、大力度促销长期培养，也可以在每次的活动中搭配做长期培养。

6. 处理库存或滞销品，选择库存品或与主力产品做组合促销

库存或呆滞产品，适合大力度促销。如果数量不多，单独做一次小型促销或常规促销就可以处理掉。

如果数量比较多，可以作为吸引人气的牺牲品，既能获得渠道的支持资源，又能快速售卖出去，同时吸引更多客户，借机重点推介主力单品或潜力单品、新产品。

7. 即将锁码产品

此类产品需要定期查看，在即将到达超市的锁码时间时，做一次大力度促销，提升销量，脱离锁码红线区，保证产品不被清掉。这类产品日常销量不大，忠诚消费群体小。促销讲究的是时机和力度，通常不与其他产品组合促销。

8. 牺牲品策略

一般来说，牺牲品往往被用来为品牌吸引人流到柜台、店面或货架的品牌区，选择牺牲品促销时要讲究大力度。

一般采用过季品、断码品、库存处理品，或者特别设计包装或规格、型号、属性的产品促销，不求利润，不做常规售卖，不影响现有产品的品牌形象，吸引下一价格带的消费人群，形成马太效应，同时大幅增加销量。

牺牲品策略的目的是，为品牌吸引大量消费者，快速提升品牌的知名度，但本身的毛利率不高，甚至为零。因此，做好要打造的主力产品的推广和宣传工作至关重要。

9. 其他促销目的选择产品

促销的目的很多，决定了产品的选择和组合也不同。在实际工作中，要把握特殊目的与品牌打造、销量提升这两个主要目的的结合。

尽可能以不牺牲品牌形象为代价，不对品牌造成巨大伤害，并且尽可能对销量提高、品牌与产品的认知、使用目标群体增加等有增益作用。

（二）促销方式的选择原则

选择何种促销方式至关重要，这是促销策划的核心。各种方式的使用，详见本书第二章“线上、线下促销方式及组合运用”。

（三）促销毛利率的控制原则

毛利率是公司的核心控制要素。促销带来的额外价格降低或附赠，都会造成毛利率下降。

促销的核心目的是吸引消费者认知、购买产品后，对产品价值有正面的评价，从而在以后的购买中，出于对产品的信任而在原价、不同程度的价格促销时，都会购买产品。

商业的核心诉求之一是赚钱。每次促销活动，其核心工作就是严格控制毛利率。一般通过控制渠道客户毛利率水平和产品高低毛利率组合来实现。

1. KA 促销活动，缩减通路毛利率，共同让利消费者

（1）通过经销商做 KA 系统零售店

要缩减经销商和门店的毛利率，与经销商和门店沟通将其毛利率下降到某一毛利率水平，不再维系原来的高毛利率。

比如经销商毛利率如果平常顺加 20% ~30%，那么促销活动维系到 10% ~

15%；连锁超市系统前台毛利率一般倒扣15%～25%，促销活动毛利率在5%～10%。

下降幅度的大小，与促销的品牌、规模、力度、重要性有关。一般来讲，终端促销力度越大，经销商和门店的毛利率越低，直至零毛利。

终端门店缩减毛利率，指的是前台缩减，一般不会涉及后台毛利率，但系统特殊时期后台毛利率也会缩减。

（2）直营的终端零售门店

直接与门店采购沟通，缩减门店毛利率水平，方式同上。

2. 流通（经销商控制的小店渠道）促销活动

流通的促销活动，下游的分销商及小店的毛利率一般是不会下调的，甚至还要增加毛利率。经销商的毛利率可以下调，原则同KA促销的毛利率要求一样。

捆绑促销类的促销活动，降低经销商的毛利率，维系分销商和小型零售店的毛利率。

无法做针对消费者促销的门店，可以增加付费陈列（位置、集中陈列）、额外铺货搭赠、提高品项铺货率。同时，增加门店毛利率，增强竞争力。

可以做消费者促销的门店，处理方式类同通过经销商做的KA门店。

3. 合理搭配促销产品毛利率组合

走量的产品毛利率低，毛利率高的产品不走量，这是普遍规律。搭配不同毛利率的产品，控制好走量与高毛利率的组合平衡。

分别计算各产品的销量和毛利率，估算整体毛利率，通过设定每个产品的促销数量来控制整体毛利率水平，如表1－1所示。

表1－1　促销毛利率试算表

产品组合	原出货价格（元/单位）	公司原定毛利率（%）	促销出货价格（元/单位）	公司促销毛利率（%）	预估销量（单位）	预估销售额（元）	促销前利润（元）	促销后利润（元）
产品1	C	D	E	F	G	E×G	C×D×G	E×F×G
产品2								
产品3								
产品4								
产品5								

续表

产品组合	原出货价格（元/单位）	公司原定毛利率（%）	促销出货价格（元/单位）	公司促销毛利率（%）	预估销量（单位）	预估销售额（元）	促销前利润（元）	促销后利润（元）
产品6								
产品7								
……								
合计	—	—				A		B
整体毛利率	B/A×100%							

注：可以按照费用率模式计算，方法基本一致。
此处出货价格是指公司发给客户的出厂价格。

（四）促销力度的选择原则

促销活动的力度，在一定程度上决定终端消费者的购买选择。力度过小，消费者对产品没有太大的兴趣；力度过大，公司额外损失利润，对品牌的杀伤力也大。

1. 确定促销力度的方法

通常情况下，根据竞争品牌产品的促销力度和促销目的选择自己产品促销力度的大小，这样可以有效避免消费者没有购买兴趣或对品牌造成伤害的问题。

（1）竞争性促销

综合考虑品牌力、产品力、价格定位来选择促销力度。

（本品品牌力＋产品力）－（竞品品牌力＋产品力）≥本品现在价格－竞品现在价格

如果品牌力和产品力综合估计大于对方，那么促销价格持平或略高于竞品的价格（原价或促销价）。

如果品牌力和产品力综合估计小于对方，那么促销价格持平或略低于竞品的价格（原价或促销价）。

注意：是品牌力和产品力综合估计，而不是单一因素的比较。品牌力高，产品力低，综合起来整体可能高也可能低；品牌力低，产品力高，综合起来整体可能高也可能低。关键在于要综合评估，具体详见本书第三章“单场促销活动策划及管控”中关于促销力度的详细介绍。

（2）非竞争性促销

如果促销时不必考虑竞品的情况，那么促销力度可以根据产品的定位策略或者促销本身的目的做自由选择。

这种情况一般是领导品牌对自身产品非常自信，认为没有竞品能威胁到自己，或者还没有竞品。

（3）处理库存和即期品

距过期的时限越近，促销力度越大。

（4）新产品和潜力产品

根据利润空间和策略，考虑竞争性与非竞争性因素进行选择。高价高促策略的产品，一般促销力度会比较大。

（5）牺牲品

促销力度根据策略需要进行选择。

（6）即将锁码产品

加大促销力度。

（7）某些特殊情况

需要加大促销力度。

2. 注意促销力度过大的风险控制

需要特别说明的是，对于渠道促销，新产品和销量较小的产品促销力度大一些没有问题。

如果主力产品或老产品突然促销力度过大，极易引起窜货，从而造成价盘崩溃。

大力度促销，可能会损害渠道客户的利益。原来积压的库存怎么办？要不要赔本降价卖？要知道客户的利润本来就很薄，特别是餐饮分销商，一箱产品的利润也不过是几元钱而已。一旦损害了分销商的利益，挫伤了其积极性，以后会非常麻烦。

但在特殊情况下，必须对主力产品加大促销力度，大幅下降终端出货价，怎么办？

在订货会促销里提到，有时订货会必须加大促销力度，就用实物型奖品来中和。

出于其他目的需要加大促销力度的，有一种较好的方法可以采用，不易破坏价盘和形成窜货，那就是产品不变，采用加推促销包装（赠量装或厂庆装）的方式大力度放出，原来的主力产品虽然短期会急剧缩量，但是对价盘不会有影响，等问题解决了，再逐渐减小促销装的出货量，直至为零。

这也是折中的办法，既满足了临时性的目的，又最大限度地保护了价盘和原来的主力产品。

（五）促销活动资源的配置原则

促销活动，必须配置合理的资源进行辅助支持。

（1）重点门店或预估增量较大的活动，必须同时配置堆头、端架、广宣等特殊陈列资源。

（2）增加费用支持，改善主陈列货架的位置、排面量及价格标示，增加爆炸卡，促销后调回原样。

（3）增加人员支持，最低也要在周五、周六、周日增加临时促销员，用高薪资选用善于叫卖介绍的人员。

（4）增加培训费用和奖励费用。

（六）信息传达控制原则

信息的传递，是促销活动至关重要的一环。消费者根据价值做出决策，必然要获知有价值的促销信息。在活动中，要尽可能运用合理的手段将各种信息传递出去。

传达的促销信息要引起顾客的注意，所采用的手段要注意新异程度、对比程度、美感程度。

新异程度。其他品牌没使用过的、市面上最新颖的图像、事件、词汇、语言、动态的物体、声音、影像等，能够让消费者一眼就从整体中将自己的产品分辨、识别出来。但要注意，不要突破道德底线、有伤风化、违背法律。

对比程度。同样的东西，要有明显的比对差异，并且让消费者一眼就能看出高下。

美感程度。符合审美观点。

在促销活动时，尽量将品牌和产品信息、活动信息等以合适的表达形式正确地反映在各种媒介、现场摆放形式、促销辅助物物料、人员（服装、动作行为、形象与个性、语言、Q&A）上。

线下常规促销的信息告知是通过店内 DM 快报、促销海报、广播及公司发放自行印制的 DM 单，更大型的促销活动运用其他辅助物、店外媒体、微信群、公众号等手段传播，向渠道客户或者消费者全面告知促销信息。

除了常规方式外，在现场促销活动中，现场告知是至关重要的一环。除海报等现场静态告知外，采用多渠道传播信息，如DM提前散发、报纸夹带、摆放电视播放广告片、导购人员口头告知、其他活动夹带告知、产品包装附带，含针对最终客户的海报张贴、针对批发商的告知函和协议等，根据活动形式、规模、性质具体组合使用。

促销结果的反馈同样重要，如果可以，尽量做出反馈信息，反馈给消费者，起到释疑、激励的作用。

线上的信息传递要合理运用各种引流手段：

（1）在抖音等直播平台采用预热短视频，除了预告产品外，还可以展示工厂生产和仓库存储发货等内容。

（2）在粉丝群、微信群等社交平台发布各种信息。

（3）利用淘宝、天猫直通车、钻展、淘宝客、详情页、相关论坛、淘宝社区、百度贴吧、百度知道、百度空间、微博等工具。

（4）利用京东快车、京东直投、京挑客、App端、微信端、手Q端、掌上秒杀、团购、品牌团、品牌超级日、试用中心等工具。京东平台经常会搞一些活动，不同类的商品会有不同的活动。如果遇到合适的机会一定要及时报名申请，平台做活动时的流量非常大，不要错过这样的好机会。

（七）辅助物控制原则

促销辅助物（POSM），指的是产品之外的宣传道具和辅助道具。它们都是信息传递的重要载体。

（1）在促销活动中，活动海报、价签为必备广宣辅助物。如若配合堆头，则帷幔为广宣常见配备。

（2）尽量配合其他各种可选物料：店内电视（广播）、耳麦、产品宣传单张、活动DM单、促销台、展架、背板、串旗、形象堆头、陈列架、产品在现场的陈列辅助物、产品专用促销道具等。户外活动尽量加以音响、电视、宣传海报、帐篷、太阳伞、围栏、横幅等基本配备。

（3）务求在费用合理情况下，尽量搭配使用以上广宣。

（4）促销道具力求以不破损、整洁、正确使用为原则，否则宁可不采用。

（5）活动不可或缺的其他工具：现场流量管控表、人员安排表、现场布置图、马克笔、空白海报、胶带（双面胶）、图钉、剪刀、美工刀、抹布、工具筐、垃圾桶等。

第二章

线上、线下促销方式及组合运用

本章主要从线下、线上、新零售、社交平台、销售团队激励等方面具体讲述各种常用的促销活动方式及其运用技巧。

上一章介绍过，线下促销一般分为消费者促销、渠道（针对经销商、分销商、零售商）促销，本章介绍具体的促销方式。

消费者促销活动一般称为拉力促销，渠道促销一般称为推力促销。推力促销、拉力促销的使用，是促销的核心运用技巧。

一、线下消费者促销

消费者促销分为有利于构建品牌的促销（长期销量）和有助于增加即时销量的促销两大类单一促销活动，以及由几个单一活动组合而成的小型促销活动、中型促销活动、大型促销活动。在设计促销活动时，尽量兼顾品牌塑造与即时销量两个要求。

从 20 世纪 90 年代以来，快消品促销诞生了很多方法，都曾经盛行一时，现在应用频率高的有试吃、买赠、抽奖、刮卡、代金券、集卡送、有奖包装（赠送奖品、再来一个、有奖二维码都是有奖包装的形式）、包装赠量、联合促销以及路演等方式。

（一）有利于构建品牌的促销（品牌偏好促销）

试吃（用）、派样（单独、联合）、游戏、赞助、联合促销、主题陈列、E-VENT、路演等。

1. 试吃（用）

试吃(用）和派样是最重要也是应用最广泛的一种促销手段。试吃（用）是新产品上市推广的必备手段，新产品上市一定要通过试吃（用），让消费者快速认知产品，形成产品印象。试吃（用）也往往与其他提量的促销方式结合，这对提高销量有很大帮助。

试吃（用）简单易行，成效高，成本低，大、中、小型企业都可采用。派样也简单易行，但成本比较高，效果不好控制，现在大多数企业已经不再采用派样的方法。

试吃（用）的操作一般是，在超市内部或外部活动场地，摆好试吃台，在现场通过人员简单操作，或者复杂的现场炒制、煮制、泡制等，直接分发给经过的顾客，让他们现场品尝。

通过试吃，让消费者知晓产品的核心产品力。

比如通过观察、品尝或试用，可以让消费者了解产品最核心的一般属性，如食品的颜色、口味（甜、咸、辣、麻）、香气、触感（硬、弹、韧、滑）、浓稠度 、油度、独特卖点诉求等，建立好感度，如图 2－1 所示。

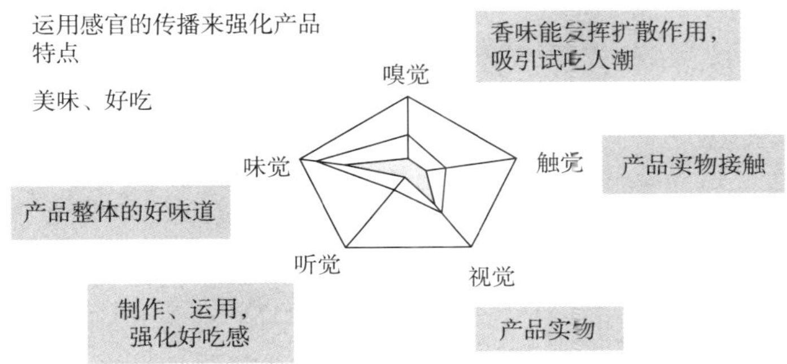

图 2－1　产品力的五感体验

试吃是树立品牌（产品）形象和核心卖点的重要手段，品牌和产品形象的展示及试吃人员的话术就是核心。

（1）试吃非常重视试吃台的形象布置和试吃促销员的服装

试吃台形象设计，集加工和操作功能设计、陈列展示、品牌形象、促销赠品摆放等为一体，如图 2－2 所示。

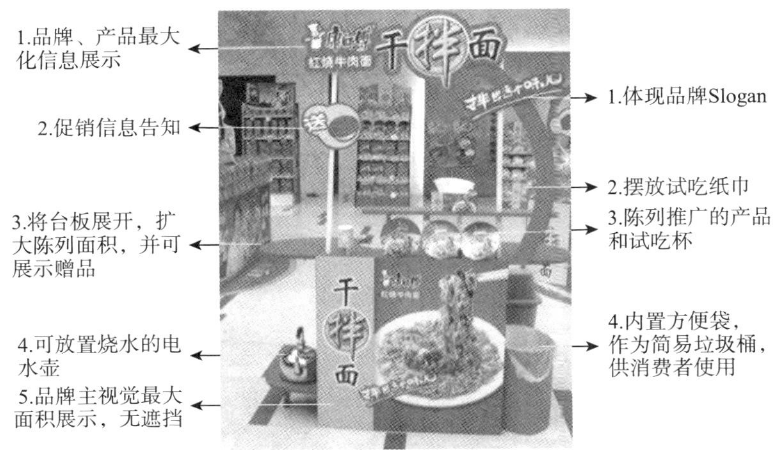

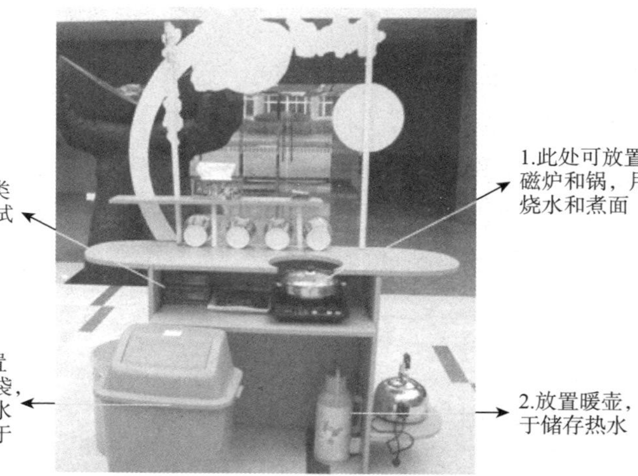

图 2－2　促销试吃台前后视图

促销服一般采用带有品牌形象的服装，设计要时尚、靓丽一些，风格、颜色与产品定位相符合。

一款针对韩国风格零食产品的促销服，如图 2－3 所示。

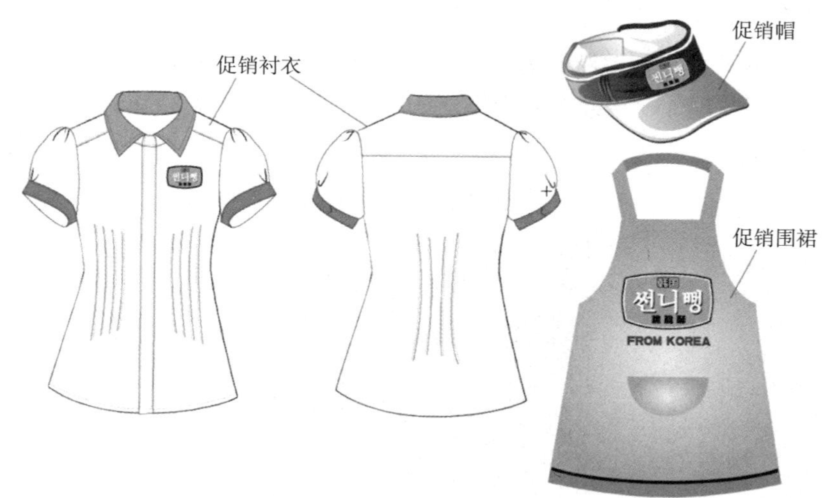

图 2－3　促销服

（2）试吃一般是大范围铺开

要制定详细的操作标准规范，让现场促销员能够按照标准，自行、准确操作。

某方便面的试吃标准操作程序

建议食用规格：××袋面（不用盒面）。

食用方法：冲泡。

水温：100℃。

水量：约600ml。

冲泡时间：细面条4分钟，宽面条4.5分钟。

操作流程：

第一，把面饼放入滤水盒内，倒入蔬菜包中的脱水蔬菜。

第二，加入开水，盖过面饼（约600ml），盖上盒盖，并将酱包放在盒盖上预热。

第三，4（或4.5）分钟后将水沥干（直到出水口的水不能连成一条线时止），剩余10～15ml水。

第四，用备用的剪刀将面体十字状剪开，便于面条分配。

第五，倒入料包里的粉，再将酱包里的调味酱挤出加入，注意不要与粉重叠放置，并将酱料全部挤净与面条搅拌。

第六，用筷子将面条顺时针搅拌约10次，再用筷子将面边挑起边搅拌，直至面条上的酱色均匀为止。

第三步至第六步整个过程注意时间控制在1分钟以内。

在进行第二次拌面过程时用开水冲洗一下滤水盒，碗内不要有残留的料包或面条等。

试吃时有几种口味使用几个滤水盒，对应口味使用，不可混用。

分配量：6杯/盒或袋。

送面：促销员用托盘盛面进行派送，并执行标准话术。

吃面：协助消费者回收试吃杯叉，引导消费者购买产品。

（结束）

（3）试吃话术

很多企业的试吃往往流于形式，做单纯的形象展示，不重视话术，话术仅仅是单纯的：您好！欢迎品尝××品牌的××产品。这和做法丧失了传递产品优势的机会。

话术要浓缩产品的核心卖点诉求，通过一定的方式快速表达出产品的优势。具体内容详见本书第六章“促销活动现场管理的核心技能”的话术制定部分。

试吃礼貌用语：

招呼：欢迎您品尝××品牌××产品。

送面：请您品尝××品牌××产品。

吃面：谢谢您品尝××品牌××产品。

产品标准话术：

欢迎品尝，××品牌××产品！××品牌××产品的吃法与众不同，拌着吃新鲜，夏天吃起来不热，同时保持××品牌××产品的原有口味，香气更浓；采用××新工艺，入口爽滑，口味更地道！

（4）试吃时机

试吃活动选择在卖场人流高峰时段进行，可选择时段有：

①晨间卖场刚营业生鲜区买菜高峰时段。

②午间10点至12点购物高峰时段。

③下午4点半至6点购物时段。

④如果是夏季，还可考虑晚间7点至8点半消费者纳凉时段。

（5）分装

一定要注意卫生，佩戴口罩、手套等，采用标准用具，按照标准规范进行。禁忌慌张、无序。

分取时注意试吃杯的美观，不要让试吃品、汤等溢出杯外。

（6）半强制式派发

促销员手托托盘（托盘有相应广宣画面），在试吃台前派发并维持试吃秩序，如试吃台前消费者参加试吃活动不够踊跃，要求促销员走动派发。

如果是单纯的试吃活动，则采用标准试吃用语即可；如果试吃活动配合销售，派发方式的成功率不会太高，采用半强制式派发会比较好。

半强制式派发的最大好处就是让你接近顾客后，少被拒绝，顾客能给你说话的时间。没有试吃，很难接近顾客，很难有开口的时间，大多数顾客会直接离开，根本没有机会交流。

中国人的传统心理是吃人的嘴短，试吃后怎么也会留出时间与你交流几句，显得礼貌和有素质。如此促销员获得了宝贵的可以交流的时间。

半强制式派发的特点之一是：试吃品要拿得迅速、简单。千万不要还没拿起试吃品顾客就跑了，也不要拿起来试吃品，等顾客吃完再换DM单或样品，显得手忙脚乱，顾客也跑了。所以，试吃品的拿取动作和摆放很重要。

半强制式派发的另一特点就是：半强制的动作、诱导性的话语。

半强制式派发动作：顾客逐渐走近，拿起试吃盘，动作稍快，手递往顾客右手中间内侧的上方，顾客一抬手就只能接（千万不要递往左右手的外侧方，顾客一抬手就只能往外甩）。

同时看着顾客的眼睛，试吃品随着语言递往顾客，伴随派发标准语言："小朋友（或者姐、阿姨，因人而异），尝一尝××品牌××产品。"（一定要让顾客品尝，不买不要紧，要品尝）

这句话要不断重复，手随着这句话急促而小幅度地上下晃动。

如果顾客犹豫或拒绝，担心尝了不买而不好意思，要用实际语言去打消顾客的顾虑："来，姐，尝尝，尝尝，不要紧，姐，不买不要紧，尝一尝，不尝白不尝（开玩笑似的），尝尝吧，不买都行。"

充分运用语气词及手势语言（举起试吃盘自然递向顾客）。不要僵直地站在销售区域，最好是忙着工作的样子，创造好的工作氛围，这样显得自然。否则，一直僵直地站在那里纯叫卖，顾客会认为产品不好卖，你突然迎上去，顾客会觉得突兀。

要点：语气词运用，重复语言的运用，中间的间隔很短、连贯。一定要用重复的语言来邀请试吃，显得热情、自然、有氛围，这样成功率会很高，顾客也认为试吃是自然而然的事。

半强制试吃方法的成功率很高，传统的生硬试吃方法成功率很低。

传统试吃方法的成功率到50%就不错了，半强制试吃的成功率达80%甚至90%以上。

（7）清理

试吃盘、试吃汤勺及筷子（牙签）等需在用后用洗涤剂清洗干净，要时刻保持试吃台的干净整洁。垃圾箱不允许用竞品纸箱，并应及时清理，以免污染试吃环境。对于公司的垃圾箱需在每次活动后清理干净。

（8）试吃过程的注意事项

①试吃的过程中随时问一问："好不好吃？"

②一定要让顾客吃完后觉得产品好，而不是感觉不好。

③试吃用具干净，每日清洗，早晚各一遍。

④试吃品必须新鲜，如果是热试吃，不允许凉了吃，及时保温（配备保温盒）。

⑤必须用最好的产品来试吃。

⑥试吃品不要太小，至少拇指指头大小。

⑦试吃一定要配合销售进行。试吃时手里要拿着产品，一边让顾客试吃，一边及时把产品送到顾客手中进行推荐，不要为了试吃而试吃。

⑧试吃品不可私自挪用或自己享用。

⑨不可不试吃，不可大量浪费。

⑩提前制定试吃时的产品标准销售话术。

2. 游戏

游戏有很多种方式，比如猜谜、集字、投篮、套圈、比赛（比如吃面比赛、喝啤酒比赛等）、拼图等，可以规定消费者达到一定购买额后，可以参加活动。

案例1：箭牌口香糖的游戏

购买××金额的产品后，可以参与活动。

游戏机器：一台机器，设置了两个可以让消费者伸手进去参与游戏的孔，另有游戏机器设置按钮，按一下按钮，机器内的小样品即向上喷起，这属于全自动设置，操作方便。

游戏参与方法：所有有兴趣的消费者均可参加游戏。

游戏方法：消费者伸手到机器内的中间位置，掌心向上；促销员按机器按钮，赠品的样品就会喷出来，消费者抓到机器内的小样品即可获得相应的赠品。

赠品设置：机器内的小样品有木糖醇产品的空瓶（1个）、木糖醇各种口味的水果模型（若干）。抓到木糖醇空瓶的，即可获得木糖醇产品一瓶；抓到其他水果模型的可获得箭版新品试用装一包。

道具：游戏机器一台，木糖醇空瓶1个，其他水果模型若干。

整个活动占地面积不大，可以在卖场内进行，以游戏与买赠结合的方式进行，而且游戏和买赠的堆头就在一个位置，操作起来比较方便。

案例2：某公司集主题字获大奖活动

吸引老顾客回购，防止顾客转换品牌。

活动分为3期，以时节变化为主线，下面以春节为例。

消费者购物满一定金额（××元），即可抽取一次，每期为1个阶段。

分别制作以3个主题为标志的奖券，放入抽奖箱内。

第一期：喜迎开门红；时间：××××年1月。

第二期：热闹春节福；时间：××××年2月1日至20日（元宵节）截止。

第三期：新春踏青行；时间：××××年3月—4月。

奖券制作如下：

（1）“喜迎××××年开门红”，分为“喜迎”“开门”“红”三个奖券，在第一期投放。

（2）“热闹春节福”，分为“热闹”“春节”“福”三个奖券，在第二期投放。

（3）“新春踏青行”，分为“新春”“踏青”“行”三个奖券，在第三期投放。

投放时，最后一个字的奖券投放量要最少。各奖券抽中概率的计算方式如抽奖活动的计算。

设置基础奖：每个主题集齐两个不同奖券，获赠××赠品。

大奖1：每期开奖，集齐每个完整主题的，获赠××××赠品。

大奖2：三个主题全部集齐的，获赠××××赠品。

3. 联合促销

联合促销，是指两个品牌，一般是互相选取对方产品为赠品，共同策划、共同推广，相互借用对方的品牌力来提升和巩固自身品牌，同时针对双方品牌的目标消费群体互通有无，如图2－4所示。

图2－4　联合促销

（二）创造即时销量的促销（非品牌偏好促销）

买赠、特价、折价券、第二件折扣、附兑奖券、代金券、累计折现、刮卡（奖品、旅游等）、集包装送、竞赛、抽奖、集卡送、再来一个、赠品（异质ON-PACK，IN-PACK）、包装赠量、有奖包装、有奖二维码等。

1. 买赠

赠送赠品也是常用的促销方法，比如买1桶5L的花生油，送1瓶900ml的调和油。赠送会形成额外的诱导价值，吸引消费者的兴趣。买赠是固定费用率。

（1）买赠目标：试用、常用、爱用

试用：消费者对新品的认知、了解阶段，目标是让更多消费者品尝到我们的产品。

常用：消费者对产品的接受认可阶段，目标是让消费者赞同购买。

爱用：消费者对产品的信任阶段，目标是让消费者习惯性购买。

（2）买赠方式

赠品一般分为同质赠品及异质赠品两大类。

同质赠品指的是赠送小规格的本品，方便易行，缺点是长期使用会让消费者形成低价认知。

异质赠品指的是赠送其他产品，优点是不会形成低价认知，缺点是寻找合适的异质赠品会花费额外的精力或比较困难。

赠送方式分为附在包装内（IN-PACK）及附在包装外（ON-PACK）两大类。

IN-PACK促销，是指在产品的本身包装内放置同质或异质的赠品，或者额外用包装袋将产品与赠品塑封在一起。比如康师傅经常在桶面内放置卤蛋进行促销。

优点是适合大规模公司级促销，可以集中生产，不受区域、渠道等限制；缺点是需要增加工厂的成本，增加生产线调整、成品及物料存储控制等的压力，赠送周期比较长，不灵活。

IN-PACK促销要在包装上做促销告知，同时配合线下的海报、广宣、形象堆头等做告知。

ON-PACK促销指的是用胶带将赠品粘贴在产品包装外面，或者是用透明塑料袋将产品与赠品放到一起，人工塑封或彩带扎口，现场人工赠送。

优点是随机、灵活；缺点是不利于大规模展开，适合少量门店的日常赠送或现场促销活动。

（3）赠送坎级

低坎级：以1～2单位坎级为宜，目的是增加消费者的试用率。

中坎级：以 3～5 单位坎级为宜，目的是增加消费者的常用率。

高坎级：以 6～10 单位坎级为宜，目的是增强消费者的受用率。坎级再高时，如果产品使用周期较长，可采取消费者凭借发放的卡片，累积到规定数量换取礼品，卡片回收（设理货员的卖场）。

备注：无特殊情况，不允许进行特价＋买赠双重促销活动。

（4）赠品合宜性

①适合目标消费群，如饭盒不宜多送学生、保鲜摸更不宜送学生。

②若使用同质赠品须注意仅能送更高品质的产品。

③新产品推广初期不做特价，须做买赠。

④赠品应间隔更换。

2. 抽奖促销

抽奖促销是适合现场活动的一种运气型促销，一般设置抽奖箱，将奖券放在其中（简单一点的是用写上不同编号的乒乓球），更高级一点的形式是转盘抽奖。

比起买赠、特价等固定费用率的促销来说，抽奖促销可以人工调整、降低费用率和增大吸引力。

配置的低价值赠品（或者干脆“谢谢参与”），抽中的概率设置得比较高；高价值奖品，极大地提高了吸引力，但抽中的概率比较低，折合下来，整体费用率就很低。

人都有冒险的心理特质。抽到大奖，是自己运气好；抽不到大奖，只能怪自己运气不佳，不会责备厂家。

这种方式兼顾高吸引力和低成本投入。

抽奖活动的核心在于坎级设计和概率设计。

根据购买金额设计坎级，不同坎级获得的抽奖次数不一样。

比如购买 100～200 元产品获得 1 次抽奖资格，购买 200～300 元产品获得 2 次抽奖资格，依次类推。

可以设置封顶，比如最多抽奖多少次。

抽奖概率设计，指的是设置抽中不同价值的奖品的机会。价值越大的奖品，抽中的机会就越小，如表 2－1 所示。

表 2－1　抽奖概率设计

奖项	奖品	奖品价格（元）	投放数量（个）	小计金额（元）	中奖概率（%）
一等奖	A 产品	100.0	5	500.0	5

续表

奖项	奖品	奖品价格（元）	投放数量（个）	小计金额（元）	中奖概率（%）
二等奖	B 产品	15.0	15	225.0	15
三等奖	C 产品	5.0	40	200.0	40
四等奖	谢谢参与	0.0	40	0.0	40
合计			100	925.0	60
销售额（元）	10，000.0	费用率	9.3%		

表格用公式设置，概率、费用率是可以调节的，调整每个奖项投放数量的设置，就会得出不同的概率和费用率。

3. 累计折现、兑奖卡（券）、代金券（卡）

累计折现、兑奖券、代金券（优惠折扣券）等都是吸引新消费者首次购买或二次回购的有力手段。

（1）累计折现

累计折现是消费者购买一定金额产品可折现一定金额，比如每 10 元折 0.1 元，记在折价卡上，现在利用微信小程序更利于实现累计。

累计到一定金额后（比如 5 元），就可以兑成现金使用。小折扣金额适合低价格产品，也可以设置大折扣金额，适合高价格产品。

（2）兑奖券、代金券

可以提前发放奖券，消费者在指定时间、指定地点前来购买，即可享受券上的奖励或优惠，或者在消费者购买后发放，凭借第一次购买的小票和优惠券，消费者在下次购买时可享受优惠。

使用规则：以其他品牌消费者为主要拉动目标，发放××元面值的代金券，不能兑换现金，凡购买达到××元以上，持代金券即可抵扣该面值现金。

代金券正面是产品的宣传图片及文字（发挥 DM 单的作用），背面是代金券的使用规则。

代金券实行“限时”使用规则。在活动前两天集中发放，在限制时间内集中使用。目的是避免发放时间与使用时间间隔过长，造成消费者手中的代金券遗失，同时集中时间使用便于引导集中消费，聚集人气，营造氛围。

为了防止代金券造假，首先，在设计过程中加隐形防伪标志；其次，发放的代金券由专人签字确认或加盖印章，以供核对。

代金券由消费者签字确认，视为有效券，由公司财务部门按实际数量入账。

特别注意：代金券过于泛滥会让消费者觉得价值不高，从而认为促销活动没价值。一定要进行发放登记和在卡、券上加盖公章或签字，注明无这些标记的不予兑换，这样就增加了代金券的价值感。

4. 刮卡

刮卡是常用的一种促销方式，设置不同价值的奖励，印刷成刮卡，刮卡外观相同，但要有细微的识别以利于存放和辨认。

刮卡促销要注意不同价值刮卡的印刷（投放）比例，也要控制刮卡的获得坎级。

印刷（投放）比例、奖品的设置与抽奖方式相似，同样设置不同的比例来控制费用率。

获得坎级设定：消费者购买超过××元，即可获赠刮卡1张，按比例累计计算刮卡张数，单人次发放限制不超过××张。

刮开涂层，显示不同的奖励。可以设置两种兑奖方式：

兑奖方式1：当次获得赠品或抵扣金额，创造即时的惊喜。

兑奖方式2：可以是下次购买时，获得一定比例的折扣。

活动兑奖卡回收后，做好兑奖记录（只针对有奖的做记录）。核销费用时作为凭证，否则，不予核销费用。

5. 再来一个、有奖包装等

再来一个、有奖包装等促销是指中奖信息印刷在包装的某个隐蔽部位，只有在破坏包装后才能看到。

（1）再来一个

比如康师傅的“再来一瓶”，印刷在瓶盖内。有奖瓶盖在购买点直接兑换，层层收集到经销商处，经销商预先兑付下去，最后由公司兑付给经销商。

直接印刷奖品的“再来一瓶”的方式经过多年的实践证明，对很多大品牌来说有一定的风险。由于这些品牌产品销量很大，一些不法分子很容易被暴利驱动，出现大量的造假行为，给品牌造成巨额损失。近年来，它已被通过扫描包装内二维码参加抽奖的方式取代。

小品牌可以选择某区域小规模地使用。

现场活动的“再来一个”与放置在包装内的“再来一个”，大同小异。可以用刮卡代替，设置不同的优惠力度，从“优惠××元”直至“完全免费”。

(2) 有奖包装

除了“再来一个”，有奖包装也是很常用的方式，做法与“再来一个”大致相同。

有奖包装的奖励设置要有足够的吸引力，吸引力越大越好。中奖的概率计算与抽奖方式相同。

要注意：

①防伪设计。

②兑付时间要比活动投放时间至少延迟 1 个月，兑换流程的设计要简单。

③公正的问题。

④税费的处理。

2007 年北京市老才臣“开盖寻金戒，大奖美味滚滚来”全国有奖包装促销活动

一、奖项设置

在本次活动产品的瓶盖内印上“腐乳”“北京市著名商标”“老才臣”“美味专家”的获奖标志信息。

一等奖：凭 1 个印有“老才臣”字样的瓶盖及 1 个印有“美味专家”字样的瓶盖，获得 × × 克金戒指 1 个。

二等奖：凭 1 个印有“北京市著名商标”字样的瓶盖及 1 个印有“美味专家”字样的瓶盖，获得 × × 奖品。

三等奖：凭 1 个印有“腐乳”字样的瓶盖及 1 个印有“美味专家”字样的瓶盖，获得老才臣 340 克腐乳 1 瓶。

注：这种方式有利于激发消费者的参与积极性，让其重复购买。

二、设置分配表

设置分配表，如表 2-2 所示。

表 2-2　设置分配表

奖项	奖项字样	奖品		数量（个）	金额（元）	中奖概率（%）	总投放瓶数（个）
		类型	单价（元/个）				
至尊大奖	老才臣 + 美味专家	金戒指 1 枚	× × ×	× × ×	× × ×	0.005	

续表

奖项	奖项字样	奖品		数量（个）	金额（元）	中奖概率（%）	总投放瓶数（个）
		类型	单价（元/个）				
超凡二等奖	北京市著名商标＋美味专家	毛毯 1 条	×××	×××	×××	0.010	2 000 000
欢乐三等奖	腐乳＋美味专家	340 克大块腐乳 1 瓶	×××	×××	×××××	1.312	
合计	—	—	—	××××	×××××	—	—

根据表格内的数量印刷相应数量的“腐乳”“北京市著名商标”“老才臣”字样的瓶盖，其余的瓶盖全部印刷“美味专家”字样。

三、标签信息

即日起至2007 年 3 月 1 日止，凡购买北京市老才臣“开盖寻金戒，大奖美味滚滚来”促销装产品，凭借瓶盖内侧文字搭配，即可赢取：

“至尊大奖”

“老才臣”字样瓶盖 1 个搭“美味专家”字样瓶盖 1 个，获得金戒指 1 枚（共500 名）。

“超凡二等奖”

“北京市著名商标”字样瓶盖 1 个搭“美味专家”字样瓶盖 1 个，获得毛毯 1 条（总共 3000 名）。

“欢乐三等奖”

“腐乳”字样瓶盖 1 个搭“美味专家”字样瓶盖 1 个，获得 1 瓶老才臣 340 克大块腐乳（共 30 000 个）。

兑奖方式：

“至尊大奖”“超凡二等奖”请拨打咨询热线。“欢乐三等奖”请在购买点进行兑换或在相应的兑换点进行兑换，详情请拨打咨询热线或以当地海报为准。

兑奖时间：

“至尊大奖”“超凡二等奖”：即日起至 2007 年 3 月 31 日 24 时止。“欢乐三等奖”：即日起至 2007 年 3 月 31 日 00 时止。

注意事项：

A. 本次活动的所有奖品不可兑换现金，且个人所得税自理。

B. 活动咨询热线：×××-×××××××××

C. 本次活动详细规则以当地老才臣食品有限公司海报或告知为准。

D. 本次活动的最终解释权归北京市老才臣食品有限公司所有。

E. 本次活动中奖者因领取奖品所产生的费用，除奖品邮寄费用外，均由中奖者自理。

F. 本次活动由北京市平谷区公证处公证。

四、标签设计样式

老才臣品牌有奖包装促销标签设计，如图2－5所示。

图2－5 老才臣品牌有奖包装促销标签设计

五、活动主题设计

老才臣品牌有奖包装促销活动主题设计，如图2－6所示。

图2－6 老才臣品牌有奖包装促销活动主题设计

六、兑奖流程设计

一二等奖奖品价值较高，故采用严格的方式来防控风险，如图2－7所示。

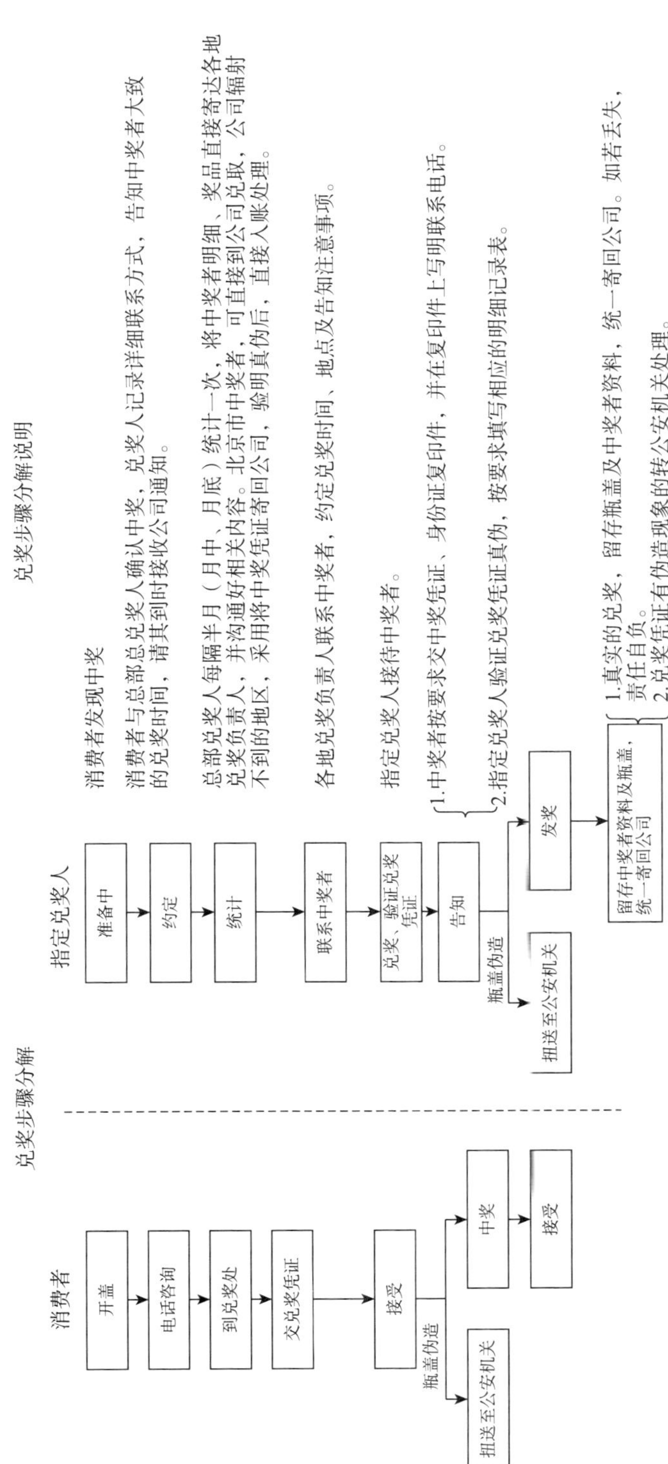

图2-7 老才臣品牌有奖包装促销兑奖流程设计

三等奖兑奖采用极简化方式：

三等奖因设置为老才臣340克腐乳1瓶，为了节省费用及尽可能不挫伤消费者的参与积极性，以及简化兑奖程序，所以适宜采用当面兑奖的方式。因为整体活动牵涉的面比较广，所以采用定点兑奖的方式。

（1）零售店、餐饮及批发市场

由零售点先行垫付兑奖，然后到经销商处统一兑换，经销商填写好兑奖明细表，经销商先行垫付，月底统一回传公司，再由公司统一以货补方式在出货时补发。

（2）超市

各地经销商与销售点协商，由超市先给中奖者兑奖（超市包括大卖场、连锁超市、便利店等）。每座城市至少要确定5个系统进行兑奖，具体兑奖操作，由经销商负责，经销商先行垫付，月底统一回传公司，再由公司统一以货补方式在出货时补发。

6. 集包装（袋、瓶）送

这是指集齐几个包装袋，送1包活动。集包装送，对鼓励顾客重复购买有很好的作用。比如早期的康师傅方便面，非常流行做集包装（袋、瓶）送活动，集满3个××口味的方便面袋子（也可以是不同口味的袋子，目的是用主力老品来带新品），在购买点，兑换1包同口味（也可以是新口味）方便面。

其兑换流程与“再来一瓶”相同。

这个活动最大的问题是包装袋收集起来后，如何去处理。

对于中小品牌、新品牌、新产品，由于量小，则不用考虑这个麻烦，可以大胆采用。

（三）小型促销活动

组合型促销糅合了多种促销方式，分为小型促销活动、中型促销活动、大型促销活动。

小型活动选择推广的商场需要符合一些基本原则。

（1）由富到贫，由近到远。

（2）推广品项上架。

- 推广品项必须已在正常货架上陈列与销售。

●消费者动线确认并尽量做到集中化陈列。

●上架品项符合公司要求的口味与价格。

（3）客情账款：

●客情良好（两个月内无重大事件冲突）。

●商场运作良好，无明显不良的迹象。

●未欠公司账款。

（4）商圈消费力：

●对消费者的消费能力与习惯做评估，并优先安排目标群最集中的地方做活动。

●厂区消费圈要注意发薪日期，勿安排在发薪日期前活动。

●事先踩点并做活动前后的评估。

（5）时间段：

●季节因素，如夏季晚间，纳凉人潮。

●商场自身特点及商圈特性，如早市。

（6）其他注意事项：

●卖场许可再确认。

●确保活动品项库存充足。

●广宣品/试吃品/陈列地点事前确认。

1. 场内促销台

（1）摆放位置选择

原则：由近及远优先选择。

第一优先位置（图2－8中的“1”）：

超市内产品货架区内的本品特殊陈列旁（如地堆、端架旁），距离目标顾客最近。

注意：特殊陈列如果不在所在品类货架区，则不考虑摆放于旁边。

第二优先位置（图2－8中的“2”）：

超市内产品区主通道，距离目标顾客较近。

（2）促销台布置

①试吃道具准备齐全（筷子、口罩、手套、托盘、试吃杯/叉/牙签、抹布、洗洁精、桌布等），按要求分类摆好。

②口罩、手套按要求佩戴，抹布、洗洁精不可放置于促销台上。

③可适当陈列试吃产品，可对消费者做静态告知。

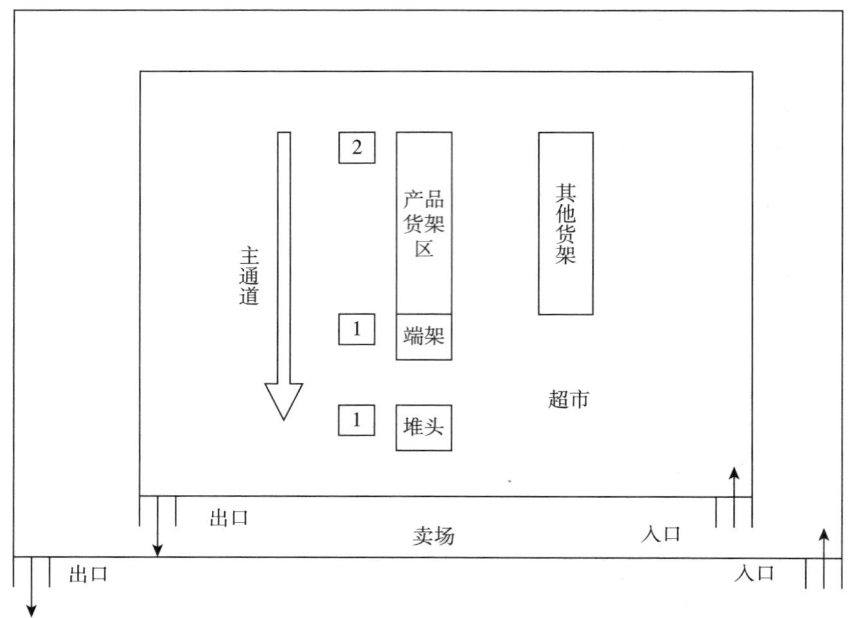

图 2－8　摆放位置

④促销台旁如无相应地堆或端架，应自制小型堆箱陈列，或争取利用卖场推车做捆扎陈列。

⑤爆炸卡上不要写“免费试吃”，应写上“欢迎免费试吃××品牌××产品”。

目的一：给消费者亲切的感觉，同时告知他吃的是什么，让其更加放心。

目的二：让公司品牌与消费者有更多的接触机会。

⑥试吃活动品项若与地堆陈列品项不一致，则立刻配合将地堆调整至少 1/2 的位置给推广品项。

2. 场外促销台

（1）摆放位置选择

原则：由内而外地优先选择。

第一优先位置：卖场内，超市出口处（图 2－9 中的“1”），方便顾客兑换赠品。

第二优先位置：卖场内，超市入口处（图 2－9 中的“2”），方便顾客在购物前就知道促销信息

第三优先位置：卖场外出口处（图 2－9 中的“3”）。

第四优先位置：卖场外入口处（图 2－9 中的“4”）。

注意：卖场可能不止一个出/入口，要选择人气最旺的位置。

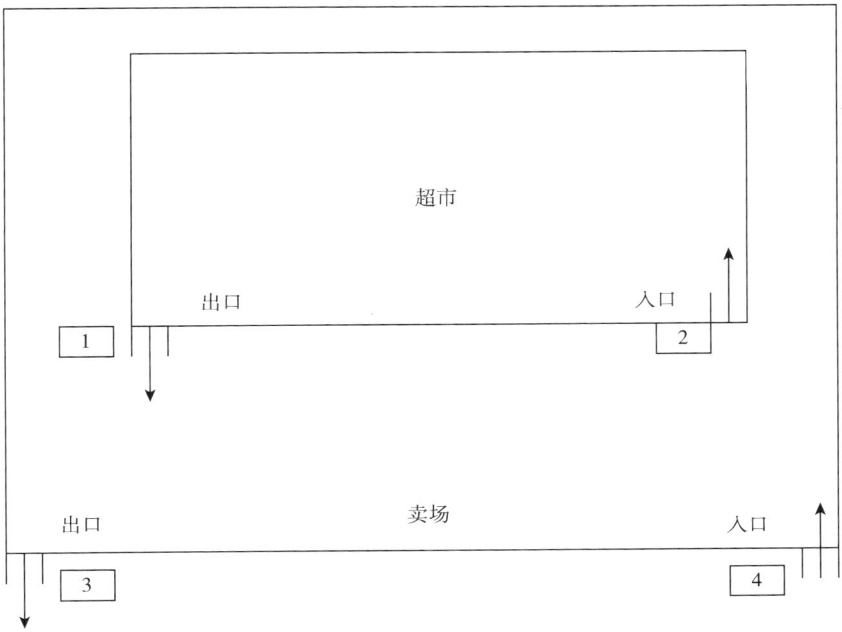

超市
出口
入口
1
2
卖场
出口
入口
3
4

图2－9　场外促销台

（2）促销台布置

原则上要求场外两个促销台陈列，增强本品气势。

促销台上陈列品项齐全、陈列量饱满、美观，给消费者一定的视觉冲击。

分品项分规格陈列，高度为2～3层高，凸显气势。

促销台旁须配合自制小型堆箱陈列或小推车陈列补强。

堆箱至少4层高（要求与促销台基本等高），用颜色相对鲜亮的单一纸箱，选择较干净、看相较好的纸箱，堆放整齐，注意字面正对消费者。

异质赠品应陈列在促销台上的显眼位置，并尽可能摆出造型，以吸引消费者（但请注意产品仍是陈列的重中之重）。

利用手写海报做活动信息告知，爆炸卡告知价格以突出视觉效果，有特价产品一定要用特价爆炸卡传递信息。

如卖场允许，争取放置易拉宝在促销台旁增强活动气势。

3. 促销活动组合

一般以试吃、买赠、抽奖、刮卡等简单易行的促销方式进行组合。

（四）中型促销活动

目的：吸引人潮，推广产品，达到提升品牌力与产品曝光的作用，以刺激产品的销售。

1. 告知

要从消费者的角度来规范告知（吸引人潮）摆放与填写海报等。

活动方式告知明确，告知张贴于明显处，活动执行品项与赠品表达明确。

2. 天气

晴天或阴天进行，阴天注意带好防雨用具，如堆箱的地点可用空纸箱或其他硬质物品垫于地上，防止陈列面被淋湿，从而造成不必要的损失。

3. 位置选择

一般选择在卖场入口处，并根据各地点的人流动向选择最佳位置。

注意：对于中型活动的场地必须提前踩点，找到人流最集中的地方开展活动，避开消费者稀少的地方。

4. 道具

帐篷、广告伞、促销台、易拉宝、刀旗、串旗、三角立牌、爆炸卡等广宣物料，根据现场面积的大小调整活动的道具数量，道具越多越好。

注意：别忘了带剪刀、胶带、绳子等小物件。

5. 布置

兼顾产品与辅助物形象的一致性。

量大就是美，如道具缺乏时则以数量取代多样性。

挂靠商场时，场内货架陈列、特殊陈列均按要求调整，与场外主题一致。

6. 人员配置

做到人员各司其职，事前规划并以现场模拟图安排各人员，如活动人数或规模较大，则应配备专人负责各专区。如试吃的促销员分为分装和派发给消费者的人员，特卖区分为场内导购、场外促销台负责售卖和吆喝吸引消费者的促销员，游戏区应配置相关促销员，挂靠商场时，场内应安排导购。

7. 促销方式组合

试吃、买赠加游戏方式，比如采用灯谜、猜图、转盘、射击、套圈等小游戏方式，加强与消费者的互动，紧扣产品的特性并在互动的环节中，加入需推广的品项，使消费者在潜移默化中加深对本品品牌的认知度。

确保是大众性内容，方便消费者参与，有一定的停留时间。

（五）大型活动路演

1. 必要性

路演（ROAD SHOW）是为中型活动增加一些更喜闻乐见的活动，比如歌舞、舞狮等，再加入互动节目（不仅是中型活动的互动游戏，还包括有奖互动问答等），通过节目吸引更多的人潮（更多的目标消费群）。集合起来做思想工作（品牌推广），并不是决定活动成功与否的决定因素。因此，若非卖场有明确要求希望配合路演以招揽人气，不必主动提出路演。路演成功的关键在于内场的广宣布置与活动配合，要让消费者有参与活动的冲动。

2. 告知

活动前可以通过海报、DM、卖场广播等告知消费者信息，也可以安排促销员手持气膜或活动告知板引导消费者。

3. 天气

气温适宜的春秋季。

要点：随时关注天气预报。提前给场地单位、演艺单位、促销员讲清楚如遇见雨天推迟的事项。

4. 地点选择

目标人群集中的KA。

5. 道具

帐篷2~4顶、遮阳伞8~10把、花车8~12辆，刀旗20面以上（以场地大小而定）。

6. 布置

卖场内货架、端架、广宣、产品陈列与场外推广活动保持一致。

最好提前1天晚上将舞台搭好。

帐篷集中在一起，大伞支撑在帐篷周围，刀旗插在树上、围栏上或帐篷上。

广宣布置与陈列品牌、产品形象一致，活动信息海报、游戏活动海报张贴在帐篷上，不挡住产品陈列，产品上使用立牌再次进行活动信息告知，每个口味别、包装类别前用爆炸卡做价格示范。

产品陈列主题集中，只陈列推广品项。

赠品多点陈列，吸引消费者参与活动。

整件产品和空箱及未使用赠品整齐摆放在帐篷内的角落。

试吃和售卖区要与舞台紧密结合，以便舞台聚集的人群可直接试吃和购买。

试吃和售卖区可布置呈“岛形”，以便最大面积地与消费者接触，同时可以将公共物品放在“岛区”内以防止丢失。

试吃台旁边要紧靠一个售卖台，以便消费者试吃后可直接购买。

不同的口味可分不同试吃台试吃。

不同分工的促销员可以穿不同颜色的服装。

7. 促销方式

同中型促销活动。

8. 舞台及流程

舞台现场布置的主视觉和背景布应与推介产品的主题一致，尽可能多地陈列产品或产品空箱营造现场气势。

路演的重点是推介产品和品牌，而不是节目的精彩炫目，节目不必多，有几个歌舞即可，歌舞中穿插与推介产品有关的互动节目，提高消费者对产品的关注度。过于精彩且多样的节目，会导致消费者被表演完全吸引，无法完成设定的思想工作。节目安排的流程如表2－3所示。

表2－3　节目安排的流程

序号	流程	时间/min
1	人群聚集（开场表演吸引消费者聚集）	10
2	台上互动推广（活动主题宣达）	10
3	台下推广销售（人潮会渐渐流失）	20
4	表演吸引消费者聚集	10
5	台上互动推广	10
6	台下推广销售（人潮会渐渐流失）	20
7	表演吸引消费者聚集	10
8	台上互动推广	10
9	台下推广销售（人潮会渐渐流失）	20
10	节目收尾	

为提高消费者对现场产品信息的关注度和促进购买，可不必保持舞台节目的流畅与完整，节目中间的台下推广销售是让观众欣赏产品，其间用音乐过渡

即可。

9. 活动细节处处体现品牌意识

所有演出人员及主持人一律穿品牌服装。（活动有特殊要求除外）

现场手绘 POP。

抽奖箱可用 KT 板喷绘品牌信息制作。

10. 人员配置

配置 8～12 人。

选择最合适的演艺人员搭配，能大幅度节省费用。

1 名好的主持人：对主持人现场把握能力要求很强，演出现场适时适当派发一些小赠品，吸引消费者围观和人群靠近舞台，聚集人气。

1 名多变歌手。

3 名舞蹈演员。

11. 做好活动前的准备工作

活动前的准备工作，如表 2－4 所示。

表 2－4　活动前的准备工作

序号	工作项目	负责人	完成时间
1	向商场提报有关活动内容及相关事宜，确定路演的时间、场地、方式等		
2	联系广告公司确定舞台、背景、音响等事宜		
3	确定场地位置，督促办理城建/公安活动审批		
4	联系广告公司制作促销台、看板、X 展架、背景布等		
5	标准广宣品及其他用品准备、跟催		
6	促销员招募、培训、工作分配		
7	准备路演试吃、特卖所需物品		
8	活动前备货		

注：1. 需在两周前联系商场，重点沟通场地、时间、特殊陈列、活动所需支持等。

2. 如果现场需要售卖，请提前换取零钱。

二、线下渠道促销

按照渠道客户的类型，线下渠道促销可分为针对终端零售商的促销和针对中间商（经销商、二批商）的促销。

很多线下渠道促销活动的方式与消费者促销一样，只不过是促销对象变了而已。

线下的渠道促销活动，要注意的两大事项是：价盘的稳定性（各级客户进出价格相同，尤其是终端售价相同）和各级客户的毛利率控制。

通过促销，打击竞品，让终端消费者（客户）得到更多的优惠。

由于促销涉及价格的变动，因此需要特别注意促销后的价格与其他渠道价格体系的统一性。

控制通路客户得到合理的毛利率，原本价格体系制定时毛利率低的产品，促销时保持毛利率持平或适当增加毛利率；毛利率本身较高的产品，促销时保持毛利率持平或适当缩减毛利率，共同分担促销费用。

（一）针对经销商的促销

搭赠、累计奖励、竞赛、坎级提成、资信条款、订货会、合作推销、销售人员激励、推销辅助、合作广告等。

1. 搭赠

搭赠的使用非常普遍，往往设置一定的坎级，比如100件搭几件或10件搭几件。坎级量为搭赠获得的门槛，订货量不到设定的门槛，不享受搭赠政策。

使用时，要根据客户的平均进货量来决定坎级的大小。

经销商级别，一次进货量比较大，就要设置100件或更高坎级。

分销商或零售商级别，由于进货量较低，则坎级要更低一些，如10件搭几件或者几十件搭几件都可以，不可千篇一律。

坎级制定可以比平均订货量高10%～30%，具体参见订货会的描述。

大品牌有时常将搭赠方式用于新产品上市的强制铺货，将主力产品100件搭××件新产品，强制配发到经销商，再以××件搭1件的方式铺货进终端。或以组合箱搭赠，在主力产品的箱内放置一定比例的新产品或待推广的潜力产品，主力产品采用搭赠100+6低坎级，组合箱则以100+10的较大力度售卖。

这些都是一些知名品牌搭赠促销的额外变换方式，要灵活应用。

特别注意，搭赠只是一种方式，一种市场费用发放的方式，仅仅是发放下去而已，如何使用搭赠下去的费用才是关键。

都是搭赠促销，但是不同的企业用不同的管控方式，带来的结果也不一样。

大企业的搭赠，一般有团队去监督规划和执行，下达搭赠政策后，具体将搭赠费用规划为针对分销商、零售商或消费者的促销活动，将费用使用到合适的市场。或者将搭赠折算为费用率，规定这些费用投放到哪些促销上去，由经销商凭借执行单据来核销。

小企业的搭赠，如果只依靠经销商的自觉去做这些动作，将很难控制到位，造成的后果是容易被截留费用，最后只能成为经销商的额外利润或市场窜货的资源。

2. 累计激励

针对整体达成销售目标或者新产品的上市销售，推出达成不同销量给予不同百分比的奖励。比如新品销售额达到 50 万元，额外返 1%，或者整体达成 100%，额外加返 1% 等，这能激发经销商的热情。

累计激励的坎级参见表 2－5 订货会的坎级。

3. 订货会

为了达成业绩或者将新产品推向市场，往往举办订货会，订货会规模可大可小。规模大的是公司举办全国级的订货会，回款可能达到几亿元；规模小的是针对某一区域的分销商举办区域订货会，回款可能只有几十万元。

对于想快速发展的品牌，订货会是非常有效的手段。举办一场规划好的全国级订货会，有时会一次性回笼高达几亿元的资金，非常有效。

大、中、小型品牌都可以选择举办订货会。

订货会的核心是制定好订货政策，以及举办各种有趣的现场活动，比如抽奖、游戏、抢红包、各种文艺活动等。

提前预订好酒店，布置好场地，召集客户，一边吃饭一边 PPT 讲解，一边沟通一边订货。

订货会期间，穿插进行订货政策讲解、新产品讲解、公司成功运作案例汇报等工作。

政策制定是关键，必须有足够的吸引力。如果订货会政策设计不好，就会出大麻烦。比如订货会的优惠力度很大才能吸引客户提前打款，达到快速回笼资金和占用客户资金的目的。如果全部折算为本品搭赠，等待厂家的就是经销商无尽的窜货。

一般设置高额实物奖品和常规搭赠政策来缓解这个矛盾。

（1）搭赠政策

①坎级订货奖（仍然享受第②项产品促销政策）。

某品牌订货会政策，如表 2－5 所示。

表 2－5　某品牌订货会政策

订货坎级（万元）	奖励	奖励力度（%）	货款政策	现场发放方式	备注
50	价值 1.5 万元（大屏幕电视 1 台 + 笔记本电脑 1 台）	3.0	一次打款到公司账户，在订货会前（××××年××月××日下午 5 点前）到账	制作标牌，写明奖品，发放标牌	
20	价值 5000 元的笔记本电脑 1 台	2.5	同上	同上	
15	价值 3000 元的手机 1 部	2.0	同上	同上	
15 以下	参加抽奖	—	见促销政策后备注项	现场宣布，在订单上注明，发放标牌	
—	—	—	—	—	—

注：所有奖项所得税自理，产品在两个月内出清，也就是××××年××月××日前。

②产品促销政策。

某品牌产品促销政策，如表 2－6 所示。

表 2－6　某品牌产品促销政策

产品类别	规格	促销政策	附属条件	价格	备注
产品 1		10 + 1（每 10 件，搭赠本品 1 件）	100 件起订	执行原订价盘	货款支付可采用以下三种方式之一： 1. 现场缴纳现金
产品 2		10 + 1（每 10 件，搭赠本品 1 件）	限量 500 件，100 件起订		

续表

产品类别	规格	促销政策	附属条件	价格	备注
产品3		10+1（每10件，搭赠本品本品1件）	限量500件，100件起订	执行原订价盘	2. 货款提前打到公司账户 3. 订货会后付款，最迟××月××日打款到公司账户，如若××月××日后付款，促销政策取消，不再享受订货会政策
产品4		10+1（每10件，搭赠本品1件）	限量500件，100件起订		
产品5		一次订货500件，送价值5000元的笔记本电脑1台 一次订货300件，送价值3000元的数码相机1台 一次订货100件，送价值600元的金戒指1枚			
产品6		100+15（折合6.66666+1，每100件，搭赠本品15件）	100件起订		
产品7		10+1（每10件，搭赠本品1件）			

注：1. 要求促销产品必须在××××年××月××日前出清。如无质量问题，不允许退货。
2. 其余产品的常规促销政策仍按原促销政策执行。

③抽奖政策（订货15万元以下进行抽奖）。

将订货5万元设定为具备抽奖资格，发放奖券1张；订货5万元以上，每2万元为一个坎级，发放奖券1张。

表2－7　某品牌抽奖奖品设置

奖项	奖品	价值（元）	数量	累计金额（元）	备注
特等奖	笔记本电脑1台	4000	1	4000	
一等奖	××手机1部	3000	2	6000	
二等奖	××电视1台	1300	5	6500	
三等奖	××产品5件	280	×××		100%中奖，最低为三等奖
合计	—	—	—	—	

将一部分大力度政策换成实物，不是搭赠本品，经销商绝对不会自己拿出现金去窜货。

（2）订货会促销坎级的制定是一个技巧

很多业务员制定坎级的时候，往往很随便，觉得差不多就行了，结果导致丧失了很多机会。

有经验的业务人员在制定坎级时，会巧妙地与实现销售增长结合起来。

比如分析以往数据，20%的客户一个月销售额在30万元左右，50%的客户在50万元左右，30%的客户在90万元左右。

坎级制定为：35万元一个坎级，60万元一个坎级，110万元一个坎级。这样，每个客户都想努力一下。能够到高坎级的客户，绝对不会看得上低坎级的政策；低坎级的客户，也不会去攀比，因为规则是公平的，是自己达不到而已。

4. 销售人员激励

整体品牌或单独产品的铺货率、正常货架陈列、特殊陈列或销量等达到规定标准后，给予经销商团队额外的奖励。

可以是达到规定标准后的固定奖励，比如规定每月完成标准货架陈列20家的销售代表，每人奖励300元。

也可以在其团队中间展开竞赛，只给予达成一定基数的排名前几名的团队成员高额奖励。比如完成货架陈列标准20家的销售代表，第一名奖励500元，第二名奖励300元，第三名奖励100元，等等。

具体内容详见本章销售团队激励内容。

（二）针对中间商的促销

搭赠、刮卡、抽奖、竞赛、订货会（品尝会）、箱内有奖、集箱标送、恢复库存基数送、有奖陈列、累积奖励、销售人员激励、免费产品、折扣、降价、商业展览、合作广告等。

1. 有奖陈列

有奖陈列一般是指在批发市场门店的显眼位置，规定堆放多少箱（几排宽×几层高），比如20箱（4排×5层），摆放规定时间，并给予奖励。

一般要求签订简单协议，双方把对各自的要求罗列出来，签字盖章。

公司一定要定期查核，业务人员只要有时间，早上一定要检查，督促陈列出来，下午市场关门前抽查，防止中间商把陈列早早撤掉。对于未按要求陈列的，加大检核频率，督促中间商按要求摆出来。奖励要尽量100%发放，以免对公司信誉造成影响及影响以后的活动。

2. 刮卡促销

与消费者促销的刮卡促销一样，刮卡促销同样可以用于中间商促销。

某瓜子公司二批促销

促销规格：23克90××豆、52克90××豆、40克瓜子、95克瓜子、40克奶香瓜子、95克奶香瓜子、95克原香瓜子、28克小而香、60克小而香。

促销区域：全国传统通路（××豆为A类区域、小而香为江浙沪皖区域）

活动时间：××××年××月××日—××××年××月××日

活动方式：每进5箱促销产品即可兑换××刮刮卡一张，中奖率100%。

奖励设置：

一等奖：手机一部（价值××××元）。

二等奖：三轮车一辆（价值×××元）。

三等奖：遮阳伞一把或蓝大褂1件（价值××元）。

四等奖：计算器一台（价值20元）。

快乐奖：××产品6袋。

（三）针对终端零售商（传统小店、小餐饮店）的促销

铺货、零售店付费陈列、样板店奖励、集箱送、箱内有奖、订货会（品尝会）、专卖、抽奖、竞赛、刮卡、累积奖励、免费产品、免费广告辅助物、合作广告等。

（四）针对终端零售商（连锁型零售商、餐饮店）的促销

付费陈列（堆头、端架、买货架）、特价补差、销售竞赛、陈列竞赛、DM、长期陈列奖励、销售人员激励、免费产品、免费广告辅助物、付费广告、累计奖励等。

1. 付费陈列（堆头、端架、买货架）

在一些大型超市，较好的位置会有堆头、端架或收银台陈列等，这些位置都是可以付费（单月或长期）购买的。新产品上市或者促销活动时，需要购买这些重要位置。

有时也可以与超市签订协议购买固定的货架，以保证获得比较好的位置和

层级。

特别陈列协议

甲方：　　　　　　　　　　　　　　　　　　乙方：

法定地址：　　　　　　　　　　　　　　　　法定地址：

联系电话：　　　　　　　　　　　　　　　　联系电话：

甲乙双方依照《中华人民共和国民法典》，本着平等互利、自觉自愿、共同发展的原则，经双方协商一致，签订此协议，并严格执行。

一、为促进销售，增加双方的利润，乙方承诺提供如下位置用于甲方的产品陈列或作为甲方活动场地：

1. 正常货架：乙方提供＿＿＿＿个货架，用于陈列甲方＿＿＿＿产品，并使甲方＿＿＿＿产品的排面陈列面积占＿＿＿＿产品货架陈列总面积的＿＿＿＿。

陈列期限自＿＿＿年＿＿＿月＿＿＿日起至＿＿＿年＿＿＿月＿＿＿日止。

2. 堆头陈列：乙方提供＿＿＿＿位置＿＿＿＿平方米的堆头＿＿＿＿个；＿＿＿＿位置＿＿＿＿平方米的堆头＿＿＿＿个，用于陈列甲方＿＿＿＿产品。

陈列期限自＿＿＿＿年＿＿＿＿月＿＿＿＿日起至＿＿＿＿年＿＿＿＿月＿＿＿＿日止。

3. 场地使用：乙方提供＿＿＿＿位置＿＿＿＿平方米场地作为甲方＿＿＿＿活动场地。

使用期限自＿＿＿年＿＿＿月＿＿＿日起至＿＿＿年＿＿＿月＿＿＿日止。

4. 上述陈列及展示甲乙双方确认后，绘图标明，并加盖公章附后。

二、甲方履行以下条款：

1. 乙方严格执行本协议第一条第1款内容，甲方按＿＿＿元/月的价格，支付乙方＿＿＿元，作为陈列费用。经双方协商，该费用以产品形式支付，折合＿＿＿产品＿＿＿箱。

2. 乙方严格执行本协议第一条第2款内容，甲方按＿＿＿元/月＿＿＿平方米的价格，支付乙方＿＿＿元，作为陈列费用。经双方协商，该费用以产品形式支付，折合＿＿＿产品＿＿＿箱。

3. 乙方严格执行本协议第一条第3款内容，甲方按＿＿＿元/月的价格，支付乙方＿＿＿元，作为场地使用费用。经双方协商，该费用以产品形式支付，折合______产品______箱。

4. 费用支付时间______年______月______日。

三、违反条款：

甲方将定期检查乙方产品陈列执行情况，如不符合要求，将通知乙方在2日内改进，如仍无改进，甲方有权扣除部分或全部费用。

四、本协议有涉诉讼，由甲方所在地法院裁决。

五、本协议未尽事宜，甲乙双方另行商议，任何对本协议的修正必须在双方书面签署后方才生效。

六、本协议的有效日期为______年______月______日至______年______月______日。

七、本协议一式两份，双方各执一份，签字盖章生效，具同等法律效力。

甲方代表：　　　　　　乙方代表：

公司盖章：　　　　　　公司盖章：

签署日期：　　　　　　签署日期：

2. 付费广告

付费广告是在超市店内或门头的重要位置如门头、入门处、货架上方、重要区域墙体、电梯、收银台等动线必经之处投放广告，签订长期协议，协议期一般最低半年起，定期付费。

3. 集箱皮送

集箱皮送，是刺激零售店不断自行进货的一种方法。规定累积整个包装箱皮或者包装箱上印刷的某一特殊标记到一定数量，零售店就可以集中兑换某种奖品，可以是本品，也可以是有吸引力的其他奖品。

赠品兑付流程同消费者促销的“再来一瓶”活动。

4. 箱内有奖

箱内有奖是给予零售店额外刺激的一种方式。箱内放置不同金额的优惠卡（或现金卡），有小额度也有大额度，拆箱即可获得，非常有乐趣和刺激性。投放比例计算同抽奖。

法律规定，不得直接投放现金作为奖品。

要在箱皮上做明显告知，可以整体投放，也可以单独在某一区域进行投放。

如“劲刮有奖、奖不停”箱箱有礼活动。

每箱内投放1张奖卡，客户开箱后，撕开奖卡，即可根据奖卡的奖项进行兑换。

奖项设置，如表2－8所示（中奖率100%，奖卡投放率99.9%）。

表2－8 奖项设置

注：每1000箱为1计数单位

奖卡额度（元）	投放数量（个）	小计金额（元）	概率（%）	备注
600	5	3000	0.50	黄金1颗奖卡
10	20	200	2.0	现金奖卡
5	50	250	5.0	现金奖卡
2	925	1850	92.5	现金奖卡
1000箱投放合计	1000	5300	100.0	现金奖卡
单箱平均投放费用	－	5.3		

注：箱皮做告知，超市内用海报做张贴告知。

可以设置实物奖励。

现金或产品的促销奖励经销商先行垫付，公司货抵。实物促销奖品可由公司发放。

经销商可提取10%作为激励。如果经销商配合度差，则不予发放。

所有中奖，个人所得税自理，公司不负担。

所有奖卡必须加盖公章才能有效。

奖卡印刷供应商交出奖卡的印刷菲林或销毁。

5. 累计奖励

规定进货额达到××万元后，前××名获得奖励。可以设置坎级，也可以不设置。

有一位经销商，曾对其覆盖的零售店，推出年进货额达到××万元，就可以参加出国旅游的奖励。大家在一起游玩，既高兴，也加深了感情，这让零售店店主感到非常有意义。

6. 免费广告辅助物

有时，配合渠道开拓或新品上市，厂家需要制作一些带有广告性质的、实用性强的物品。

有的广告辅助物价值低，免费或者只要进货满足一定坎级，就可以附赠，比如桌式陈列架、开瓶器等，如表2－9所示。

表2-9　免费广告辅助物

序号	名称	使用描述
1	桌式陈列架（纸质）	放在饭桌上的陈列盒
2	开瓶器（冰箱贴）	用于赠送酒店使用或作为消费者赠品
3	摇摇牌	用于粘贴在货架或其他陈列上
4	海报	张贴在店内或门口
5	空白海报	用于活动告知
6	DM	用于消费者信息告知
7	落地陈列架	用于商超或饭店陈列之用
8	店招	饭店门头
9	冰箱	用于店内陈列

有的辅助物价值高，就必须要求额外签订协议，限制只能陈列公司产品，并且累计达到一定进货额，才能提供，比如广告冰箱。

7. 零售店有奖堆箱陈列

有些产品，尤其是礼盒产品，在旺季的时候，经常选择在某些零售店门口（外面或进门口处）进行堆箱陈列。可以分门店级别给予奖励，大店奖励多，小店奖励少，与在批发市场堆箱陈列类似。

8. 样板店建设

样板店建设要求选取位置和形象比较好的门店，从货架陈列、特殊陈列（端架陈列、货堆箱陈列、挂架陈列等）、条幅、吊旗、海报、门头形象、灯箱等广宣方面做全面布置，并要求一定时间内保留，合格者给予奖励。

同样要求签订协议，明确双方的责任、义务要求，签字或盖章生效。

在约定期限内，要定期检查和维护好样板店，并且尽可能地给予促销活动配合，使其真正在销量上也是样板模范。

奖励兑现一定要及时，做好这些样板店的客情维护。

9. 渠道促销的告知非常重要，往往采用以下办法

- 召集经销商和二批商，召开会议进行宣导和告知，现场派发 DM 单。
- 产品箱体印刷促销主题。
- 批发市场内做堆箱陈列，一定要将箱体促销信息面朝外。
- 批发市场内悬挂条幅，悬挂于批发商店头显眼的位置。
- 派业务人员或付费雇用人员派发 DM 单。

（五）渠道促销注意事项

渠道促销的最大弊病是虚报数量（业务或客户都有可能）、截留促销资源等。

一定要有详细的公开告知、告知函、海报、DM 单等，发到所有客户手里，防止促销变形或资源被截留。

也可以签订不遵守促销规定和虚报费用的处罚协议。

要求各级客户必须在规定时限内，提交核销资料，过后不予以核销。否则，拖的时间越长，越难以核查、难以定性。如果遇上业务人员更换，多种因素交织在一起，一旦出现不予以核销费用的情况，很容易在全市场产生公司费用不给核销的谣言。

在追踪客户核销的时候，一定要定期发公司正式函，要求客户尽快提交核销资料和要整改的问题，一旦后续出现争执的时候，这些函件是保护双方合法权益的有效证据。

建立完善的事中和事后稽核和核销制度，做好稽核部门抽查稽核、财务复核工作，全部做成可视化书面资料，可追溯就可以在一定程度上做到防止虚报。

三、线上促销方式

线上线下的商业本质是一样的，促销活动的方式大同小异，基本类似。线下能用的促销活动，线上基本都可以使用，甚至更方便、更灵活。

线上线下的渠道性质不一样，决定了促销活动的某些特点不同。

线上的特性，决定消费者不是去活动地点，而是拿着手机或看着电脑去参与促销。

促销活动的信息告知方式有所不同。消费者不是看 DM 单，不是看线下各种广告，而是通过手机搜索和线上广告来获知活动信息。

产品信息的告知方式不同，不是消费者听促销员讲解，而是看详情页和视频，不同产品的信息比较起来更便捷。

线上促销的方式越来越多样化，由静态的展示过渡到目前的直播带货。直播带货的特点在于能与粉丝实时互动，当粉丝有问题时可以直接在直播间留言，主播能够与粉丝实现隔屏互动，在线答疑解惑。这一点还原了线下消费的场景，提升了客户的购物体验。

（一）线上消费者促销

线上消费者的促销方式有特价、买赠、刮卡、满赠、满减、包邮、加 1 元买、晒单减、第二件减（半价）、积分折价、优惠折价券、新品试用、新人首单优惠、预售定金优惠、尾款优惠、发红包、限时秒杀、直播带货等。

1. 满 × ×元减 × ×元

购物达到规定金额后，在总价基础上减免固定金额，如图 2 – 10 所示。

比如满 200 元减 30 元。一般是鼓励凑单，某个产品单价 180 元，再凑 20 元的产品就可以减 30 元。如果不参加满减活动，就是 180 元原价购买。但是，这个产品是自己必须购买的，不打折可能也会买。此时遇到满 200 元减 30 元的活动，随便选一个 20 多元的产品凑单，反而会减少付款金额，于是果断凑单并下单。

这非常适用于推出某个价位的新品，利用畅销品组单来带货。

也有的类似于单一产品打折，单一产品本来就 220 多元，下单直接减去 30 元。

图 2 – 10　满 × ×元领 × ×元优惠券

2. 满××元领××元优惠券

购物达到相应的金额后，可以领取用来抵扣部分金额的优惠券，如图2－11所示。

表现形式：满200元赠1张30元优惠券。

有的是平台发送的平台券，即可以跨店铺使用的优惠券，目的是给平台引流，提升平台下单成功率，最好的效果是客户在使用平台券的时候带动多个店铺的销量。

也有的是店铺自己发的优惠券，目的是吸引顾客进店铺领券，浏览店铺产品。店铺券更多是起到提升店铺转化率和客单价的作用。

图2－11　满××元领××元优惠券

3. 满××元或者买××件打××折

比如满200元打9折，买2件打9折，如图2－12所示。

4. 每满××元减××元

这是指单次消费每满规定的金额后，就可以在总价基础上减少固定金额，它是可以累加的。

比如每满100元减30元。购买110元的产品减30元，购买260元的产品减60元，依次类推。

图 2-12 满××元或者买××件打××折

5. 阶梯满减

阶梯满减指每满不同的金额可减对应不同金额或享受对应折扣。设置相应的满减值，消费额度越高，满减力度越大，以此来刺激用户提高单次购买金额，如图 2-13 所示。

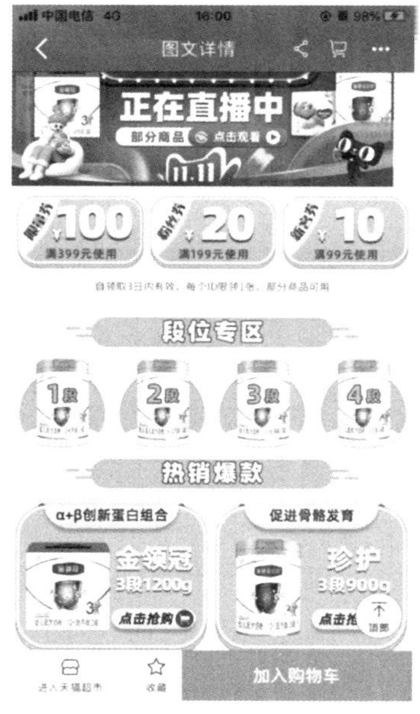

图 2-13 阶梯满减

例如满 100 元减 30 元，满 200 元减 65 元，满 300 元减 100 元；满 100 元打 9.8 折，满 200 元打 9 折，满 300 元打 8 折。

6. 百分比满减

百分比满减指单次消费满规定金额后，总金额可减免固定比例。

比如满 1000 元减 10%。一般是商品种类多、总价高的情况下适用这种满减方法。

7. 限时购、限时秒杀、限时半价券等大力度促销

规定在限定时间段内，享受特价或满减，不在此期限内，则不享受，从而提高商品及时下单率，如图 2－14 所示。注意，一定要设置好数量限制。

图 2－14　限时购

8. 加价购

指买××元后再加××元，可购买原价××元的某产品。这属于连带销售，提升带货率。比如买够 100 元再加 1 元，可购买原价 12 元的牙膏 1 盒。这种方式很有吸引力，因为消费者可以用 1 元得到价值 12 元的商品。

9. 预售、付定金、尾款优惠等

为了给促销活动提前聚集人气，可以设定先交付定金（如图 2－15 所示），到时不但享受促销价，定金也有优惠，付清尾款还有优惠，你愿不愿意加入？先促使客户下单，下了单就基本不会反悔，反悔的话定金没了，从而增强了客户黏性。

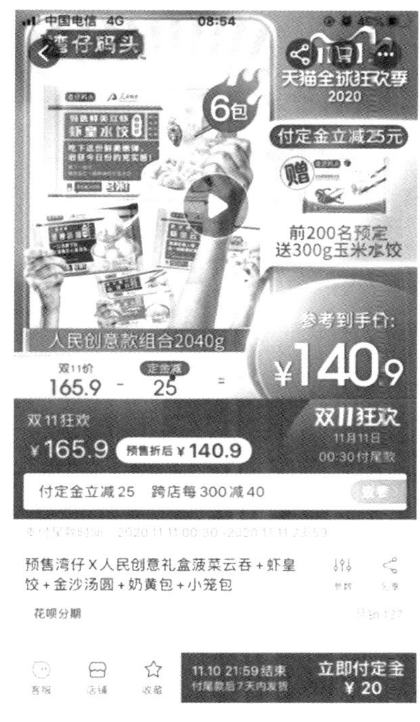

图 2－15　付定金

10. 新人首单优惠，提高转化率

只要是新顾客，首单立减××元，如图 2－16 所示。

11. 粉丝专享价

针对店铺粉丝人群定向设置粉丝专享优惠价格，以此来吸引粉丝的关注。

12. 时令促销

季节性促销，比如应季热卖、季末清仓、季中清仓、反季清仓等。

13. 套装优惠

同一用途的多个商品组合在一起，连带销售。

套装优惠：单买鼠标是 30 元，单买键盘是 42 元，如果分开买总共要 72 元，但是套装就是 68.9 元，打 8.5 折是 58.57 元（见图 2－17），心动吗？

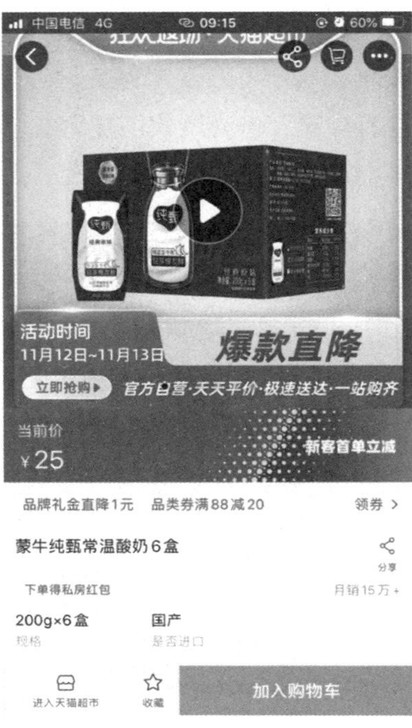

图2－16　新人首单优惠

图2－17　套装优惠

14. 满××元包邮

很多单价低的产品，单独购买，邮费就很昂贵。满××元包邮，就可以引导消费者买多件，也可以买其他产品凑单，从而省下邮费。这样既增加了客单价，又分摊了物流成本。

15. 1 元秒杀

1 元秒杀是引流的手段。在规定的时间内，1 元就可以买到原来价格高昂的产品，要点是一定要设置数量限制，抢完为止。

16. 线上促销

往往是组合式优惠，最大化地让消费者得到实惠，心动购买，如图 2－18 所示。

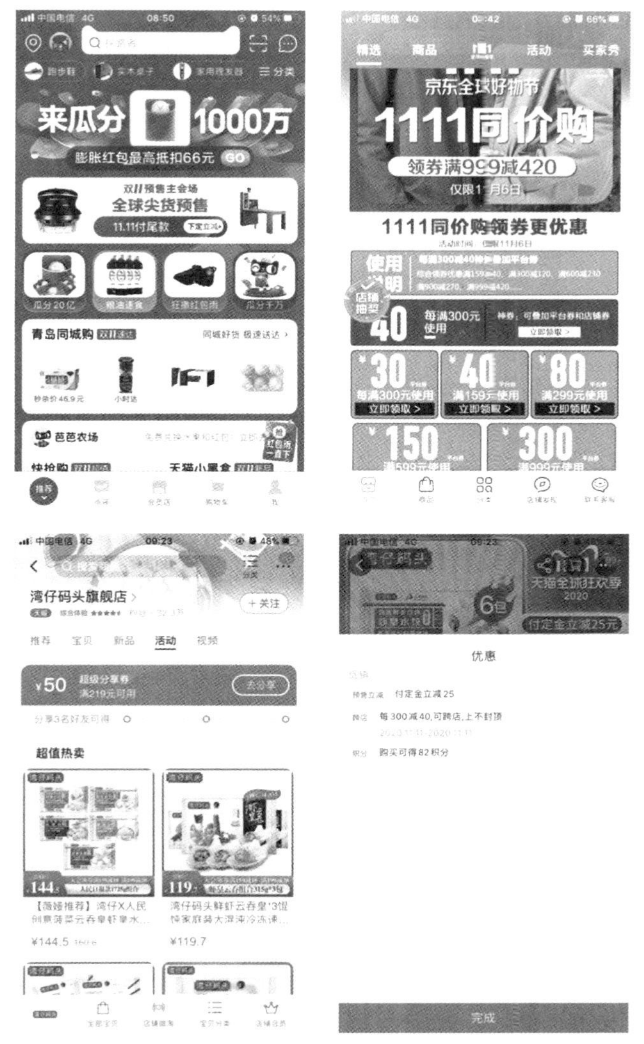

图 2－18 线上促销

（二）线上渠道促销

B2C 平台的渠道促销，比如在淘宝、天猫、京东等平台上，是为了让代理商的线上门店进行促销，而给予代理商促销政策。线下渠道促销的方式也可以应用在这里，可能费用名目有些不一样。

比如搭赠、补贴、坎级返利、合作广告、合作直通车费用、提成等方式。

B2B 平台的渠道促销方式，如阿里巴巴等平台，类似于线下的渠道促销方式，只不过是挪到了线上，一般会使用坎级搭赠、坎级返利等方式。

四、新零售促销方式

在新零售平台上，促销方式与线上促销方式相同。特别要注意，一定要利用促销活动换取平台补贴费用。

（一）团购平台

一般采用单品、新品、流行产品组合推广。

（1）促销折扣：采用常规 × 折的方式做长期优惠。

（2）配合付费的霸王餐（3000 元/期/地区）推广。

（3）新品尝鲜：经常用新品来做免费尝鲜、半价推广等促销活动。

（4）秒杀：限时秒杀，设定好数量。

（5）节庆产品展示等促销活动：利用好节日等有利时机，做主题推广。

（6）各种名目的优惠券：二次消费券、生日券、主题券等。

（二）外卖平台

外卖平台的促销，主要是配合平台的活动，促销主要是满××元立减××元，满足平台立减活动规则。

与入驻平台的线下超市进行促销结合，参与其活动。比如店铺优惠券、特价、秒杀、爆品、满减运费等活动。

（三）支付平台

天天特价、秒杀活动、大牌快抢等活动。

参加平台上入驻的线下超市的活动：单品特价、买赠、满减、第×件特价、热销爆品等活动。

（四）微信社群团购

（1）单品限时特价、优惠、满减等抢购

每日固定时间开展抢购、节庆日抢购、新品限时抢购等活动。

（2）社群活动

在群内开展定点抽奖、活动告知、异业联盟抽奖、发放广告红包活动。

（3）以图说话，送限量优惠

图片美食、短视频、开心一刻、流行传播、美食推荐等主题活动，加送大家限量优惠。

（4）联合促销：与其他品牌合作开展各种促销

吃货探店优惠、异业展示优惠、赠券赠品互换、粉丝体验会优惠等。

（五）年度促销规划

年度促销规划，如表2－10所示。

表2－10　2018年年度促销规划

季度	节庆名称	具体日期	准备日期	活动时间	对应平台	活动产品
第一季度	元旦	12月30日—1月1日	提前一周			

续表

季度	节庆名称	具体日期	准备日期	活动时间	对应平台	活动产品
第一季度	腊八	1月24日	1月10日 春节推广	1月10日 开始送券， 2月8日 开始使用	支付宝、团购	
	立春	2月4日				
	小年	2月8日				
	情人节	2月14日				
	除夕、春节	2月15日— 2月21日				
	元宵节	3月2日	提前3天			
	妇女节	3月8日	提前3天	3月6日— 3月8日	微信	
	消费者权益日	3月15日	提前5天	3月10日— 3月15日	微信	
	龙抬头	农历二月初二	提前3天	3月16日— 3月18日	外卖、支付宝	
第二季度	愚人节	4月1日	当天	4月1日	秒杀（不愚人）	
	清明节	4月5日— 4月7日	提前5天	4月1日— 4月7日	支付宝、团购	
	劳动节	4月29日— 5月1日	提前5天	4月25日— 5月1日	全线	
	青年节	5月4日	提前1天	5月4日	团购、外卖	
	母亲节	5月13日	提前5天	5月8日— 5月13日	支付宝、微信	
	儿童节	6月1日	提前2天	5月31日— 6月1日	微信、支付宝	
	世界杯	6月8日— 7月8日	大方案			
	父亲节、 端午节	6月16日— 6月18日				
第三季度	七夕节	8月17日	提前3天	8月15日— 8月17日	支付宝、外卖	
	教师节	9月10日	提前5天	9月5日— 9月10日	微信、支付宝	
	财神节	农历七月 廿二日	提前10天	9月11日	全线	
	中秋节	9月22日— 9月24日				

续表

季度	节庆名称	具体日期	准备日期	活动时间	对应平台	活动产品
第四季度	国庆节	10 月 1 日—10 月 7 日	提前 3 天	9 月 27 日—10 月 7 日	全线	
	重阳节	10 月 17 日	提前 3 天	10 月 15 日	支付宝、微信	
	双 11	11 月 11 日	大方案			
	感恩节	11 月 22 日				
	双 12	12 月 12 日				
	圣诞节	12 月 23 日—12 月 25 日				

（1）“新年季”1—3 月，12 月 20 日至次年 3 月 20 日

➢圣诞节、元旦以××产品满减、特价为主。

➢腊八、小年、春节以礼盒为主，用大面值优惠券提高客单价，支付宝满减。

➢正月十五、2 月 14 日、3 月 15 日、二月二“龙抬头”选择平台主题，促销××产品，满减、特价。

➢3 月 8 日“女王节”——女性特权，满减、特价。

➢借助春节推广××产品，满减、特价、优惠券。

（2）“踏春季”4 月—6 月，3 月 21 日—6 月 25 日

➢清明的踏青活动、家庭野餐活动主题促销。

➢五一旅游好伙伴、5·17“我要吃”、5·20“我们恋爱吧”、母亲节等主题活动。

➢6 月 1 日——“不想长大”主题。

➢6 月××日，父亲节主题。

（3）“凉爽一夏”7 月—10 月，6 月 26 日—10 月 31 日

➢半年、七夕、财神节、中秋主题促销。

➢疯狂假期、我的大学梦——新生活动。

➢教师节、啤酒节主题活动。

➢10 月国庆专场促销。

（4）双 12

➢双 12 预热——双 11 单品推广。

➢双 12——爆品选择。

五、社交平台促销

社交平台促销是一种很重要的促销投放方式。比如某新产品拟在B站、抖音及小红书进行推广，其中B站用于测评，小红书用于分享，抖音用于品宣及带货。

（一）B站

哔哩哔哩（bilibili）简称B站，是以中国年轻人为核心的文化社区。它既是一个年轻人文化价值观输出的平台，也是引领年轻人价值观的平台。其主要拥有内容与社交双重属性，内容属性主要以视频为载体，而社交属性则通过平台互动及其独特的弹幕文化呈现出来。

B站有很多专门做美食测评的UP主（上传者），可以做产品测评，进行产品宣传，可以给予各种促销活动刺激。促销活动是提高最后转化率的关键一步，以特价、加赠等活动刺激粉丝的最终下单，在评论区放优惠券的链接或者店铺的链接做引流，减少用户搜索环节。

（二）小红书

小红书上的推荐属于用户原创内容（UGC）营销。小红书的推荐分享，类似于在传统媒体上写软文或者打广告，以引导消费者消费。

小红书上单位成本最低的达人投放模式是以初级达人为主、腰部达人为辅，而综合效果最好的达人投放模式，则是以腰部达人为主、头部达人和明星为导向。

（三）抖音、快手短视频平台

抖音作为近年来迅速崛起的短视频App，在5G时代，将更加势不可当。2020年抖音日活跃用户数已经达到4亿。男性中19～24岁、41～45岁的用户偏好度高，女性中19～30岁的用户偏好度高；一二线城市中19～30岁的用户偏好度高，三四线城市中19～35岁的用户偏好度高。

有流量的地方就有商机。抖音的变现方式目前有很多种，如广告、礼物、直播带货等。

可以在抖音上用各种促销活动去刺激销售：满减、优惠券、新客券、限时秒杀、第二件优惠、特价等。

互动参与活动类促销更是抖音的强项，比如竞赛方式较受欢迎，促销方式有挑战赛、贴纸、音乐、LINK 计划、Dou +、POI、开箱推荐、穿搭推荐、试吃推荐、试玩推荐、推荐清单（抖好货）、开箱测评、才艺表演、情景短剧、脱口秀、动画、街访、颜值、文字等。

六、销售团队激励

设定某一目标，进行团队比赛，优胜者获得奖励。

目标的难度制定得不要过高，否则会适得其反。过高的目标运用挑战奖设立模式。

要注意目标制定的公平性，在相对公平的基础上进行竞赛，否则会适得其反。

用于奖励的金额一定要大于处罚金额，设置奖励获得门槛和处罚免除原则。

（一）KA 门店（专卖店）比赛奖励

方案：让两个回款相近的门店，进行比赛，如图 2－19 所示。以半年以上销售数据取平均值计算，数据仍然有差距的采用销售目标加权重的方式（加权方式见后续实际案例）。

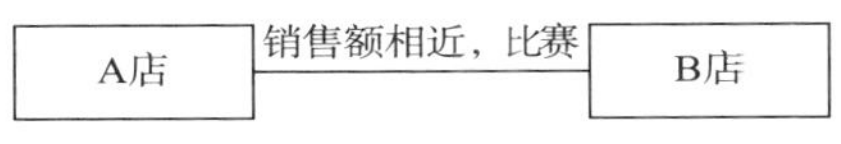

图 2－19　KA 门店（专卖店）PK 奖励

（1）业务员激励：月末累计比赛胜出者，奖励 300 元。落败者在公司大会上，鞠躬将奖金双手递给胜出者，并说：“对不起，我落败了，请笑纳！但下次我一定赢回来！”

由领导颁发比赛荣誉证书！仪式感要强。

（2）促销团队激励：月末累计比赛胜出者，奖励 300 元。落败者在公司大会上，由业务员代表鞠躬将奖金双手递给胜出者，并说“对不起，我们落败了，请笑纳！但下次我们一定赢回来！”

给获胜团队颁发比赛胜出证书！

（3）促销团队即时激励：每周周五、周六、周日纳入即时竞赛奖励范围，凡每周周五、周六、周日 3 天累计比赛胜出者，奖励 100 元！每周兑现现金！

（4）费用×元，费用率×%。

（二）KA 门店（专卖店）增长额排名奖励

选取有专职促销员的门店。

参与范围：去年有销售的门店。

对门店与去年×月相比的增长额排序，进行排名奖励，如表 2－11 所示。

表 2－11　KA 门店（专卖店）增长额排名奖励

排名（正数）	奖励（元/店）	排名（倒数）	负激励（元/店）
1	500	1	－300
2	300	2	－200
3	200	3	－100
奖励门槛：增长低于 10000 元，不享受！		免除原则：增长高于 2000 元，免于处罚！	

（三）KA 门店（专卖店）增长挑战奖励

用于刺激团队挑战较高的目标，设置不同难度的坎级目标，如表 2－12 所示。

表 2－12　KA 门店（专卖店）增长挑战奖励

单店挑战增长目标	挑战奖励（元/店）	备注
较去年同期回款增长超出 5 万元（含）	500	想证明自己就来拿吧
较去年同期回款增长超出 2 万元（含）	300	
较去年同期回款增长超出 1 万元（含）	200	

注：先承诺，签承诺书，仪式感要强。

（四）业务员区域增长额排名奖励

参与范围：去年有销售的门店。

对与去年×月相比的区域增长额排序，进行排名奖励，新开发区域不在此范围，如表 2－13 所示。

表 2－13　业务员区域增长额排名奖励

排名（正数）	奖励（元/店）	排名（倒数）	负激励（元/店）
1	500	1	－300
2	300	2	－200

续表

排名（正数）	奖励（元/店）	排名（倒数）	负激励（元/店）
3	200	3	-100
合计	1000	合计	-600
奖励门槛：增长低于10000元，不享受！		免除原则：增长大于10000元，免于处罚！	

（五）经销商开发奖励

在区域开发经销商的进程中，针对开发客户数量做奖励是必需的。

奖励门槛：每人开发两名（含）以上经销商。

奖励方式，以首单出货为准：

精耕城区：10万元以上客户奖励2000元/户，5万元以上客户奖励500元/户。

非精耕城区：6万元以上客户奖励2000元/户，3万元以上客户奖励500元/户。

截止日期为××月××日，以签约为准，完成发货后奖励发放至个人账户。

（六）以铺货率、陈列为依据设立激励

很多大型企业往往依托于AC尼尔森等市调公司的市调数据，或者通过KA等渠道自行计算得出的数据（比如连锁超市、大卖场等的铺货率是可以计算出的），设立团队激励。

如果以竞赛方式开展，与上面同。

如果不采用竞赛方式，则以如下方式进行：

设定铺货奖金为2000元/月，铺货率（或者陈列达标率）60%为奖励基础，奖金额=2000元×铺货率。

或者设定坎级，80%（含）以上按照实际铺货率计算，50%（含）~80%按照50%计算，50%以下为零。

（七）案例

××公司流通部经销业务团队、KA部业务团队
××月份激励方案

一、目的

为鼓励流通部经销业务团队、KA部业务团队积极达成目标，奖励优秀，鞭

策落后，特制订此方案。

二、职责分工

1. 流通部、KA部负责目标达成。

2. 人事行政部负责激励方案的拟订及解释，以及奖金的核算。

3. 财务部负责提供各项数据。

4. 总经办负责审核方案及监督整个过程，并审核最终结果。

三、激励方式

1. 销售额目标达成率排名激励（依所签目标责任为标准）。

2. 流通、KA部合并考核进行激励，适用于KA部各系统主管、流通部各区域主管及经销商管理的销售代表。

具体规则如下：

1. 若上月达成率在50%以下，则在核算奖励时要将上月未完成的销售额与本月销售额目标相加得出本月参与激励的目标金额。

2. 权重系数设定：目标为70万元权重为1，大于70万元为1.1，小于70万元且大于20万元为0.77，小于等于20万元为0.65。

3. 计算如例：某区域目标50万元，达成率120%，权重值为0.77，则计算值为120%×0.77=92.4%。

4. 激励标准（奖金+荣誉证书），如表2-14所示。

表2-14 激励标准

<table>
<tr><th>名次</th><th>奖励金额（元）</th><th>获取奖励最低资格</th><th>名次</th><th>负激励金额（元）</th><th>免于处罚条件</th></tr>
<tr><td>第1名</td><td>1500</td><td rowspan="6">1. 销售额达成率不低于80%
2. 销售额增长率不低于10%
3. 销售额达成率排名前6名的奖励</td><td>倒数第1名</td><td>-500</td><td rowspan="6">销售额达成率高于70%且去年同期增长率不低于15%，则免于处罚</td></tr>
<tr><td>第2名</td><td>800</td><td>倒数第2名</td><td>-400</td></tr>
<tr><td>第3名</td><td>600</td><td>倒数第3名</td><td>-300</td></tr>
<tr><td>第4名</td><td>300</td><td>倒数第4名</td><td>-200</td></tr>
<tr><td>第5名</td><td>200</td><td>倒数第5名</td><td>-100</td></tr>
<tr><td>第6名</td><td>100</td><td>倒数第6名</td><td>-100</td></tr>
</table>

四、激励兑现

1. 奖励将在次月月度会议上兑现，颁发奖金及证书。由于奖励所增加的个人所得税由公司承担。

2. 将在次月月度会议上公布处罚结果，未达标者在月度会议上做检讨，处罚金将直接从其当月工资中扣除。

五、其他

1. 员工如对数据有异议，可在数据公布2个工作日内到人事行政部申诉，超过2个工作日则视为无异议。

2. 本激励方案自××××年××月起执行，取消执行时间另行通知。

3. 本激励方案最终解释权归××公司所有。

××公司终端门店业务团队
××月份激励方案

一、目的

激励流通部终端门店业务团队积极拜访客户，并努力达成订单。

二、部门职责分工

1. 流通部负责拜访客户，提供拜访客户卡与成交单据，并统计数据。

2. 市场部负责稽核真实性。

3. 人事行政部负责激励方案的拟订及解释，以及奖金的核算。

4. 总经办负责审核方案及监督整个过程，并审核最终结果。

三、激励方式

1. 指标门店拜访量及订单转化率排名激励。

2. 适用于流通部负责终端门店的业务人员。

3. 排名计算标准：

以门店拜访数、订单转化率为排名依据，各占50%权重。

公式：以400次为基准目标，拜访次数÷400×100%×50%+订单转化率×50%

举例：某人有500次拜访，订单转化率70%。计算结果：500÷400×100%×50%+70%×50%=97.5%。

4. 激励标准

激励标准如表2－15所示。

表2－15　激励标准

名次	奖励金额（元）	获取奖励最低资格	名次	负激励金额/元	免于处罚条件
第1名	500	门店拜访数超过320次/月，订单转化率超过50%	倒数第1名	－200	订单转化率高于40%
第2名	200		倒数第2名	－100	

四、激励兑现

1. 奖励将在次月月度会议上兑现，颁发奖金及证书。由于奖励所增加的个人所得税由公司承担。

2. 将在次月月度会议上公布处罚结果，未达标者在月度会议上做检讨，处罚金将直接从其当月工资中扣除。

五、其他

1. 员工如对数据有异议，可在数据公布 2 个工作日内到人事行政部申诉，超过 2 个工作日则视为无异议。

2. 本激励方案自 ×××× 年 ×× 月起执行，取消执行时间另行通知。

3. 本激励方案最终解释权归 ×× 公司所有。

七、不同类型市场的促销组合运用

促销的运用，并不是一成不变的。每种促销方式的使用时机和达到的效果是不一样的，要适时、灵活运用。

公司开发新的市场，根据新市场开发进程的类型和品牌大小的不同，有不同的促销使用方式。即便是开发进程中，单一的超市商圈的拓展，促销的使用都很讲究，具体详见第四章“高效月度促销规划”中针对线下消费者促销月度规划部分的内容。

有两个方面值得注意：

第一，何谓新市场？

公司进入未经营过的地理市场是新市场，这是毫无异议的。但是，老产品进入已经营区域内的新渠道、新的目标消费群体，也视为新市场。对于顾客来讲，公司的产品都是新产品。

即便是公司已经经营良好的市场，如果有新产品上市，也视作新市场。因此，新产品的促销运用方式，等同于公司进入新地理市场的方式。

如果品牌够强势，新产品铺货进入终端的困难不会太大，可以直接大范围铺货和越过客户开拓阶段；如果品牌不够强势，新产品推广与公司开拓新市场是一样的运作方式。

第二，在不同进程的市场中，大、中、小型品牌投入渠道促销与消费者促销的费用比例是不同的，对渠道促销和消费者促销的侧重点也是不同的。

（1）大品牌：

• 由于大品牌有品牌力和广告在拉动，用于消费者促销的费用就会大比例降低。

• 在 KA 型超市，能方便地执行消费者促销活动，不同品牌竞争非常激烈，会投放大量消费者促销费用。

• 在小型零售店，消费者促销很难实行，大品牌靠品牌力吸引消费者购买，只要加大渠道促销力度，确保产品进店就能高枕无忧。

（2）中小品牌，却可能相反。

• 在 KA 型超市，同大品牌一样，可以投入大量消费者促销费用。

• 在小型零售店，中小品牌靠品牌力拉动消费是不可能的，因为它没有强大的品牌力。靠广告？也没有。因此，品牌和广告带来的拉力非常低。没有额外的拉力，消费者是不会购买的，消费者不购买，销量上不去，早晚都会从店内被清掉，给再多的渠道促销都没有作用。

• 确保消费者购买是关键，只能靠产品力和促销来弥补，把覆盖店铺的消费者促销做起来比渠道促销重要得多。

• 很多中小品牌，往往不加甄别地学习大型品牌的做法，舍本逐末，溃败是早晚的定局。

（一）线下新开发市场

进入新市场后，如果是知名品牌，销售不会有太大的困难。

如果是不知名品牌，就会有很大的困难。经销商、分销商、零售商、消费者（客户）对新品牌一无所知，品牌的根基基本为零。对于利益不确定的品牌，任何渠道的客户都不会予以太多关注，需要针对经销商、分销商、消费者给予不同的大力度刺激。

针对渠道商促销的推力大，针对消费者的拉力小，比例为 9:1 左右。这一阶段加大推力，以将产品分销进渠道为目标。除了靠产品力进行一部分自然动销，开始增加小部分的拉力促销用于样板标杆店，以加速消费者购买。

注意：此处所设的比例只是为了表达分配权重不同，不是固定数值。不同知名度的品牌，不同的产品，比例并不相同，以下同。

1. 针对经销商给予搭赠

（1）给予经销商一定力度搭赠政策。

由经销商利用搭赠自行快速铺货到其客情良好的门店和分销商，这是经销商能立刻做到的，也是他的价值所在。他覆盖不到的，客情关系往往一般，甚至很差。

如此，公司就会在当地快速拥有第一批基础客户。

（2）公司团队和经销商团队的奖励，以开发经销商数、开发分销客户数等为奖励依据。

2. 在鼓励继续开发客户的同时，选择部分标杆门店，做消费者促销活动和针对零售商的促销

经销商能覆盖到的门店或通路客户，关系一般都很好，做到铺货进去是没有难度的，此时的核心是确保终端产品能回转。

（1）继续给予经销商搭赠促销，用搭赠来鼓励经销商继续开发新客户。

（2）进行渠道中间商促销。

针对样板店，可以做付费陈列活动，增加货架陈列面及特殊陈列。

同时做付费广告：店牌、广告看板、桌卡等。

如果是餐饮产品铺货困难，除了上述的做法外，根据餐饮产品仍然依靠批发市场的辐射来供应中小型餐饮店的特性，可以倒着来做市场。

做法是灵活运用渠道中间商的促销方式：提供试用装和上门演示、买赠、坎级奖励、有奖展示、合作广告等，开发一批餐饮店，再返回头去餐饮批发市场开发分销商。或者采用给餐饮店发放优惠折价券，其去指定分销商处购买时可折价的方法。

（3）同时进行小规模消费者促销。

一定要选择部分标杆门店，采用有促销员的消费者促销活动，力度要较大，如试用（吃）、买赠、抽奖等小型户外人员促销等，尽量争取免费陈列位置。

同时，收集好门店销售数据，用于下一轮的市场拓展。

（4）公司团队和经销商团队奖励，以开发经销商数、开发分销客户数、标杆门店数、堆头陈列数、广告门头数、活动场次和效果等为奖励依据。

3. 当一定数量的样板店销售良好，证明产品的潜力后，经销商也有了信心，此时可以动员经销商快速开展市场开发

（1）继续给予渠道搭赠促销，但主要是用于选择A级与B+级终端店（备注：B+级店指较好的B类店，B-级店指较差的B类店）（或餐饮批发商），将搭赠政策放下去，持续铺货。

重点针对第一阶段开发时，经销商客情不足、未进入的部分门店，展开大规模团队铺货动作，做零售店铺货搭赠或箱内放奖卡等活动。

将前一阶段的样板店数据，作为铺货时的证据，有效减少来自客户不认可的阻力，快速增加产品的铺货家数，扩展渠道。

可以是单一产品搭赠，也可以是组合搭赠；可以搭赠本品，也可以搭赠经销商的畅销品。

（2）持续做付费陈列、付费广告等零售商促销。

（3）继续选择标杆门店做消费者促销。

由于门店数量急剧增加，使用促销员的消费者促销场次跟不上快速扩大的门店数量。此时，要多运用不需要促销员的活动方式：包装内附赠或者再来一瓶、有奖包装、集包装送等活动，以求产品铺进店后，能产生有效回转。

（4）公司团队和经销商团队奖励，以样板陈列数、广告门头数、补铺门店数、活动场次和效果等为奖励依据。

（二）线下成长中市场

成长中的市场的特点是，产品在终端回转初步良好，经销商及渠道客户对产品有信心。

进入阶段的成功，会大大减少渠道零售客户和分销商的阻力，这一阶段的推力力度即便是适当减少，产品也可以进入更多的渠道。

渠道客户进货以后，一定不要形成大面积积压、滞销，关键是将库存尽快分销出去，需要加大拉力，进行足够多的消费者促销，让消费者来购买。

针对渠道促销的推力和针对消费者的拉力比例为7:3左右，慢慢过渡到1:1左右。

此时的重点仍然是开发渠道、开发分销商，给渠道客户大量激励，同时兼顾终端促销拉动。

（1）给予经销商促销搭赠，但要求用于铺货。

铺货，铺货，不断铺货，进入第一阶段空余的B－级和C级店。

（2）继续进行大规模的渠道中间商促销。

订货会、搭赠、箱内有奖、付费陈列、合作广告、开发奖励、团队奖励等。

（3）开展足够多的终端消费者促销。

包装内附赠、再来一个、集包装送；持续进行标杆店人员促销：试用、抽奖、买赠等活动。

（4）公司团队和经销商团队奖励，以开发经销商数、开发分销客户数、标杆门店数、样板陈列数、广告门头数、活动场次和效果等为奖励依据。

（三）线下成熟核心基地市场

成熟市场中，渠道开发基本完毕，销量较高并具有持续性，市场营销重点在于与竞争品牌的对攻战，资源更多集中在消费者促销方面。

针对渠道促销的推力和针对消费者的拉力比例为4∶6左右，甚至可以达到3∶7左右。

注意：很多大型品牌是将费用以搭赠或费用率的形式下放给经销商，并不意味着是推力占100%，因为大企业的团队与经销商一起，将费用下放到分销商、零售商与消费者促销上，分析三者的占比才能得到真正的推拉力占比。这里面有很多误区，很多不专业的销售人员往往意识不到这一点。

（1）减少渠道纯经销商搭赠促销费用，将费用更多用于下一级客户的促销。

比如渠道客户（分销商、零售商）的付费陈列、堆头、广告、坎级返利、补铺货（长期动作）、新产品的铺货搭赠、经销商团队动作奖励等。

以百分比的方式下放费用，比如5%的费比，进货20万元，给予20万×5%＝1万元，用于100家小店堆头；或用××万元送××元的费用的方式下放费用，如10万元送5000元费用，用于陈列5个大卖场堆头等。

（2）增加的大部分费用用于消费者促销。

比如A级店（餐饮分销商）的买赠捆绑、抽奖、人员促销等；针对所有门店的包装内附赠、有奖包装、再来一个、集包装送等。

2006年，北京市老才臣公司的腐乳产品在全国大部分重要市场的渠道开发基本完毕，渠道体系构建完善。单纯靠针对经销商、分销商的促销推动作用不大，市场陷入停滞状态。

公司维持渠道促销的推力，订货会、搭赠政策持续进行。

另外，还开展了几类大型促销活动，来提升末端推拉力。

第一类促销活动是针对全国消费者“开盖寻金戒，大奖滚滚来”的包装内附奖消费者促销活动。

第二类促销活动是建立全国的推广团队，开展重点市场和重点商超试吃、抽奖、转盘游戏等的消费者促销推广活动。

第三类促销活动是针对餐饮、农贸的分销商和传统零售商开展的箱箱有奖（箱内放奖卡）活动。

第四类促销活动是公司团队和经销商团队奖励，以样板陈列数、广告门头数、活动场次和效果等为奖励依据。

带来的直接结果就是销售额急剧增加，在很多区域，品牌跃居第一或第二位，经销商从开始的不太配合，到纷纷主动申请、出费用要求公司去做推广。

（四）线上市场

市场的运作是让一个特定目标消费者群体从认知、了解、试用到试购买、使用、满意、再次购买直至忠诚的过程，促销是达到每个过程目标的助力。

在营销中，市场的定义是由一群有购买能力并愿意购买的顾客组成的集合，并没有线上线下的区分。

对于线下市场，顾客群体可以是某个区域、某个超市的人群；对于线上市场，顾客群体是各大电商平台店铺的消费者，不过是分散在各个地理区域。因此，线上、线下、新零售市场的运作思路是一致的。

线上市场中促销的运用有所不同，消费者更容易获取本品和竞品的产品信息和价格信息，控制全网终端促销活动力度和价盘的双重统一性也更重要，自有旗舰店和分销商门店基本是同步促销力度。

给予分销商的促销费用，主要是下放到其门店的终端消费者促销上。

1. 市场开发期

经营自有旗舰店或扶植标杆分销商店铺。

线上的运作，最关键的是引流，也就是最大化地让消费者发现本品牌。

利用好直通车、钻展、淘宝客及京东快车、京东直投、京挑客等推广流量工具。

利用平台的促销时机和促销方式引流，比如双11、品牌日、秒杀日等，利用1元秒杀、新人优惠礼包、半价券、购后大礼包（返现）等。注意：一定要设置好限制数量，送完为止。

大量的消费者促销实现顾客转化：进店优惠、收藏优惠、积分优惠、特价、满减、满送、包邮、第二件特价、积分折价促销、优惠折价券等。

团队奖励，以点击量、转化率、会员注册数（总数与新增）、订单量、评价量及费用率为奖励依据。

2. 市场成长期

快速开发线上店铺，增加铺货率，给予坎级返利、合作广告、合作付费流量工具等渠道促销政策。

协助分销商门店持续展开与旗舰店相同力度的消费者促销。

有些品牌会扶持部分标杆线上门店，增加旗舰店之外的消费者促销方式，并给予补贴，故意让旗舰店的促销力度小于分销商门店。

公司和经销商团队奖励，以开发经销商数、点击量、转化率、会员注册数（总数与新增）、订单量、复购量、评价量等为奖励依据。

3. 市场成熟期

综合运用大量的消费者促销组合，加强组合促销、积分促销等引起复购的活动方式。

给予坎级返利、合作广告、合作付费流量工具等渠道促销政策。

着重控制各门店价盘、促销力度同步。

公司和经销商团队奖励，以会员注册新增数、订单量、复购量、评价量等为奖励依据。

第三章

单场促销活动策划及管控

本章主要讲述单场促销活动的策划。

单场促销活动的策划，要考虑第一章里提到的促销管理 7 大重点原则，结合单场促销活动的特点，比如店铺商圈、社区商圈、批发市场、超市系统的独特性，进行综合的因素考量、策划。

对于任何促销活动的规划，促销方式都没有太大的难度，在当今社会随处可见，拿来就可以用。规划的难点在于促销是一个整体系统性很强的传播和卖货活动，重点在于将品牌和产品优势传播出去，制定比对标竞品更有价值的促销优惠政策吸引目标群体，这也恰恰是很多促销活动策划忽视的地方。

一、促销策划的两大要点

策划促销活动，其实是策划一起让目标消费者实施相应动作的事件。

现场促销活动是要吸引目标消费顾客的注意力，让顾客走过来接近你，最后把品牌和产品卖给顾客。促销策划是规划好整个实现过程，然后管控具体执行，达到预先规划结果。

策划包含两大核心动作，如图 3－1 所示。

第一，让消费者走进来，自愿参与活动。

第二，让参与活动的目标消费者知晓品牌与产品信息，产生购买欲望。

这也就是吸引环和购买环两大部分，对于线上促销来说就是流量的获取（吸引环）及详情页（购买成交环）。

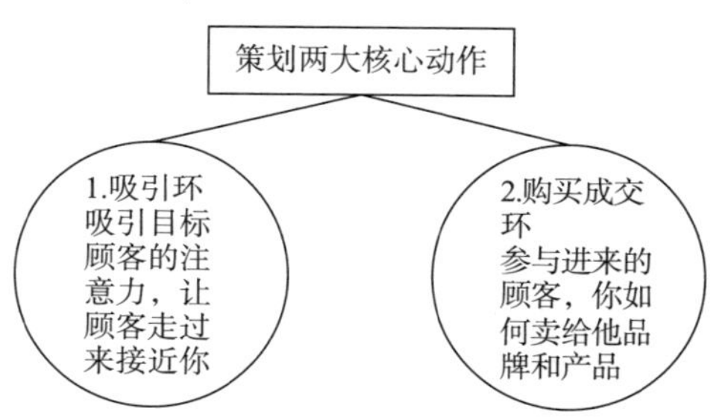

图 3－1　策划两大核心动作

（一）吸引环

吸引环的工作有三大类，目的是将目标消费群体吸引到活动场地，也就是抓住消费者。

核心要素：产品（品牌）优势、促销等利益部分。

产品与品牌的优势是消费者购买产品的核心理由，决定消费者的购买意愿。

促销是刺激消费者尽快行动的额外“甜头”，加大购买意愿。

如果选择的产品和品牌没有突出优势，那么低价格和大力度促销就会成为唯一优势。

信息告知部分：DM 单、场景氛围设计等。

喜欢的活动方式：抽奖、游戏、比赛、歌舞等。

（二）购买成交环

购买成交环工作的目的是，消费者到达活动场地后（消费者被你“抓来”后），继续吸引顾客并成交。

现场的布置技巧：试吃安排、单个促销员售卖点的布置安排、行动路线安排、活动项目安排等。

人员促销技巧：从接近顾客、打招呼、演示、试用到成交的一系列动作及话术（语言技巧设计）。

二、策划步骤

一场完整的促销活动的策划，除了核心的吸引环和购买成交环外，还有其他一系列的工作需要推进，如图 3－2 所示。

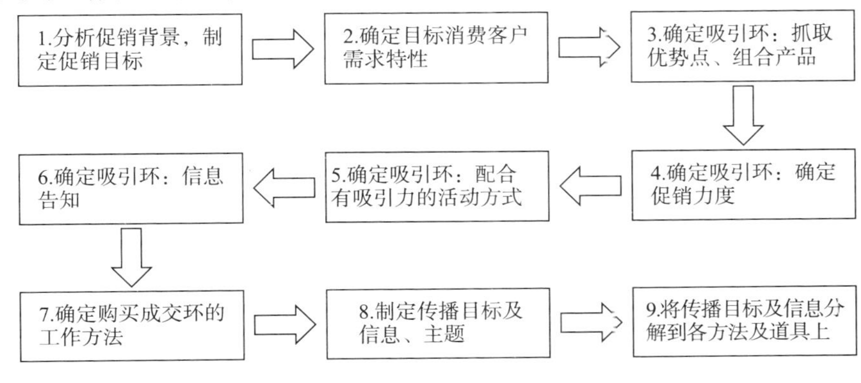

图 3－2　策划步骤

（一）分析促销背景，制定促销目标

1. 了解市场上存在的实际问题和公司发展的战略要求

公司在市场上遇到了什么问题？哪些产品销售不佳？价格过高？消费者不接受？认知人群少？哪个区域下滑？哪个超市下滑？被竞品攻击？超市客情不好？铺货下不去？陈列不佳？库存过大？等等。

公司对产品和品牌的目标设定是什么？要进攻哪个品牌？进攻竞品的哪个产品？进攻哪个区域？

2. 调查竞争品牌的状况

详细了解竞争品牌的产品线，产品线的高、中、低的组合，各产品的特色优势、劣势，各产品定位的目标消费群体等。

了解竞争品牌的价格体系：零售价、各级别渠道进出价、毛利率水平等。

了解竞争品牌的促销活动方式、促销力度、赠品、促销价格、规模、促销主题及目的等。

了解竞争品牌在每个渠道的具体销售表现、利润表现、陈列表现、铺货表现、客户评价表现、质量表现等。

3. 制定促销目标

根据公司的问题和战略、竞品的表现制定促销目标。

（二）确定目标消费客户需求特性

1. 消费者促销策划

促销的作用是将产品快速推介给目标消费群体，决定购买的根本因素是产品本身，策划要从产品本身展开。

（1）产品在上市之初，就已经明确了目标消费群体和产品的优势属性及定位特点

产品的目标消费群体定位于哪个年龄层次，哪个收入层次，或者独特的个性、心理方面，必须清楚。

收入越低的人群对价格越敏感，收入越高的人群对产品本身特性和价值以及品牌带来的价值越关心。

从马斯洛的需求层次理论，我们知晓低收入人群追求满足基本需要（生理和安全需要），很少或基本不讲究社交需要、尊重需要、自我实现需要。他们关注

的焦点在于促销活动是否最大限度地降低了标签价格。

高收入人群对产品是否具有优势属性、有多少数量的优势属性，或产品高质量程度方面，以及是否满足其社交需要、尊重需要、自我实现需要等方面非常重视，对价格的重视程度较低。

新一代中产阶级的消费价值观，也在悄悄变化。他们乐于尝试新产品、愿意支付高价格、选择崇尚个性展现的小众品牌，选择的产品更倾向健康、营养、绿色、有机，具有价值感等。

(2) 举办促销活动，还要了解和考察举办活动商圈的人群特性

如果在高端社区及高端商场举办活动，那么大多数的消费者属于中高收入群体，对品质、质量、健康、绿色等十分关心，对价格的关注度不高。

笔者曾经策划在某高端商场做蓝鳍金枪鱼的现场促销，当时商场定价 300 元/500g，因为周围商圈的冷冻黄鳍金枪鱼售价不足 300 元/500g，被笔者否决掉。

我们的产品是高端船冻蓝鳍金枪鱼，零下 60℃保温空运，现场解冻整条鱼，现切现售。配合现场“解体”表演，用于生吃的最佳部位“TORO 大肥”，笔者直接制定促销价 2200 元/500g，次一点的部位中肥、天身等定价 1800 元/500g，普通的部位定价 500 元/500g，不好的部位是 100 多元/500g，被商场副总说笔者想钱想疯了。结果证明，笔者是对的，好的部位率先卖空，价格低的部位反而卖得慢。

如果在成熟社区，中年人和老年人、青少年是主流，购买力很强。比如在大润发商圈，注重选取好产品，还要加大优惠力度。

如果在普通平价社区，高端消费者少一些，中低收入消费者就会成为主流，那么中低端产品和价格优惠并重。

如果在较低收入人群聚集区域，低价和便宜、实惠绝对是重点。在一些购买力弱的社区或小型社区便利店，一定是以低端产品和低价为主。

如果在新社区，年轻人和儿童是主流，就要适当加入中小规格产品。产品具备新奇特性，以及能吸引儿童的活动就比较适合。

如果在老社区，中老年人是核心。如果他们的购买力较高，那么大包装、健康和实惠就是诉求的重点。

进行活动策划时，要向业务团队详细询问和实地考察，只有清楚这些特性，才能有的放矢地选择产品、价格、活动方式和制定销售话术。

2. 针对渠道商的策划

针对渠道商的策划重点是额外利益的获取，以及本品牌在市场销售能成功的证明。

（1）经销商和分销商关心的重点是市场能不能运作成功，以及费用率的高低

经销商和分销商非常明智，喜欢走量的主力单品，不喜欢新产品。除非产品已经在其他区域证明好卖或者厂家有持续高额的广告及其他费用投入。

如果是新产品，一定要准备足够的证据：产品优势的比较（如讲解、展示、试吃、试饮等）、广告投放说明、在其他区域或样板店的成功销售数据等。

投放的费用要有足够吸引力，但要规划好如何使用。

再次重申，费用要规划到下一级渠道里，将费用规划成针对分销商、零售商的促销，比如进货搭赠、进货坎级奖励（实物或折扣）、付费陈列、付费广告等，而不是规划成笼统的搭赠，导致费用被吞掉或用于窜货甚至价盘崩溃。

最要防范的是经销商一旦获得高额费用，除了截流一部分外，也会将费用用于窜货，这是渠道促销最大的风险。在开发期和市场快速成长期，这可能是好事，可以快速将产品铺满市场，但在成熟市场，就会成为大麻烦，导致窜货满天飞。

分销商，尤其是分布在批发市场的分销商，会将得到的绝大部分费用用于降价去吸引客流，越是知名品牌的主力产品，这种趋势就越明显。对于厂家来说，高额费用促销带来的最大风险是价盘崩溃。

很多时候，聪明的厂家在大力度促销时，除了维系一般水平或者稍微高一些的产品促销外，往往将多出的促销费用折合成实物奖励的方式，比如进货额 20 万元送一辆三轮车，30 万元送高端笔记本电脑，50 万元送小货车，等等，以有效抑制窜货。

（2）零售商关心的是产品好不好卖以及有无额外利润可赚

零售商关心的是产品好不好卖，老产品基本不用担心，主要是新产品。在这里，我们不考虑毛利率的问题，它是开始进店时考虑的问题。

针对零售商的促销，往往将费用规划成增加其额外利润的促销方式，如给予额外搭赠、付费的陈列、付费的广告、保持库存的奖励等。

（三）确定吸引环：抓取优势点、组合产品

根据前面对商圈特性的分析，结合第一章讲述的促销产品选择原则，组合起来进行产品选择。

我们先根据商圈消费者或者客户的特性，抓取品牌和活动产品本身能满足这些特性的优势点信息选择产品。

1. 消费者促销

(1) 抓取具有优势信息的产品

要从狭义和广义产品特征寻找具有优势信息的产品。

狭义产品特征：从规格属性，物理特征、性能属性，原料、工艺、功能属性，包装属性4大方面进行分析，如图3－3所示。

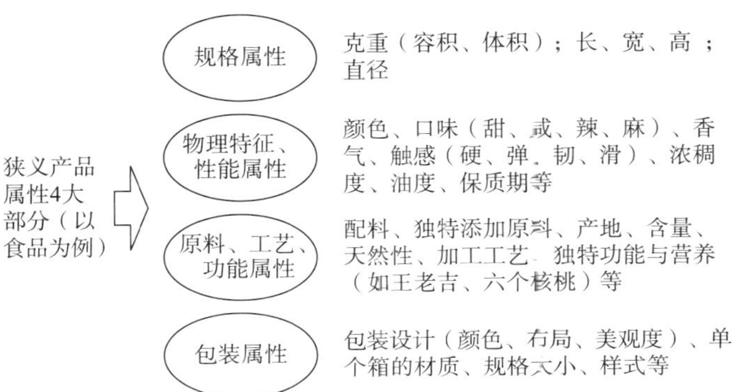

图3－3 狭义产品特征

广义产品特征：产品、服务、人员、形象，如图3－4所示。

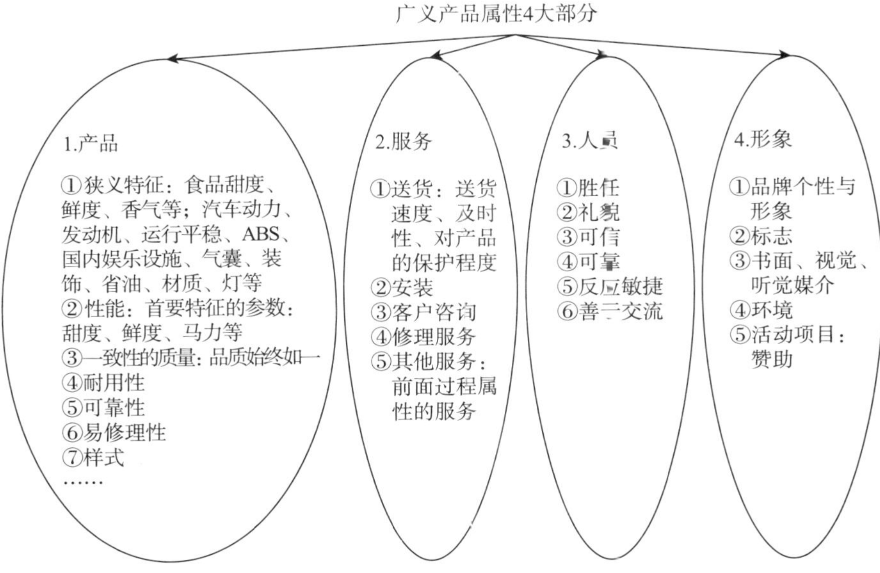

图3－4 广义产品特征

比如产品规格，竞品是500g，我们的是550g，比对方多50g；我们用的原料是知名的某某产地的，竞品不是；我们的关键原料是从××国进口的，竞品不是；我们的产品是零添加的，竞品不是；我们的产品添加了独特的某某成分，竞品没添加；我们的包装材质是环保无毒的，竞品不是；我们的容器是专利设计保鲜的，竞品不是；等等。

（2）抓取品牌优势

品牌优势来自四个方面：产品、企业、个性、符号。产品在前面提到了。

个性与符号体现在日积月累的广告教育及现场的场景设计中。

企业方面的优势要从规模、实力、荣誉、研发实力、设备、历史、产地等方面寻找。

比如我们品牌获得了×××荣誉；我们企业100多年了；我们的研发团队有博士××位、研究生××位、本科生××位，由著名专家（院士）领衔；我们的设备是全球知名的×××设备；我们的产品来自上海；等等。

（3）将优势的证据寻找出来，作为材料，提供给销售人员使用

（4）组合产品，分析销售数据

根据商圈消费者特性，将不同销售权重的优势产品组合起来，既要保量，也要兼顾潜力产品和新产品。

高端商圈：选择中高价位产品组合，尤其是独特定位的产品，比如健康、有机产品，不得选择低端产品。

低端商圈：选择中低端产品组合。

普通商圈：高、中、低端产品都有。

2. 渠道促销

结合所经营区域的客户特性及渠道特性来选取促销产品。

经济发达的地区：全线高、中、低价产品，特色定位产品。

经济不发达的地区：低价产品。

中低端餐饮渠道：大规格、低价产品。

中高端餐饮渠道：小规格、中高价产品。

原则是走量主力产品与要培育的潜力产品搭配组合起来。

最后，结合第一章的整体产品选择原则与本章商圈特性选择的产品，进行取舍、组合。

（四）确定吸引环：确定促销力度

当产品选定后，确定促销的力度非常重要。本书第一章“促销管理”中提到促销力度的选择原则，这里着重讲述竞争性促销力度控制。

根据目标消费群体，确定公司的产品活动方式和力度，确保优于竞品而对消费者有吸引力。

注意：这一步的前提是一定要做市场价格（含促销）调查，调查竞争品牌的价格和促销信息。

促销力度制定的原则：品牌和产品的核心优势越大，促销力度就越小；品牌和产品的核心优势越小，促销力度就越大。

有些知名品牌认为本品的对标竞品的品牌力很弱，或者某个产品没有直接竞争对手，可能每次活动价格下降很少，甚至0.1元都可以。

要会利用高价高促方式和赠品促销的优势，高价格可以留出高力度促销空间，公司大批量购买的赠品成本低，但消费者自行购买的赠品价格会高，因此折合后的促销力度很大。

1. 消费者促销

促销的力度取决于对标竞品的实际价格和本竞品产品的价值对比。一定要让消费者感觉本品比竞品有价值。

在确定力度时，依据竞品的价格调查数据和预测，用于对标。促销定价以本品牌与竞品价格差的1/2为一个临界点。在价差的1/2以内，影响不大。在价差的1/2之上，影响逐渐加大；大于1倍价差后，影响剧烈。品牌力的差距对价差幅度有影响，品牌差距越大，价格差越大。

比如本品规格500g，售价13元；对标竞品规格500g，促销售价12元。本品品牌力弱于对方，产品力高于对方，本品不添加防腐剂。如何制定促销活动力度？

促销定价在12.5～13元，对竞品的销量影响不大。促销售价低于12.5元时，影响才逐渐加大，竞品消费者中对于品质感兴趣的会尝试本品，竞品销量会逐渐受损失。直到促销售价低于12元时，竞品消费者中对价格敏感的人群加入购买本品，竞品销量才可能会急剧下滑，价格越低，受损失越大。

比如本品规格500g，售价13元；对标竞品规格500g，促销售价12元。本品品牌力高于对方，产品力与对方持平。

促销售价12.5元时，对竞品的威胁就很大了，每再下降0.1元，效果都会非常明显，价格越低，竞品所受影响就越大。等到了12元，竞品如果还不应对，对其而言，几乎是毁灭性的打击。低于12元，对本品而言没必要。

在策划任何促销活动时，为了防止对竞品的价格预测失败，增加赠品作为储备，是比较稳妥的做法。

此处说的力度用特价做举例，采用赠品也一样，进行等值折算就可以。

2. 渠道促销

如果促销是单纯地针对中间分销商和零售商，要计算中间分销商、零售商的利润变化额，并与竞争品牌做比较，弱势品牌的分销商、零售商的利润增加幅度要大于强势品牌的利润增加幅度。

经销商的利润可以增加，也可以持平，还可以降低，视公司与经销商的具体情况而定。

如果促销是针对终端使用客户的活动，那么除了计算中间商、零售商的利润变化，还要计算终端的促销力度，方法同消费者促销的力度计算方法。

制定针对分销商和零售商的促销力度，要特别注意坎级的设定。按照大多数客户的平均进货量确定促销力度，坎级设定要高一些，比平均进货量高10%～30%。如果客户之间相差过大，那么可以设定其他坎级。

比如餐饮分销商如果平均一次进货20件，那么坎级要设定在25件以上。

如果餐饮店（餐饮终端购买者）一次进货1～2件，那么，坎级就设定为2件一个坎级、3件一个坎级。切记：不要设定为5件、10件一个坎级。

（五）确定吸引环：配合有吸引力的活动方式

将活动力度与有吸引力的活动方式结合起来，促销才有意义，否则只是一场平淡无奇的促销而已。具体参见本书第二章提到的方法。

中小型促销活动一般采用的活动方式有试吃（用）、抽奖（转盘）、刮卡、买赠等。

大型促销活动一般会加上歌舞表演、有奖问答、互动游戏及套圈（奖品）、投篮、飞镖、猜图等活动方式。

（六）确定吸引环：信息告知

信息告知，顾名思义，就是让消费者知晓促销活动吸引他的核心要点，这方面内容在本书第一章“促销管理”的信息传达控制原则里提到了。我们在这里介绍一下具体做法。

信息告知就是把促销活动的信息清晰、有效地告知促销对象，传递的内容是一致的。

在策划时，组织好对消费者的吸引环的方法和工具、话术，这些核心信息是经由DM单、海报、物料、促销员口头等传播的信息。切实设计好与竞品的价值比较的话术——“折合……元（几折）”“相当于……”

吸引环的道具有传播主要信息的道具、塑造氛围的装饰性道具。

1. 线下广宣物料设计原则

物料设计遵循一定的设计原则，整体上必备以下设计要素：

品牌名称、品牌 logo。

slogan 广告语：产品广告语、活动主题必须有。

口味表现：带来食欲感的照片、产品实物照片必须有，可根据篇幅大小，交替添加。产品照片和产品的食欲感照片是一场促销活动要传递的核心。广宣物料如果与产品陈列在一起，可以不添加产品照片。

活动说明：可根据篇幅大小，决定取舍，有些物料太小了，可以不加。但是，一定要在醒目处有促销活动的说明，让顾客看到第一眼就产生心动的感觉。

（1）超市广播稿

标准规范 1：广播标准内容。

美味共享——×××产品免费大派送

深受消费者喜爱的“×××产品”，已经成为韩国×××食品公司旗下独资的×××食品有限公司出品的更加美味的“×××”。×××集团创建于 1948 年，是位列韩国××、××、××、××之后的第五大财团。×××一直致力于为消费者提供优质的产品与服务。

凡消费者购买任何产品达 20 元以上者，凭当日超市收银小票，即可免费获赠美味的×××（不累加，不重复）。

数量有限，送完即止！

派送时间：周六、周日 10:00—18:00。

派送地点：超市收银台出口。

（2）海报

海报发挥作用与否并不在于多美观，很多企业的设计水平不高，达到基本要求就可以。如果用海报体又美观又漂亮更好，但业务人员一般没学过专业海报体书写，因此实用第一。

设计海报的关键在信息设计及突出性。注意按照信息重要性书写。主题信息一定有品牌及主力产品名称，恰当运用信息搭配组合、字体大小、粗细、间距、颜色、爆炸符号“☼”。

目标促销对象对什么信息关心、感兴趣很重要，这些信息一定要想尽办法凸显出来。

图3－5（a）海报是业务人员自行写的，是错误的；图3－5（b）海报是规范后同一人写的，是正确的。

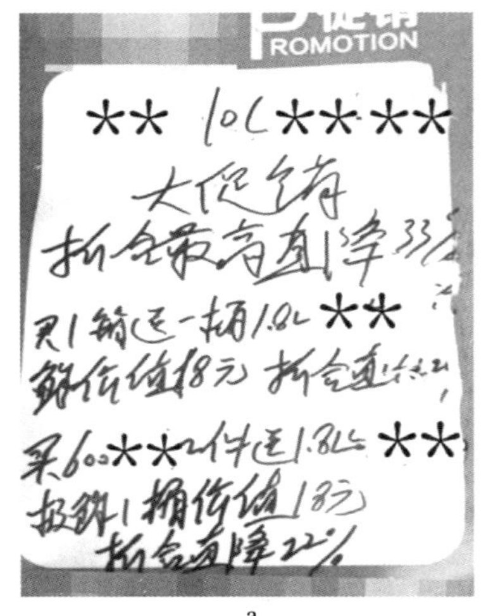

a

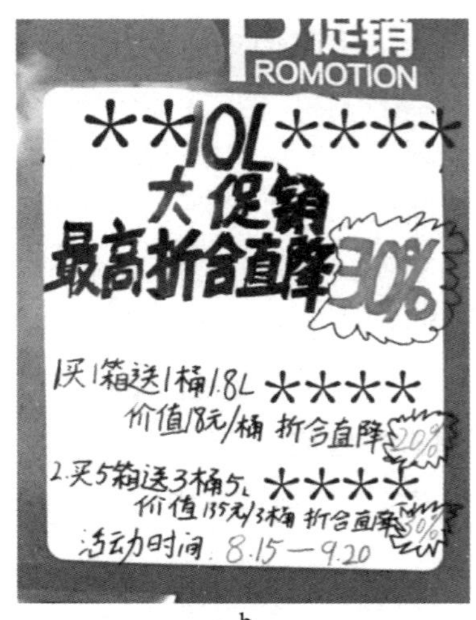

b

图3－5　海报设计

在超市开展消费者促销活动时POP张贴的地点：活动场地促销台上、公司产品陈列货架旁、超市入口处（根据超市的具体情况）。

渠道促销时则张贴在批发市场入口处、分销商门头显眼处。

（3）企业印刷DM单使用

企业印刷DM单的要求同海报一样，只不过是由设计师进行专业设计。DM单的篇幅较大，可以将主推产品的优势卖点、公司品牌优势和促销活动的信息一起表达出来，如图3－6所示。

DM单设计要点：

①所有的信息取决于之前的核心信息，不得变形。

②信息表达注意凸显性：爆炸纹、排版、诱惑性的话语。

③信息编排时，尤其注意时间、地点、活动助力单品和品牌要清晰。

④要求配上精美的产品图片，以活化氛围，不呆板。

⑤要将产品包装的主视觉（视觉锤要素）的核心部分融入设计。

⑥排版要美观。

预先发放DM单用于预热促销活动，这一点极为重要。消费者促销时DM单派发一般安排在活动场地周围及其商圈小区内，可以投递到家门口。渠道促销时DM单派发则在批发农贸市场出入口处、停车场、动线处。

在活动现场场地周围人流动线处，不断发放DM单。现场活动人员也要不断

图 3－6　DM 单

发放 DM 单。

（4）其他物料：帐篷、遮阳伞等

物料设计核心要点，如图 3－7、图 3－8 所示。

①核心品牌与产品传播概念一致，帐篷、活动 DM 单、产品宣传材料、服装、地贴、海报、易拉宝等保持一致。

②颜色的使用也要整体保持一致。

③尽量兼顾美观。

图 3－7　物料设计核心要点 1

（5）促销告知函

发经销商促销告知函，要明确以下几点：

①促销活动的具体时间、地点、方式、核算要求，这相当于一份协议。

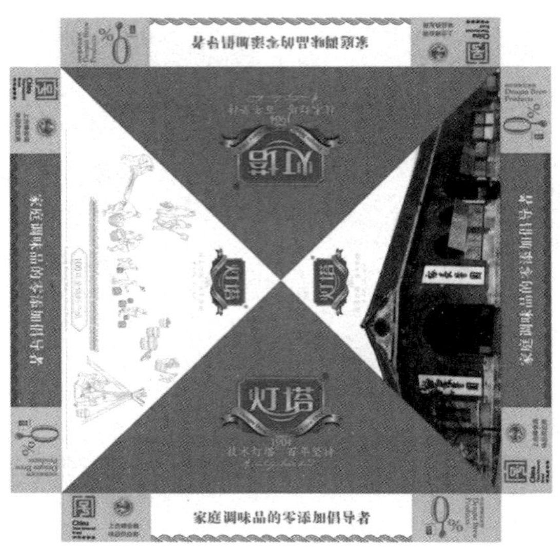

图3－8　物料设计核心要点2

②针对经销商分解给下面客户的促销方式要明确，经销商很难专业地表达出促销信息。

针对终端客户最想知道的信息必须有促销后的价格具体折算是多少，合计优惠幅度是多少，要明确计算出来写在促销告知函上面，不要让客户自己计算。客户在现场基本不愿意计算。

③明确经销商与公司的费用分担比例。

经销商××月活动告知函

致××公司：

公司针对贵司终端餐饮饭店，在××××年××月××日—××月××日，特进行如下活动如表3－1所示：

表3－1　活动政策

活动品项	活动方式	相当于
产品1	1袋赠送1袋400g××食盐	1箱送30袋400g××食盐，原价是××元/箱，折合后约是××元/箱，相当于7折
产品2	1袋赠送1袋400g××食盐	1箱送30袋400g××食盐，原价是××元/箱，折合后约是××元/箱，相当于6.4折
产品3	1袋赠送1袋400g××食盐	1箱送30袋400g××食盐，原价是××元/箱，折合后约是××元/箱，相当于7折
产品4	1袋赠送1袋400g××食盐	1箱送30袋400g××食盐，原价是××元/箱，折合后约是××元/箱，相当于7折

为此，给贵司按照表3－2所示的折合方式进行核销：

表3－2 核销政策

活动品项	核销方式	本次活动的分担方式		本次活动经销商毛利率变化情况	
		经销商承担比例（%）	公司承担比例（%）	经销商原毛利（%）	经销商现毛利（%）
产品1	1箱赠送5.03袋350ml××酱油	15	85	××	××
产品2	1箱赠送7.04袋350ml酱油	15	85	××	××
产品3	1箱赠送5.03袋350ml××米醋	15	85	××	××
产品4	1箱赠送5.03袋350ml××米醋	15	85	××	××

1. 活动日期：××××年××月××日—××月××日。

2. 经销商按照活动促销力度发货，发货单加盖经销商公章，发货单要求必须包含客户名称、客户联系地址、客户联系电话、客户收货签字。

3. 活动期间参加活动的单品必须张贴活动海报，不论任何原因，如稽核时无海报，一律视为活动不执行，赠品一律追回。（备注：如海报缺失或破损可用白纸填写张贴，也视为有效，但要及时申请补发）

4. 经销商必须和所有接货客户签订公司统一协议，此协议见附件。

5. 如未能按照我司要求进行，立即终止活动政策，活动赠品追回。

6. 本活动最终解释权归××公司所有。

祝商祺

××公司

××××年××月××日

2. 线上促销的吸引环

对于线上促销来讲，吸引环的设计就是引流部分的设计。对天猫来说，吸引环的内容是直通车、钻展、淘宝客等流量推广工具和聚划算、淘抢购等平台的活动流量。京东或其他平台有各自的专用名称，基本大同小异，不再赘述。

（1）直通车引流要点：搜索关键词

直通车是精准投放工具，可以定向和定时投放。运用数据魔方来查看流量高峰时段，通过生意参谋来查看省份和城市的排名。直通车的关键词和创意图片是核心关键。

关键词设计要根据产品定位精准选取。这里有个误区，有些产品在制定概念时，会特意选用一些消费者一看就明白的新奇词汇。但是设计关键词时，一定要选用大众化传播频率高的词汇。

如果选择关键词的范围太宽泛，直接选取类别名称。要想在搜索排名中靠前，竞价付费会很高，这是个烧钱的游戏，大品牌一定要这样做，对中小品牌，则行不通。

选取关键词时，一定要注意以消费者的习惯来选取。

比如火腿产品，输入关键词“火腿”，可以看到有很多品牌。大家猜一下，第二位的是什么呢？是“火腿”和“箱”的组合，原来整箱购买是很多消费者的购买习惯。关键词要从消费者的购买需求和行为习惯角度出发，消费者在搜索时肯定是按自己的习惯去输入搜索词。

一个通用的技巧就是，输入时使用无痕浏览，那么电脑就会按照顺序高低直接排序出来。

关于如何精准定位关键词，这里需要追溯产品开发时的产品类别定位，根据目标消费群体的独特需求和喜好习惯，从中精准选取。

这方面的内容，可以参看笔者的《快消品产品开发方法：打造快消爆品》一书。

（2）直通车、钻展的引流要点：图片和文案

线上部分的推广之作在于电脑端和手机端详情页展现及直通车、钻展引流画面等的图片设计。

图片设计是核心之一，颜色、排版布局、文案等是吸引顾客注意力、提高点击率的要素。

由于网站页面空间有限，图片上必须设计最吸引人的促销力度（优惠）、核心卖点信息，有吸引人的画面。

首先，图片的颜色和布局会吸引浏览者，会让该图片从众多图片中被一眼选中。图片本身所传递的信息决定了消费者是否认同，高消费群体需要的是讲究质感和品牌调性的信息，低收入人群关注的是打折、低价、促销等敏感字眼。

其次，好的文案会进一步诱导消费者点开观看，同时可以提高点击率和转化率。

（3）详情页设计

由于页面空间足够大，可以尽情展现品牌、公司、产品的卖点、促销活动介绍、理念、使用方式、产品实物细节、使用细节、原辅料宣传、工艺、生产过程、设备、生活理念等信息。

要强调的是：价值观、生活方式和个性、风格的展现在整个设计基调中非常重要，这是获得消费者潜意识认同的关键。

产品的优势展现永远是核心中的核心，应在详情页突出展现，要抢占页面的核心位置。

（4）淘宝客引流设计

淘宝客推广是引流的重要工具。一部分人是比较懂行的买家，通过淘宝客链接进行购买，省钱；一部分人类似于个人销售商或兼职的业务员，是为了获取中间的佣金。淘宝客上按照成交后设定好的佣金比例来支付佣金。

在返利网、门户网站、导航网站、购物比价工具、资讯网站、微博主、贴吧等网站，以及通过 QQ 或旺旺、百度去搜索淘客、淘宝客、返利或者网赚群、淘客 QQ 群等找到一些更小型的淘宝客，都是有效的引流工具。

设置有吸引力的佣金比例是淘宝客引流设计的核心。

要从产品的毛利率、运费和竞争三个角度来确定佣金比例，有关竞争品牌的行业佣金水平，可从淘宝客（站长）后台查询。有些小型淘客群的佣金比例会非常低。

做好日常管理，选择优质淘客源。

针对淘客要建立公司的淘客库，用 Excel 表格对淘客的成交效果、成交占比、佣金支出和推广成交数等进行管理。

通过 QQ 群、旺旺群、微信群等建立分级管理。专人管理，通过一些其他方式来建立群的黏性，比如分享经验、有奖活动、举办推广竞赛，可以引入其他商家的店铺人员成为淘客的资源来源等。

可以通过鹊桥活动，参与由淘宝客发起的活动。

也可以通过参加如意投等方式集中寻找淘宝客参与进来。

淘宝客的推广对于中小品牌来说是极具吸引力的一种方式，相当于寻找个人中间商，也相当于没有线上平台店铺的中间商，只不过是将顾客引流到自己店铺而已。有很多从事这方面的专业群体，只要找到这些群体，就可按照操作线上中间商的模式来运作。

（七）确定购买成交环的方法

购买成交环指的是顾客被吸引到现场后，使其产生购买的方法。

这部分内容将在本书第六章“促销活动现场管理的核心技能”及第七章“终

端6步销售法”中详述。

（八）制定传播目的及信息、主题

当前面的工作完成后，开始确定促销活动的传播目的及信息。

1. 传播目的及信息

传播目的包含：品牌传播、产品信息传播、企业信息传播、活动信息传播、策略信息传播等。

将这些方面的信息详细整理出来，整理成文本及图片。

➢品牌 logo、名称、历史、荣誉、产地。

➢品牌形象、个性、品牌关系。

➢公司信息：公司远景、宗旨、精神、文化、战略信息、规模、荣誉、地位、厂貌、厂容、生产现场、研发、设备等。

➢产品信息：公司主力产品、主推产品、新产品的实物及产品 FAB 信息、属性、包装、原料、利益、使用方法、slogan 等。

➢活动信息：根据具体活动制定。

2. 设定传播主题

任何促销都必须有一个明确的主题来统领，否则就会显得松散。

传播的主题设定要遵循以下原则：

- 能表达出促销的主要目的，比如“开盖寻金戒，大奖美味滚滚来”。
- 结合品牌的阶段性目标。
- 要有鼓动性。
- 结合时令、节日、特殊事件。比如迎奥运、新春踏青……

（九）将传播目标及信息分解到各方法及道具上

这部分讲述如何落实第一章“促销管理”中提到的促销信息传播的原则。

任何广宣物料都不可能涵盖所有要传播的信息，合理地将信息分布到不同的道具上去，整合起来形成一个完整的信息传播渠道，而不是试图将所有信息分布到一个物料上，这样会显得信息杂乱。

如果不做这一步的工作，很容易出现信息缺损，无法有效影响目标人群。

要将整体信息及信息分布规划提供给设计人员，为其设计所用。

1. 表格式规划分布

表格式规划分布，如表 3－3 所示。

表 3－3　表格式规划分布

沟通方案	信息项目	信息沟通方式																										备注
		广播媒介		印刷媒介		陈列媒介											电子媒介	人员沟通媒介						现场（标准化）				
		属地	话筒	DM	POP	促销台	有机箱	陈列架	挂架	告示牌	海报架	X展架	产品	海报栏	彩虹门	背板	组合音响	形象	促销服	个性	能力	语言	非语言	行为	摆放	试吃包	印章	
品牌信息	品牌形象	—	—	√	√	√	√	√	√	√	√	√	—	√	√	√	√	√	√	√	√	√	√	√	√	—	—	1. 设计、传播中信息的组合特性运用 2. 信息传播为了易使消费者感知，因此在运用中要突出重点信息，信息要方便记忆
	品牌名称	—	—	√	√	√	√	√	√	√	√	√	—	√	√	√	√	—	√	—	—	—	—	—	—	—	—	
	品牌标志	—	—	√	√	√	√	√	√	√	√	√	—	√	√	√	√	—	√	—	—	—	—	—	—	—	—	
	品牌标识语	√	√	√	√	√	√	√	√	√	√	√	—	√	√	√	—	—	√	—	—				—	—	√	
	使用者形象	—	—	√	√	√	—	—	—	—	—	√	—	—	—	—	—	—	√	—	—	—	—	√	√	—	—	
	品牌品质	—	—	√	√	√	√	√	√	√	√	√	—	√	√	√	√	√	√	√	√	√	√	√	√	—	—	
	品牌产地	√	√	√	—	√	—	—	—	—	—	√	—	√	—	—	√	—	√	—	—	—	—	—	—	—	—	
产品	产品属性	√	√	√	√	√	—	—	√	—	—	√	—	—	—	—	—	√	—	√	√	√	√	√	√	√	—	
	各口味包装	—	—	√	—	—	—	—	—	—	—	√	√	—	—	—	—	—	—	—	—	√	—	—	—	—	—	

续表

沟通方案	信息项目	信息沟通方式																									备注
		广播媒介		印刷媒介		陈列媒介											电子媒介	人员沟通媒介						现场（标准化）			
		属地	话筒	DM	POP	促销台	有机箱	陈列架	挂架	告示牌	海报架	X展架	产品	海报栏	彩虹门	背板	组合音响	形象	促销服	个性	能力	语言	非语言	行为	摆放	试吃包	印章	
产品	各口味实体	—	—	—	—	—	—	—	—	—	—	—	—	—	—	—	—	—	—	—	—	√	—	—	—	√	—	3. DM 设计要使消费者对信息进行感知、记忆，因此请与试吃包组合在一起 4. 在试吃包外膜上印刷“试吃”信息
	Slogan	√	√	√	√	√	√	√	√	—	—	√	—	√	—	—	—	—	—	—	—	—	—	—	—	—	—	
公司	公司规模	—	—	√	—	—	√	—	√	—	—	√	—	—	—	—	√	√	√	√	√	√	√	√	√	—	—	
	中国战略	—	—	—	—	—	—	—	—	—	—	√	—		—	—	—	—	—	—	—	—	—	—	—	—	—	
品牌转换		√	√	√	√	—	—	—	—	—	—	—	—	√	—	—	—	—	—	—	—	√	—	—	—	√	—	
活动信息		√	√	—	√	—	—	—	—	—	—	—	—	√	√	√	—	—	—	—	—	√	—	—	—	—	—	

2. 分解式规划分布

订货会的信息传播规划案例

一、订货会策略展开

1. 下半年营销策略及公司远景战略沟通

（1）拜访经销商

➢对于50万元/月以上级别的经销商，由总监以上级别单独拜访，着重沟通。

➢对于10万~50万元/月级别的经销商，由总监以上级别礼节性拜访，区域经理单独拜访，着重沟通。

➢对于10万元/月以下级别的经销商，由总监、区域经理以上级别礼节性拜访，业务员单独拜访，着重沟通。

（2）公开沟通

订货会第一步骤，进行介绍、宣导。

2. 品牌沟通

（1）产品沟通

➢公司全产品系列展示（陈列架）。

➢公司主力产品展示（堆头、单独展柜）。

➢公司下半年主推产品展（堆头、单独展柜）。

➢公司主力产品FAB、形象沟通于广宣之上（见效果图）。

➢公司下半年主推产品展示FAB、品尝。

➢由市场、研发、品管人员进行产品品质Q&A答疑。

（2）品牌形象、个性、关系

➢公司与会人员个性保持统一之展示，要求活泼、开朗、热情、诚实。

➢公司与会人员的服饰统一，举止、礼仪、语言统一，与会人员统一进行一次培训。

➢品牌关系之体现：与经销商、与消费者（案例展示在易拉宝上）。

➢关怀维度：对待经销商公平，一视同仁，不论其企业规模大小，一样热情，不歧视。

（3）品牌Logo、名称、历史

➢所有广宣上添加。

➢礼品、道具上添加。

（4）公司组织之体现

➢公司远景、宗旨、精神、文化、战略（企业、产品类别）运用广宣表达。

➢与经销商沟通时体现。

➢厂貌、厂容、生产现场之实际展示与宣传品之体现。

➢公司之歌播放。

➢公司标志书面媒体之体现，标志记录纸、记录本。

➢现场记录（书面、视觉、听觉），工作规范，开会规范，体现正式性。

二、公司主力产品展示

1. 公司主力产品：××系列、××系列

系列1：××产品系列（展柜+堆头）、××产品系列（展柜+堆头）。

系列2：××产品系列（展柜+堆头）、××产品系列（展柜+堆头）。

2. 展示方式

订货会现场堆头一个，陈列柜一个，海报若干。

3. 数量

根据实际需要。

4. 堆头方式

按照分类纲要摆放，大品类在中心，小品类在四周；堆头上，上轻下重、左小右大陈列。

三、公司主力产品FAB介绍

1. 公司下半年主推产品

（1）系列1：××产品

（2）系列2：××产品

……

2. 地点

厂区、订货会现场。

3. 人员

在订货会上，由资深专家介绍，提前培训。

4. 方式

现场解说产品的FAB（见FAB稿件）。

5. 广宣品

在厂区布置各自产品太阳伞若干把。

订货会现场，X展架一个（见效果图），摆放在陈列现场，点缀堆头。

6. 工具

耳麦 1 个，其余略。

（十）促销策划风险控制

促销策划风险控制的关键在于控制费用总额合理，不要形成巨大的亏损。历史上确实有未控制风险而将公司拖垮的案例。

设置促销总费用最大限额的防范条款，并且广而告之。比如加上数量限制，声明奖品数量总数，加上“数量有限，兑完为止”，这一条在现场促销中尤其要注意。

促销也不能无限期地执行下去。促销期限要规定清楚，要进行促销有效期的告知。如果涉及延期兑奖，一定要写明兑奖截止期限，并注明过期无效。

按照国家法律规定，兑奖类活动必须声明投放数量和投放比例。

关于个人所得税，国家规定超出一定金额，必须纳税。一定要注明：个人所得税自理，请消费者依法自行纳税。

三、制定促销目标和激励方案

（一）目标分解

促销目标应做到数字化、可衡量、可达成、目的导向、符合时间性的原则（SMART 原则）。

促销目标应分解到每个产品、每阶段（月、周、天等），甚至每个人身上，如表 3 -4 所示。让每个人背上目标，配合人员激励措施，最大化地激发人员积极性。

表 3 -4　促销目标预算分解

活动地点：　　　　　　　　　　　　　　　　单位：元

日期	活动产品					促销人员								激励方案	备注
	产品1	产品2	产品3	产品4	小计	人员1	人员2	人员3	人员4	人员5	人员6	人员7	小计		

注：1. 每日进行目标达成分析，如果分产品销售额出现了偏差，第二天可以将销售较差产品的缺少差额分配到每个人身上，或单独加大激励措施。

2. 可以将分产品的销售目标分解到每个人身上。

注意：销量小的小众产品，预估促销量时要谨慎，不可放开生产备货，否则，一旦出现促销量不理想的情况，产品就会积压很长时间。

对于销量大的主力产品，则可以放开备货，即便销售不理想，日常回转也足够消化库存，不会大量积压产品。

将原来的经验销量和现在要求的增长率列出来，结合制定的目标，证明目标难度合理，并与团队做好沟通。

促销执行过程中，每天公布每个人实际的销售数据，根据实际的增长情况，尤其要注意利用标杆数据的作用，鼓励团队勇于达成目标。

（二）激励方案

没有激励的任何促销，基本上最后会成为一场没有积极性的例行工作而已。当施加了激励，尤其是激励好似触手可及，以往的经验证明绝对能拿到时，团队会拼命努力。

激励绝对不要成为一场福利，每个人都有起不到激励作用，只是增加了无谓的成本。激励要奖励最优秀的几个标杆，鼓励人人去争做标杆才有意义。

激励设置要合理，要兼顾目标与过程，既要看个人销量，也要看执行规范。

（1）设计整体排名奖：对于达成个人目标的前几名，设立奖励。

（2）设立整体销售行为动作奖：执行标准动作最优秀的，给予奖励。

（3）设立整体组织奖：如果目标超额达成，给予组织者奖励。

（4）设立即时销售奖：人流量大的时候，设定一定的基数，在规定时间内，销售金额高于基数的前几名有小礼物奖励。这能激起一个个销售的小高潮，也是极好的激励妙招。

（5）管理者一定要去现场，在现场多做指导、激励、表扬团队的行为，忌讳在现场大声指导、指责。如果非要改进，则离开场地去做，否则将极大地影响促销团队的士气。中午或晚间要分批与团队就餐，分析成败，进行表扬、鼓励和肯定。

（6）大型促销活动要召开庆功会，会上发奖、表扬、拍照并展示出来，这能有效地鼓励团队士气，让团队下一次努力去促销。

这些是屡试不爽的促销成功法宝。

四、费用率核算

在这里要落实本书第一章“促销管理”中提到的促销毛利率的控制原则。企业不可能将产品毛利率公开化，它会用费用率的方式来控制，以防亏损或利润过低。

在促销设计时，公司会设计不同等级的促销费用率标准来控制毛利率，控制计算总费用额和总费用率。控制总费用额是防止出现承担不起的大额费用，控制总费用率则是防止促销出现亏损。

（一）费用率预算

费用率预算是将促销目标与费用率进行明细项的核算与分析，将预算与实际数据融为一体，如表3－5所示。

（二）促销费用的申请

促销费用要提前申请，必须通过市场部和公司各主管部门的审批，否则视为无效，不得入账处理。

（三）促销费用科目规定

促销费用的种类很多，在进行费用处理时，不得有遗漏，如表3－6所示。

每种费用都需要进行严格的核销，要提供准确的核销凭证，其核销处理方式也不同。

表 3－5　费用率预算

活动地点：　　　　活动时间：

序号	活动产品	正常销售额（元）	预测销售额（元）	实际销售额（元）	比正常增长（%）	完成计划（%）	*J* 预计费用（元）	*F* 实际费用（元）										*H* 预计费用率（%）	*K* 实际费用率（%）	活动责任人
								特价差价	人员费用	堆头费用	海报费用	奖励费用	其他费用	赠品费用			合计			
		A	*B*（根据申请）	*C*	（*C*－*A*）/*A*	$E=C/B$								单价	量	额		$H=J/B$	$K=F/C$	
合计																				

注：除非费用单独发生在某个产品上，否则，按照参与的产品进行平均分配。

表 3-6　促销费用科目

费用科目			费用说明	费用处理方式	核销凭证
通路促销费	1	特价费	促销活动特价		
	2	特价价差	促销活动未按照规定开始与结束产生的差价	要求业务人员进行申请处理，责任人承担责任	
	3	其他价差（调价）	某些特殊原因造成的价差，如调价	要求业务人员进行申请处理，责任人承担责任	
	4	堆箱陈列费	促销活动或其他原因申请的短期、长期堆箱	现金核销或冲账	申请、协议、总结
	5	端架（专架）陈列费	促销活动或其他原因申请的短期、长期端架（专架）	现金核销或冲账	申请、协议、总结
	6	DM 费	超市 DM	现金核销或冲账	申请、协议、总结
	7	销售奖励	激励案产生的奖励	现金请款/核销	申请/政策、活动评估
	8	铺货搭赠	针对经销商、零售店产生的搭赠费用	货补	申请/政策、活动评估、铺货明细
	9	零售店（经销商）销售奖励	针对经销商、零售店一次性或累计奖励	货补	申请/政策、活动评估、发放明细
	10	零售店陈列奖励	针对零售店进行的陈列奖励	货补	申请/政策、明细、活动评估
	11	促销赠品费（总部采购）	促销活动所用赠品	现金核销	申请/政策、明细
	12	促销赠品费（地区采购）	促销活动所用赠品	现金请款/核销	申请/政策、明细、评估
	13	通路物料费	POP、吊旗、围挡、X展架、陈列架等助销物	现金请款/核销	申请/政策、明细、评估

续表

费用科目			费用说明	费用处理方式	核销凭证
消费者促销费	1	劳务费	消费者促销短促人员工资	现金请款/核销	申请/政策、劳务费发放表、身份证复印件、短促人员应聘表、电话
	2	赠品费	消费者促销产生的赠品、奖品费用	现金请款/核销	申请/政策、发放明细、活动评估
	3	场地费/管理费	消费者促销活动产生的费用	现金请款/核销	申请/政策、协议、活动评估
	4	现金卡	消费者促销活动投放的现金卡费用	现金请款/核销	申请/政策、发放明细、活动评估
	5	物料费	活动所需的物料费用	现金请款/核销	申请/政策、明细、活动评估
	6	派样费/试吃费	派样或试吃的赠品、物料费	现金请款/核销	申请/政策、明细、活动评估

科目费用核销规定说明：

（1）特价费、特价价差的费用处理直接由财务部进行系统订单的变价处理，但必须及时将价差的明细提供给市场部，以做费用处理。

（2）其他类型的端架、堆头陈列费必须在申请批复以后签订协议，并将协议寄回公司，无协议不得核销。

（3）DM 印花费用的核销必须提供 DM 原件，无原件不得核销。

（4）销售激励奖励，将发放明细签批后报市场部存档，否则不得核销。

（5）针对零售店举办的促销，由经销商先行垫付，公司以货补方式补予经销商。

（6）凡举办的赠品类促销活动，将赠品发放明细填写清楚，及时上交以便查核，无赠品发放明细核销时不予审批，并处罚相关责任人。

（7）短促劳务费必须在申请中体现，活动结束后 3 天内，随活动评估一起上报核销，否则不予核销。

（8）促销品及物料必须通过市场部申请，方可制作或发放，否则不予核销。如若违反规定，处罚责任人不低于 20 元/次。

（9）费用核销时间除合同规定或客观限定外，必须在当月核销，不能当月核销的进行费用预提冲账，计入当月促销费。

五、做好整体活动的工作分解

促销活动策划时一定要做详尽的现场标准动作分解，每一步如何实现要规划清楚，下发后让参与人员一目了然，看完就知道如何对接、如何操作。很多促销活动混乱，就是这一步没做好。

下面以经销商订货会和超市抽奖活动为例做说明。

经销商订货会工作分解，如图 3 –9 至图 3 –11 所示。

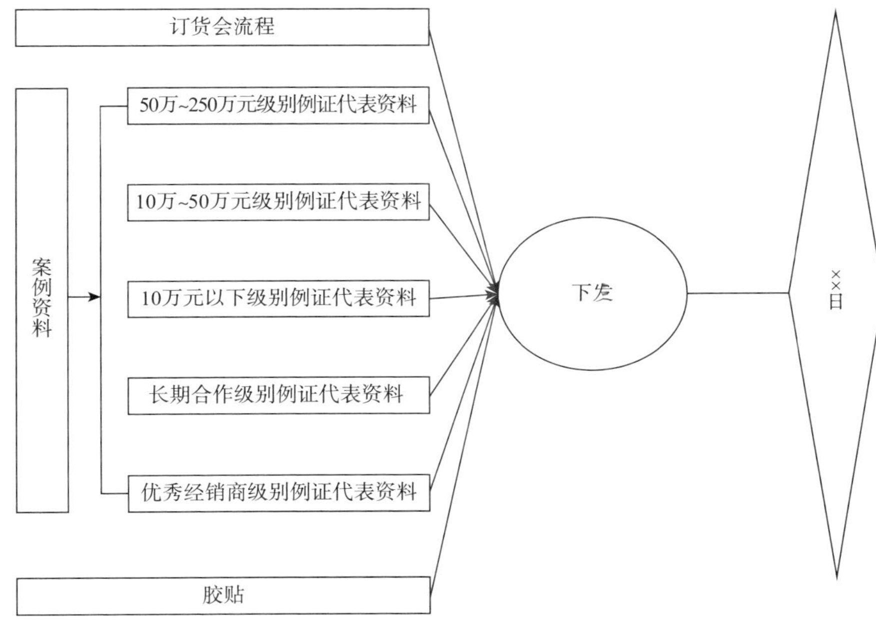

图 3 –9　资料下发

超市抽奖活动工作分解，如图 3 –12 至图 3 –14 所示。

制定工作分解的方法如图 3 –15 所示。

用具：即时贴、铅笔、橡皮。

在即时贴上写上此项工作的步骤，一张即时贴上写一步。随意写，不要按顺序思考，尤其要加上用具、设备等的采购、申请、领用等准备动作。

将写完的即时贴贴在白板或大会议桌上，不断移动便笺，配合大家的顺序讨论：先后、并行等，直到大家同意后固定位置，最后用箭线连接。

按照所写的步骤，实际模拟一番，查缺补漏，最后做成流程图。

将这些步骤一一做成工作进度控制表，安排时间和进度。

经销商拜访
50万元以上级别例证代表资料
10万~50万元级别例证代表资料
10万元以下级别例证代表资料
总监以上级别单独拜访，着重沟通
总监以上级别礼节性拜访，区域经理单独拜访，着重沟通
××日晚上
厂容、厂貌、生产流程参观
参观
××日下午

图 3－10　会前沟通

主持人宣布议程
营销策略沟通
订货会开始，播放纪录片
《×××之歌》播放（贯彻全场）
奖项记录
拍照（贯彻全场）
活化气氛之互动节目
订单填写确定
订单交与核算台核算
送交主持人订单宣布
奖项宣布
坎级奖
发奖
发奖
抽奖
发放奖券
主券留好
副券投入抽奖箱内
50万~250万元经销商例证、宣布订货
指定10万~50万元经销商例证、宣布订货
指定10万元以下经销商例证、宣布订货
指定长期合作经销商典型例证、宣布订货
优秀经销商片断播放、订货
老板评点、合作回顾、发鲜花纪念品
中间休息时
产品FAB、Q&A
品尝
循环进行
订货结束
抽奖
发奖

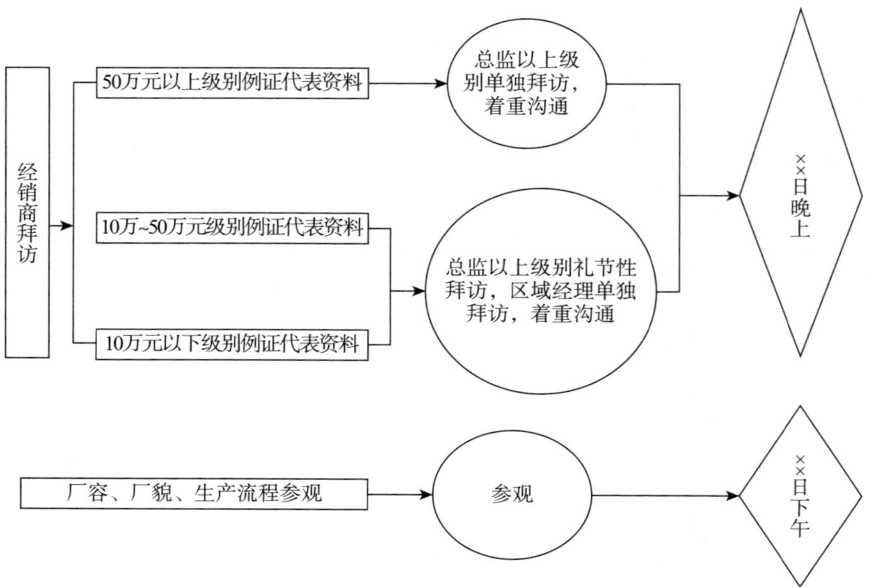

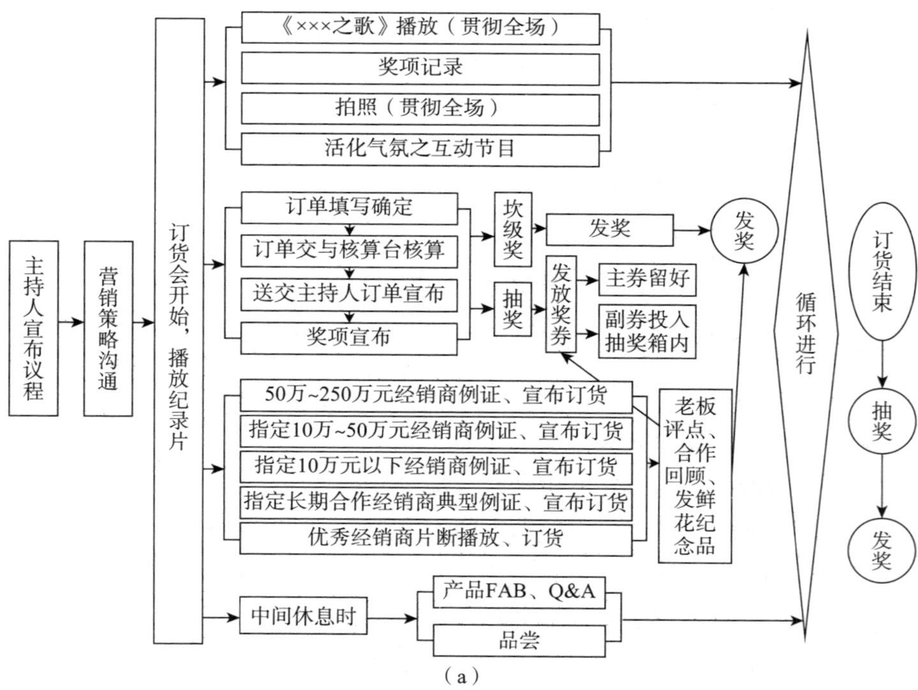

（a）

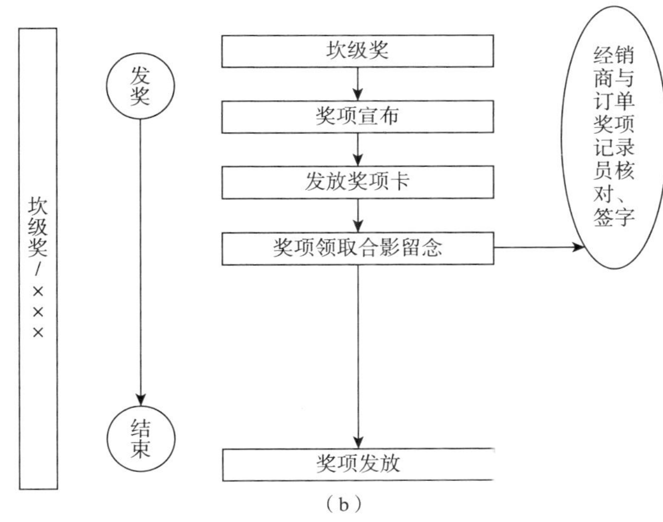

（b）

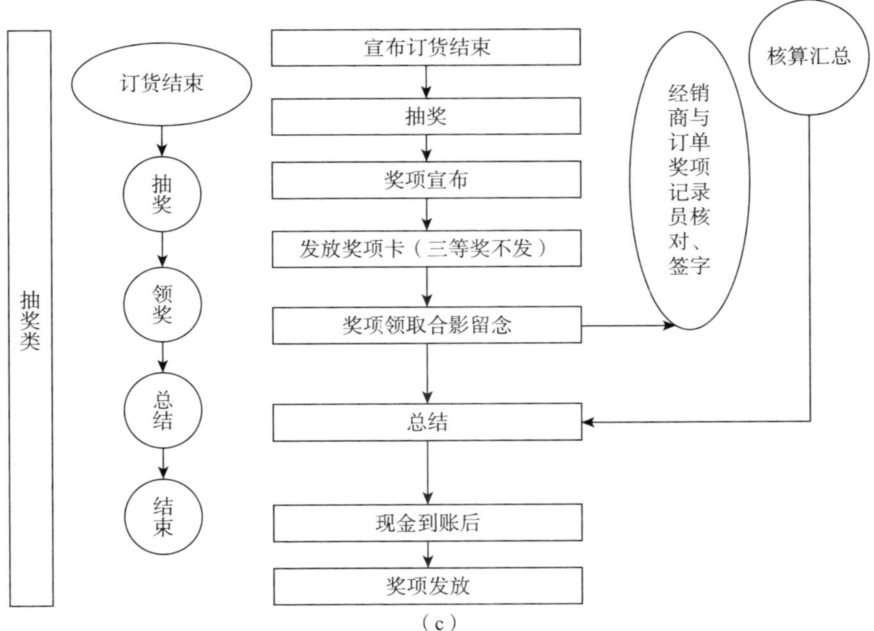

（c）

图3－11　订货会现场流程

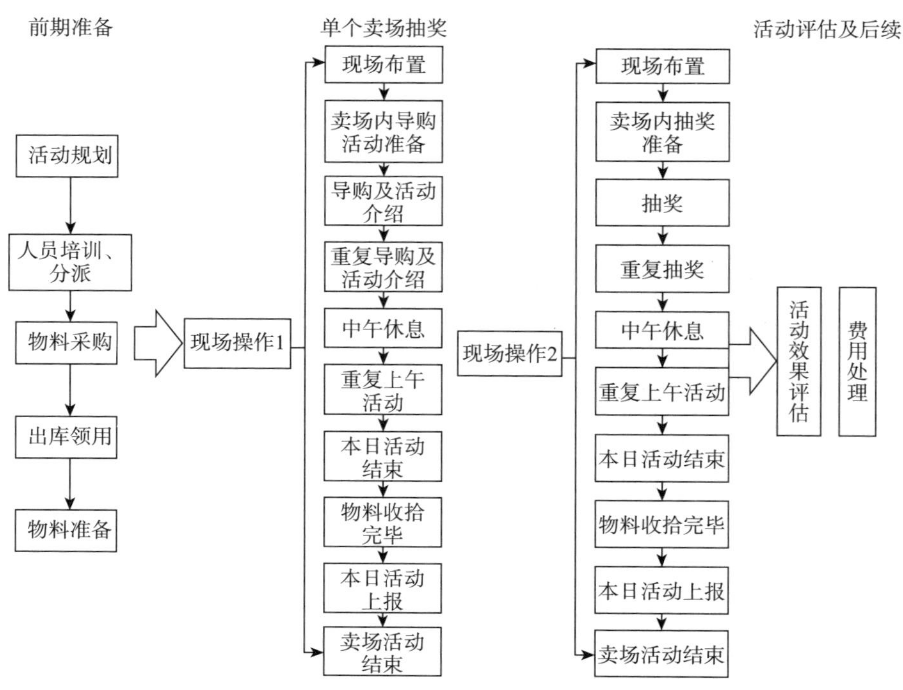

图 3－12　抽奖活动全过程工作分解

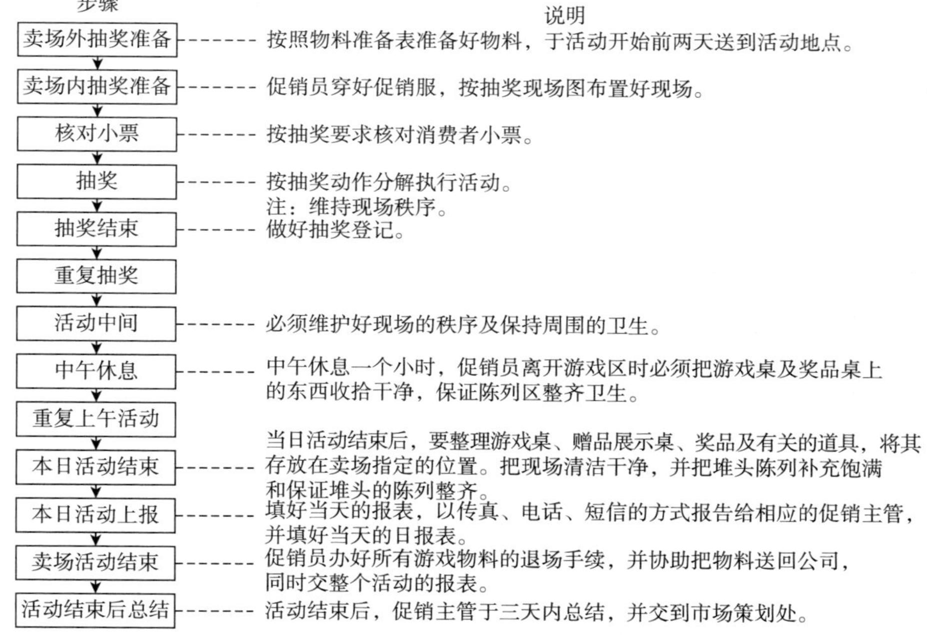

图 3－13　抽奖活动全过程工作分解说明

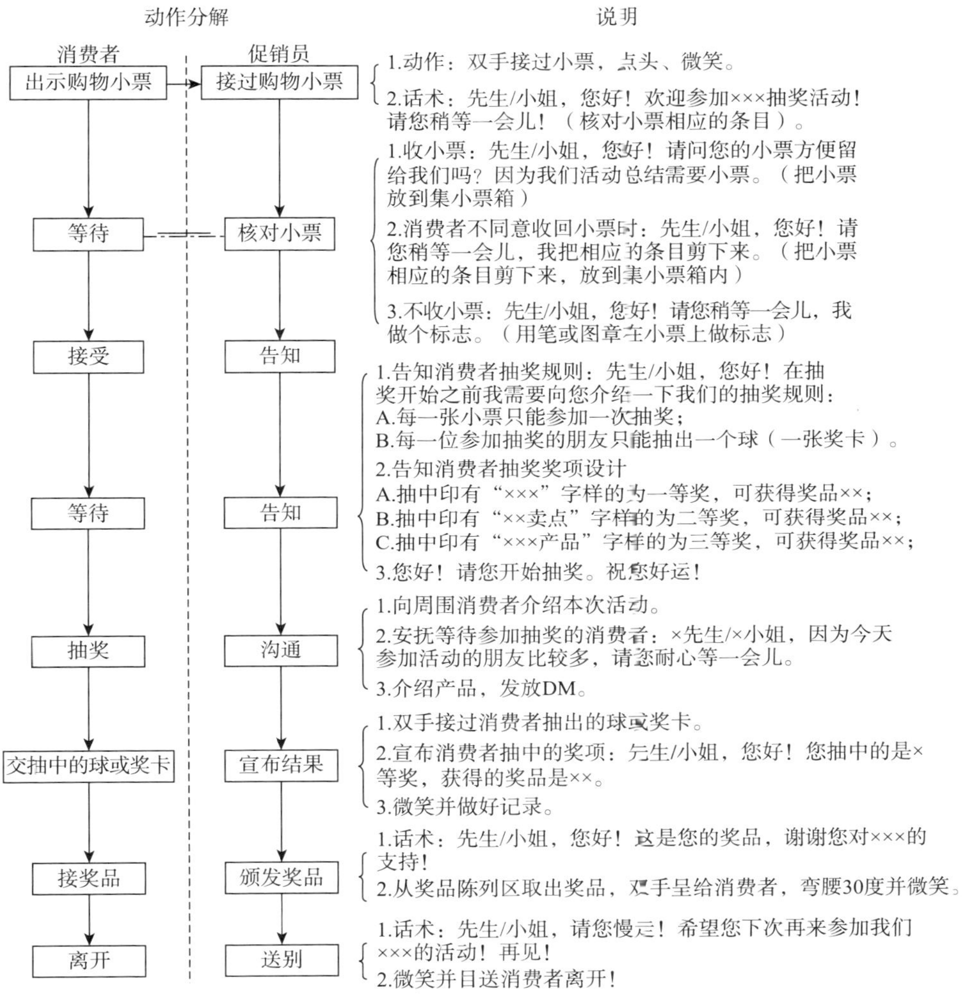

动作分解		说明
消费者	促销员	
出示购物小票	接过购物小票	1.动作：双手接过小票，点头、微笑。 2.话术：先生/小姐，您好！欢迎参加×××抽奖活动！请您稍等一会儿！（核对小票相应的条目）。
等待	核对小票	1.收小票：先生/小姐，您好！请问您的小票方便留给我们吗？因为我们活动总结需要小票。（把小票放到集小票箱） 2.消费者不同意收回小票时：先生/小姐，您好！请您稍等一会儿，我把相应的条目剪下来。（把小票相应的条目剪下来，放到集小票箱内） 3.不收小票：先生/小姐，您好！请您稍等一会儿，我做个标志。（用笔或图章在小票上做标志）
接受	告知	1.告知消费者抽奖规则：先生/小姐，您好！在抽奖开始之前我需要向您介绍一下我们的抽奖规则： A.每一张小票只能参加一次抽奖； B.每一位参加抽奖的朋友只能抽出一个球（一张奖卡）。
等待	告知	2.告知消费者抽奖奖项设计 A.抽中印有“×××”字样的为一等奖，可获得奖品××； B.抽中印有“××卖点”字样的为二等奖，可获得奖品××； C.抽中印有“×××产品”字样的为三等奖，可获得奖品××； 3.您好！请您开始抽奖。祝您好运！
抽奖	沟通	1.向周围消费者介绍本次活动。 2.安抚等待参加抽奖的消费者：×先生/×小姐，因为今天参加活动的朋友比较多，请您耐心等一会儿。 3.介绍产品，发放DM。
交抽中的球或奖卡	宣布结果	1.双手接过消费者抽出的球或奖卡。 2.宣布消费者抽中的奖项：先生/小姐，您好！您抽中的是×等奖，获得的奖品是××。 3.微笑并做好记录。
接奖品	颁发奖品	1.话术：先生/小姐，您好！这是您的奖品，谢谢您对×××的支持！ 2.从奖品陈列区取出奖品，双手呈给消费者，弯腰30度并微笑。
离开	送别	1.话术：先生/小姐，请您慢走！希望您下次再来参加我们×××的活动！再见！ 2.微笑并目送消费者离开！

图3－14　无坎级抽奖活动流程

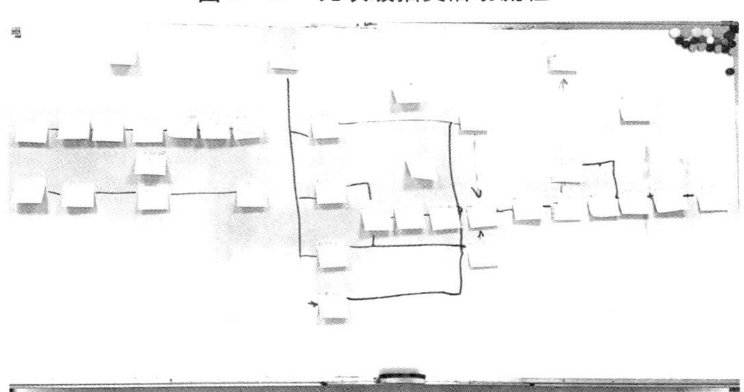

图3－15　制定工作分解的方法

六、促销执行及管控

（一）前期准备

促销活动提案前，根据具体的促销目的，详细了解相应情况，提前与经销商、商超、相关部门等做好前期沟通（活动起始时间、周期、场地、需要商超给予的支持、活动形式、活动目标量等）与相应准备工作，以备活动批准后立即执行。严禁在未批准前，就将促销活动与商超确定下来，先斩后奏。

大型活动做好活动方案，以备报批。

提前选择好赠品。注意：赠品要与产品具有关联性，并选择具有独特性、普及率较低、有价值感、能形成系列化、配合节日的、品牌关联度较高的物品。

注意：准备充足的库存（产品、赠品），周期长的（产品、赠品）设计好库存检核与补充流程。

促销助销物的准备：根据促销物的制作周期、发送周期等进行合理安排。

其他活动工具提前准备好。

特别备注：体型大、数量大的物品原则上提前运抵（根据具体情况可做调整），并做好相应出入库沟通。

提前做好促销员培训与管理。

（1）促销员的选择：建立一支充满活力又经验丰富的常规短促队伍。

（2）促销员的培训：促销培训是否到位直接关系到促销活动的成功与否。

（3）大型活动必须做出详尽的培训方案。

培训方案目录

一、培训目的

二、培训工作分解

三、培训时间

四、培训地点

五、参加培训的人员

六、公司介绍

七、产品介绍

八、活动介绍

1. 活动方式

2. 时间

3. 数量

4. 地点

九、人员及物品安排

十、促销理念培训

（一）促销的简介

（二）工作的基础

（三）促销的理念基础

1. 亚里士多德的说服理论

2. 多温·卡赖特的理论

3. ABCD 方法

十一、现场工作分解

十二、活动现场工作规范

（一）语言规范

1. 运用礼貌用语

2. 介绍竞品的用语

3. 介绍公司的用语

（二）非语言规范

（三）行为规范

1. 工作时间

2. 相关动作

3. 禁忌行为

十三、促销规范

（一）标准规范 1——广播标准内容

（二）标准规范 2——现场摆放

1. 促销台的台面摆放标准

2. 陈列架的摆放标准

附：陈列架摆放规范

附：挂架陈列规范

3. X 展架的摆放标准

（三）标准规范3——POP规范

1. POP张贴的地点

2. POP标准内容

（四）标准规范4——擦拭、总整理规范

（五）标准规范5——语音标准规范

1. 耳麦的使用

2. 公共信息告知的规范

3. 现场活动气氛之活化

（六）标准规范8——赠品发放记录规范

（七）标准规范9——促销员着装规范

（八）禁忌行为

十四、培训用具安排

（培训目录结束）

（4）促销员的相关手续，比如超市办理上岗证、培训等，必须提前办理完毕。

做出合理的进度安排、人员、资源调配等，明确线形责任表，做出现场布置图、检查表，以备进度检核与改进。

（5）根据规划时的工作分解，做出活动整体的分解与进度计划检查表，方便整体控制，如表3－7所示。

（6）做出人员线性责任表，分清职责。

案例：某活动的人员线性责任表，如表3－8所示。

（7）做出相关用具的安排与准备用表，每种道具有专人负责，防止遗漏，这一条非常重要，否则活动现场一旦找不到，就会造成大麻烦，如表3－9所示。

表 3－7　某活动的检查表

代号			活动项目	负责人	月					备注
Ⅰ促销品	Ⅰ－1DM	Ⅰ－1－1	DM 设计							编码原则 1. 促销品维代码：Ⅰ 2. 产品维代码：Ⅱ 3. 相关用具维代码：Ⅲ 4. 物流维代码：Ⅳ 5. 现场活动维代码：Ⅴ 6. 培训维代码：Ⅵ 7. 促销员维代码：Ⅶ 8. 属地接洽维代码：Ⅸ 9. 财务维代码：Ⅸ
		Ⅰ－1－2	DM 印刷、入库							
		Ⅰ－1－3	DM 发放							
	Ⅰ－2 促销台	Ⅰ－2－1	促销台设计							
		Ⅰ－2－2	促销台制作、入库							
		Ⅰ－2－3	促销台发放							
	Ⅰ－3 促销服	Ⅰ－3－1	促销服设计							
		Ⅰ－3－2	促销服制作、入库							
		Ⅰ－3－3	促销服发放							
	Ⅰ－4 X 展架	Ⅰ－4－1	X 展架设计							
		Ⅰ－4－2	X 展架制作、入库							
		Ⅰ－4－3	X 展架发放							
	Ⅰ－5POP	Ⅰ－5	POP 发放、书写							
	Ⅰ－6 落地陈列架	Ⅰ－6－1	落地陈列架制作、入库							
		Ⅰ－6－2	落地陈列架发放							

续表

代号			活动项目	负责人	月					备注
Ⅰ促销品	Ⅰ－7 挂架	Ⅰ－7	挂架发放							
	Ⅰ－8 有机透明箱	Ⅰ－8－1	有机透明箱制作、入库							
		Ⅰ－8－2	有机透明箱发放							
	Ⅰ－9 印章	Ⅰ－9－1	印章设计							
		Ⅰ－9－2	印章刻制							
	Ⅰ－10 告示牌、海报架	Ⅰ－10－1	告示牌、海报架设计							
		Ⅰ－10－2	告示牌、海报架制作、入库							
	Ⅰ－11 彩虹门、条幅		制作、入库							
			发放							
Ⅱ试吃包	Ⅱ－1		试吃包外膜设计							
	Ⅱ－2		试吃品生产计划							
	Ⅱ－3		试吃包外膜采购							
	Ⅱ－4		试吃品生产、入库、组装							

续表

代号		活动项目	负责人	月					备注
Ⅲ相关活动用品	Ⅲ-1	胶带、剪刀、双面胶、抹布、Mark笔、矿泉水购买							
	Ⅲ-2	电视购买							
	Ⅲ-3	电视、碟片、DVD、插排（长线）、胶带、剪刀、双面胶、抹布、Mark笔准备							
Ⅳ物流	Ⅳ-1	试吃产品发运							
	Ⅳ-2	DM发运							
	Ⅳ-3	促销台发运							
	Ⅳ-4	促销服发运							
	Ⅳ-5	X展架发运							
	Ⅳ-6	POP发运							
	Ⅳ-7	落地陈列架发运							
	Ⅳ-8	挂架发运							
	Ⅳ-9	彩虹门、条幅、有机透明箱发运							
	Ⅳ-10	车辆准备							
	Ⅳ-11	活动物品准备							
	Ⅳ-12	活动物品装车							
	Ⅳ-13	活动物品往返现场							

续表

代号		活动项目	负责人	月					备注
V现场工作（商超）	V－1	试吃包、DM组装							
	V－2	联系属地相关人员，开始摆放，清点库存							
	V－3	物品组装，POP张贴							
	V－4	电源引出，电视、DVD、音响调试							
	V－5	擦拭、包装容器收拾好，放于物品区							
	V－6	产生的垃圾，请丢于垃圾桶内							
	V－7	最后的总整理							
	V－8	整理好服装仪容，请露出你的微笑							
	V－9	您好……开始您愉快的旅程							
	V－10	一名促销员使用mini扩音器，公共广播							
	V－11	一名促销员进行发放，盖章，填写发放记录表							
	V－12	两人进行分工，轮流							
	V－13	中间请喝口水润润嗓子，不过一定要注意仪态，动作优雅							
	V－14	人多时，请全身心投入；人少时，请做好准备（DM、试吃包组装），清洁一下现场，适当休息。节奏请适当控制，不要太快，注意加强口头沟通							

续表

代号		活动项目	负责人	月					备注
V现场工作（商超）	V－15	请吃午饭，轮流吃饭							
	V－16	下午开始							
	V－17	同样的动作							
	V－18	结束							
	V－19	仔细整理、收拾物品，装入相应的包装内，对清库存							
Ⅵ认知	Ⅵ－1	针对业务代表培训活动规范							
	Ⅵ－2	针对业务代表培训器材组装							
	Ⅵ－3	针对现场人员培训活动规范							
	Ⅵ－4	针对现场人员培训器材组装							
	Ⅵ－5	活动总结							
Ⅶ		促销员招聘							
Ⅷ		活动场地联系							

续表

代号		活动项目	负责人	月					备注
Ⅸ现金流	Ⅸ-1	先期资金的预支请款							
	Ⅸ-2	费用报账							
	Ⅸ-3	促销员工资申请							
	Ⅸ-4	促销员工资发放							

表3-8　某活动的人员线性责任表

序号	工作	促销员A	促销员B	理货员C	销售员	市场营销	营业部	备注
1	物品出库			●	☆	☆		
2	换装	●	●					
3	运送到场地			●	☆	●		
4	安装	●	●		☆	●		
5	POP书写			●				
6	广播安排			●				见标准

续表

序号	工作	促销员 A	促销员 B	理货员 C	销售员	市场营销	营业部	备注
7	现场摆放	●	●	●	☆	●		
8	POP 张贴	☆	☆	☆		●		
9	擦拭、总整理	●	●	●		●		
10	超市的产品价格、活动沟通	●	●	●	●	●		
11	耳麦戴上、调试	●						
12	开始进行语音标准宣传	●						见标准
13	盖章，填写发放记录表		●					见标准
14	运用标准用语		●					
15	现场气氛烘染	●	●					
16	轮流交替	●	●					
17	后勤支持			☆	☆	●		
18	派送品补充通知	●	●			●		
19	派送品补充			●	☆	☆		
20	紧急情况	☆	☆	●	●	●	●	
21	中午轮流休息							
22	下午结束物品汇总	●	●	☆	☆	●		
23	下午结束物品全部入库	☆	☆	●	☆	☆		
24	服装更换	●	●					
25	离开							

表 3－9　相关用具的安排与准备用表

<table>
<tr><th colspan="2">用具</th><th>数量</th><th>备注</th><th>负责人</th></tr>
<tr><td colspan="2">彩虹门、条幅</td><td>各 0</td><td></td><td></td></tr>
<tr><td rowspan="6">辅助工具筐</td><td>胶带</td><td>1 卷</td><td></td><td></td></tr>
<tr><td>剪刀</td><td>1 把</td><td></td><td></td></tr>
<tr><td>双面胶</td><td>1 卷</td><td></td><td></td></tr>
<tr><td>抹布</td><td>1 块</td><td></td><td></td></tr>
<tr><td>Mark 笔</td><td>1 套</td><td></td><td></td></tr>
<tr><td>工具筐</td><td>1 个</td><td></td><td></td></tr>
<tr><td colspan="2">矿泉水</td><td>根据具体人员数量现场购买</td><td></td><td></td></tr>
<tr><td colspan="2">电视</td><td>1 台</td><td></td><td></td></tr>
<tr><td colspan="2">碟片</td><td>公司宣传 1 张</td><td></td><td></td></tr>
<tr><td colspan="2">插排（长线）</td><td>1 个</td><td></td><td></td></tr>
<tr><td colspan="2">DVD</td><td>1 台</td><td></td><td></td></tr>
<tr><td colspan="2">印章</td><td>1 个</td><td>在购物小票背面加盖“×××××”</td><td></td></tr>
<tr><td colspan="2">印油</td><td>1 盒</td><td>红色印泥</td><td></td></tr>
<tr><td colspan="2">流量控制表</td><td>2 张</td><td></td><td></td></tr>
<tr><td colspan="2">促销服</td><td>2 套</td><td></td><td></td></tr>
<tr><td colspan="2">耳麦（6 节电池）</td><td>1 组</td><td></td><td></td></tr>
<tr><td colspan="2">促销台</td><td>1 个</td><td></td><td></td></tr>
<tr><td colspan="2">X 展架</td><td>2 个</td><td></td><td></td></tr>
<tr><td colspan="2">落地陈列架</td><td>1 组</td><td>配备空包装盒，具体见落地陈列架规范</td><td></td></tr>
<tr><td colspan="2">海报</td><td>若干</td><td></td><td></td></tr>
<tr><td colspan="2">盖章板</td><td>1 个</td><td></td><td></td></tr>
<tr><td colspan="2">××盒</td><td>2 个</td><td></td><td></td></tr>
<tr><td colspan="2">促销标签</td><td>若干</td><td>已经贴在外箱上</td><td></td></tr>
</table>

（8）做出现场布置标准图，现场促销员自己就能执行。

某活动现场的布置如图 3－16 所示。

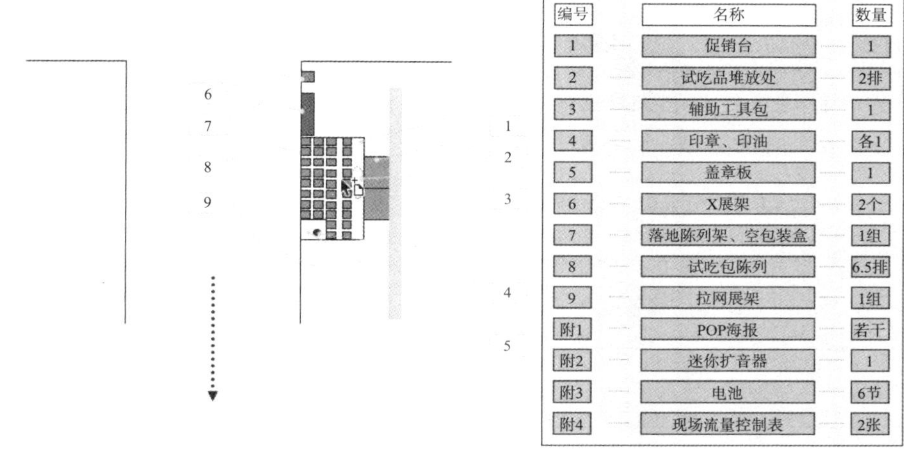

图 3－16　某活动现场布置

（9）根据策划时做出的促销活动方式的分解图，制定现场进程控制表。

现场活动往往复杂，各事项穿插在一起，如果不控制，很容易手忙脚乱，现场乱糟糟。

附：某订货会的进度表，如表 3－10、表 3－11 所示。

表 3－10　会前进展表

<table>
<tr><th>进程</th><th>项目</th><th>用时</th><th>时间</th><th>负责人</th><th>工具</th></tr>
<tr><td>1. 促销政策下发</td><td>促销政策下发到每位经销商手中</td><td></td><td></td><td>专员</td><td></td></tr>
<tr><td rowspan="4">2. 会场工具准备</td><td>（1）订单、笔、计算器、记录纸、宣传页安排完毕</td><td></td><td rowspan="9">13：00—13：45</td><td></td><td></td></tr>
<tr><td>（2）水安排完毕</td><td></td><td></td><td></td></tr>
<tr><td>（3）桌牌安排完毕</td><td></td><td></td><td></td></tr>
<tr><td>（4）座位表安排完毕</td><td></td><td></td><td></td></tr>
<tr><td rowspan="5">3. 布置完毕</td><td>（1）麦克风、音响调试完毕</td><td></td><td></td><td></td></tr>
<tr><td>（2）核算台、记录台及表格、用具摆放到位</td><td></td><td></td><td></td></tr>
<tr><td>（3）奖项样品摆放</td><td></td><td></td><td></td></tr>
<tr><td>（4）奖项卡到位</td><td></td><td></td><td></td></tr>
<tr><td>（5）布展完毕</td><td></td><td></td><td></td></tr>
</table>

续表

进程	项目	用时	时间	负责人	工具
4. 全程指导	会场全过程连贯性指导				
5. 进场前工作	（1）列队欢迎、背景音乐		13：45—14：00		
	（2）各区域引领各自经销商入场及就座				
	（3）经销商签名留念				签名条幅1条

表3－11　现场进程表

进程	项目	用时	时间	负责人	工具
1. 开场	（1）开场白	1分钟	14：00—14：05	主持人	麦克风3个
	（2）议程宣布，将订货会整个议程做说明	4分钟		主持人	进程表1张
2. 策略沟通	（1）介绍进行营销策略沟通人	1分钟	14：06—14：23	主持人	
	（2）营销策略沟通	15分钟		沟通人	
	（3）主持人做总结发言	1分钟		主持人	
3. 订货会政策说明	（1）宣布订货会开始	5分钟	14：24—14：29	主持人	
	（2）订货会政策说明			主持人	订货会政策
	（3）宣布订货会开始，做订货程序引导			主持人	
4. 现场订货	（1）各区域经理与经销商共同决定订货，主持人巡视，选择有代表性的订货单宣布，调动现场气氛		14：30—16：30	各区域经理	订单、笔、纸、（每人1套），计算器每桌2个
	（2）订单交与核算员核算，做好记录			核算员、记录人	笔、核算记录表
	（3）核算完毕交与主持人			记录员	

续表

进程	项目	用时	时间	负责人	工具
4. 现场订货	(4) 主持人进行订单宣布，奖项宣布，记录人做好订货、奖项记录，请发奖人、获奖人（下同），礼仪引导		14：30—16：30	主持人、记录人	笔、订货及奖项记录表、托盘（红绸布）13个（下同）
	(5) 礼仪小姐双手用托盘呈递（下面同）发奖，礼仪引导发奖人、获奖人下台			礼仪	
	A. 达到坎级奖/一品鲜订货奖，发奖项卡，做好记录			主持人、发奖人、发奖协调员、记录员	奖项卡（三个等级的各两个，交替使用）
	B. 15万元以下，发放奖券，做好记录				奖券500张
	(6) 主持人提示发奖人、获奖人合影留念（下同）			主持人、摄影员	
	(7) 经销商与订货奖项记录员核对奖项并签字，回收奖项卡，放回原处（下同）			发奖协调员、订货奖项记录员	
	(8) 循环进行				
5. 订货会结束	确认已经无订货，宣布订货会结束，如有一品鲜订货奖，则发奖（流程同坎级奖发放程序）		16：30	主持人	
6. 抽奖	(1) 宣布抽奖，介绍抽奖规则、流程		16：30—17：00	主持人	抽奖箱、抽奖规则
	(2) 请抽奖人，礼仪引导（以下同），抽奖				
	①抽取特等奖 A. 1名 B. 抽奖人宣布获奖人，主持人请获奖人上台，做好记录，礼仪小姐双手用托盘呈递（下同）				

续表

进程	项目	用时	时间	负责人	工具
6. 抽奖	C. 发放奖项卡，合影、引导获奖人下台		16：30—17：00	礼仪、 摄影员、	特等奖 奖项卡 1 张
	②抽取一等奖 A. 连续抽取 2 名 B. 每抽一名，抽奖人宣布，2 名抽毕，主持人请获奖人一起上台，做好记录 C. 发放奖项卡，合影、引导获奖人下台			主持人 礼仪、摄影员	一等奖 奖项卡 2 张
	③抽取二等奖 5 名 A. 连续抽取 5 名 B. 每抽一名，抽奖人宣布，2 名抽毕，主持人请获奖人一起上台，做好记录 C. 发放奖项卡，合影、引导获奖人下台				二等奖 奖项卡 5 张
	④抽取三等奖 30 名 A. 连续抽取 30 名，每抽一名，主持人宣布，抽取完毕，请获奖人一起上台，做好记录 B. 合影、引导获奖人下台			礼仪、摄影员 礼仪、 摄影员、	订货奖项记录表 三等奖 奖项卡 30 张
7. 订货记录汇总	在抽奖的同时，做订货汇总		17：00－	核算员	
	A. 明确分别汇总出订货 50 万元、20 万元、15 万元的家数、总金额，订货 15 万元以下的家数、总金额				
	B. 汇总结果交于主持人				

续表

进程	项目	用时	时间	负责人	工具
8. 订货会结束	(1) 主持人宣布抽奖结束后，进入订货会总结阶段，请领导进行总结		17：00－17：15	主持人	
	(2) 进行订货会总结			主持人	
	(3) 宣布订货会结束			主持人	
9. 结束后续	(1) 区域经理、经销商抽奖奖项不清楚的事项与记录员核对，并将遗留奖项卡收回		17：15－17：30	区域经理、订单奖项记录员	
	(2) 订货会后收拾现场				
	★现场照相	全程			
	★现场布展效果维护	全程			
	★现场音效维护	全程			
	★现场秩序维护	全程			
	★现场品尝	全程			
	★现场 Q&A	全程			

注：每次奖项宣布、抽奖、颁奖，台下请以掌声鼓励。

（二）执行

严格按照规划进行，如有变动，一定要填写促销变更表进行变更。

活动过程中，注意与活动关联方保持良好的关系。有些关联人员（比如超市及市场管理人员、仓库管理员、物业保安等）会设置障碍或者在有些问题上不配合，允许用促销品适当公关，但要严格做好记录和限制，以防促销品被滥用。

提前制定好各种规范，严格按照促销规范进行，现场负责人在活动开始或者有新人加入时，要严格检查和耐心指导。

注意：在活动过程中，随时监控促销产品、赠品、易耗品的库存，并预测用量，提前做好补充申请。

比如周期长的，设计好补充流程，规定每日定期进行库存检核（填写每日流量表），并向促销负责人报备。促销负责人做好表单记录（促销活动库存报表），库存不足时联系送货。

大型活动开始之前，召开全体动员大会，讲解促销活动的目的和注意要点，为团队鼓劲，激励大家勇往直前。

活动期间，每日召开促销晨会、晚会，指定好现场负责人，主要目的是总结经验，分析目标达成情况，表扬典型的人员和好的行为，强调促销方法的有效性，激励团队士气。此外，还要做好当日工作安排和调整。

（三）检核管控

进行合理的促销管控，促销检核的目的不是为了惩罚（不要形成惩罚的氛围），而是为了发现活动是否偏离规划轨道，若有偏离则进行修正，确保活动正确执行。

设计检核时，一定要在活动策划过程中模拟一下促销过程，以便从中找出策划的漏洞，从而做出调整。

活动执行前进行检核：召开相关人员会议，以便共同探讨。

活动中检核：在活动进行中若发现不足之处，能现场修正且影响不大的则现场修正，影响较大的则离开现场纠正。做好记录和分析，用于下一次改进。

备注：

（1）在活动前设计好检核规划及检核表单，以便表单化管理。

（2）检核的问题项记录在检核表中，以备改进。

（四）促销总结评估

促销一定要有评估报告，评估报告是促销活动效果的汇报，通过评估报告，公司能够公正地评价促销活动。

1. 促销评估目的

经过评估，发现在规划、执行中的问题，做出改进对策，对以后的促销活动起到改进作用。

正式促销总结（评估）经审核、批准后进行财务方面的处理，如报销入账等，以及作为赠品、工具及用具的结存返库等处理的依据。

2. 促销评估内容

（1）效果评估

对促销活动的效果、费用、赠品数量等做总结，并针对申请做出差异分析及改进对策。

销量及销售额的数据必须以促销活动期间超市实际的售出数为准，不以公司出货数据进行计算。

从系统中调取的实际销售数据以财务提供的数据为准。任何部门都有异议

权，可以要求财务修正，但最终决定权在财务部门。（如查实确系财务出具数据错误，遵照财务部的内部处理制度处理）

（2）规划评估

通过在活动执行中反馈的信息，针对规划中每一项进行优劣势评估，发扬优势，改进劣势。

比如评估产品选择、促销地点选择、时间选择、促销方式选择等是否正确、科学，做差异分析及改进对策。

（3）过程评估

针对活动执行过程中出现的实际状况，与活动的设定要求、标准规范等做比较，找出执行的优劣势，做出评估，发扬优势，改进劣势。

比如场地布置、广宣的使用、各种规范的执行等，做出差异分析以及改进对策。

（4）写促销总结报告，报各级管理者批准

批准后原件存档于市场部，复印件一份发销售部用于存档与费用核销，一份发财务部，财务部根据批复情况，与原申请进行费用审计审核，按照财务规定核销入账。如无结案报告批复，不得核销费用。

3. 促销评估的注意事项

活动时间跨度较大的，做分段效果总结，如进行周总结及月总结，便于发现实际绩效与规划的差异之处，及时做出相关反应。

根据促销类型与目的，采用的评估指标也不相同。比如试吃评估的是影响人数，特价促销评估的是销售额。

4. 促销评估格式

促销总结格式同表 3－12 所示。

（五）注意事项

1. 法律与地方法规因素

户外活动的场地有些是超市商场负责的，有些则是城管部门负责的，要注意按照规定提前申请。

户外大型活动和广告是交管部门和工商局审批，需提前申请。

2. 人文地理因素

在有些少数民族聚集地区，活动一定要符合民族及宗教要求。比如伊斯兰教对酒类、猪肉的禁忌，不可冒犯。

表 3－12　促销总结格式

申请□　结案□

编码		对应促销申请编码		日期	
部门		签办人		页数	

一、促销效果评估

（一）销售量（额）评估：

超市	产品	计划					实际					差异值（←表示）					差异说明及分析
		日均销量	日均销额	总销量	总销额	增长率	日均销量	日均销额	总销量	总销额	增长率	日均销量	日均销额	总销量	总销额	增长率	
	小计	–		–			–		–			–		–			
	小计	–		–			–		–			–		–			
合计																	
	小计	–		–			–		–			–		–			

续表

（二）其他效果评估（以影响人数为例，如促销活动无此目标则不用分析）

超市	计划		实际		差异		差异说明分析
	日均影响人数	总影响人数	日均影响人数	总影响人数	日均影响人数	总影响人数	
合计							

二、促销费用评估

单位：个/元

超市	产品	计划										实际										差异					费用率		差异说明及分析
		特价	物品费用			特陈	人员	用具	海报	其他	合计	特价	物品费用			特陈	人员	用具	海报	其他	合计						计划	实际	
			单价	量	额								单价	量	额														
	小计																												
	小计																												

续表

超市	产品	计划										实际										差异					费用率		差异说明及分析
		特价	物品费用			特陈	人员	用具	海报	其他	合计	特价	物品费用			特陈	人员	用具	海报	其他	合计						计划	实际	
			单价	量	额								单价	量	额														
总计																													
	总计																												

三、促销背景、目的评估（有些促销活动涉及，如无差异则无须分析，注明无差异，写明改进意见即可）

预估背景、目的设定	实际现状	差异分析

四、促销活动方式（含特殊陈列）评估（如无差异则无须分析，注明无差异，写明改进意见即可）

计划促销方式（以特价为例）	执行促销方式	差异分析及改进建议
1. 特价		

超市	产品	原供价	原售价	促销进价	促销售价	进价折扣额	零售折扣额	零售折扣分担

续表

计划促销方式（以特价为例）	执行促销方式	差异分析及改进建议
1. 特价		

超市	产品	原供价	原售价	促销进价	促销售价	进价折扣额	零售折扣额	零售折扣分担

2. ……

五、促销时间、超市（地点）与执行过程分析（如无差异则无须分析，注明无差异，写明改进意见即可）

计划促销时间与超市（地点）	实际促销时间与超市（地点）	差异分析及改进建议
过程分析		

六、促销期间竞品动态

续表

七、对此次促销活动的建议			
副总			
市场部		总监	
办事处		事业部	

3. 人、物的支援

对于额外人员支持和物料、设备、车辆支持，需提前做好规划，提前沟通，提前协调，确定好时间，公司不能支持的，早做打算，从外部付费购买或招聘相应人员。

4. 货品的生产、存储、运输安排

关于货品安排，大型促销一般都会在有效时间内巨额放量，时效性很强，需要提前做好总量预估，协调生产、仓库部门、经销商、超市备货。

由于促销场地和超市仓库的库位有限，所以活动现场的备货量都不会很大，除了尽量协调超市多备货外，还要尽量协调超市设置额外存货地点。

但是，促销活动量的不可预测性，仍然决定可能要随时补货。所以，一定要提前做好机动车辆的安排，建立补货流程，一旦有需求，立刻送货。如果实在有困难，允许雇用外面的车辆。

七、KA 系统促销运行

KA 系统的销售在大、中、小型快消品公司的占比都非常高，也是打造品牌的必经“桥头堡”。所以这里特别拿出来作为案例，进行实际讲解。

大型促销历来是快消品公司的重中之重，由于各大系统的运作非常专业化，随之而来的 KA 促销工作也变得非常专业。

（一）KA 系统的促销流程

KA 系统的促销从发现市场问题和制定目标开始，从与公司和超市采购人员沟通活动的细节、谈判、公司内部报批、协调具体门店、协调货源、制作物料、安装、送货、收货、门店调整系统，到具体执行、结案、向其他 KA 系统推广等，工作繁杂而细致，如图 3－17 至图 3－19 所示。

总部型大型系统与总部型公司的大型促销往往涉及 KA 采购总部、各地方门店、公司总部、公司各区域分支机构的通力协作。

（二）KA 促销活动的具体展开

规划 KA 促销要先了解采购的特点，依照特点来规划和安排。

（1）采购的需求：

- 对老板有交代（例如：价格有竞争力，营业外收入……）

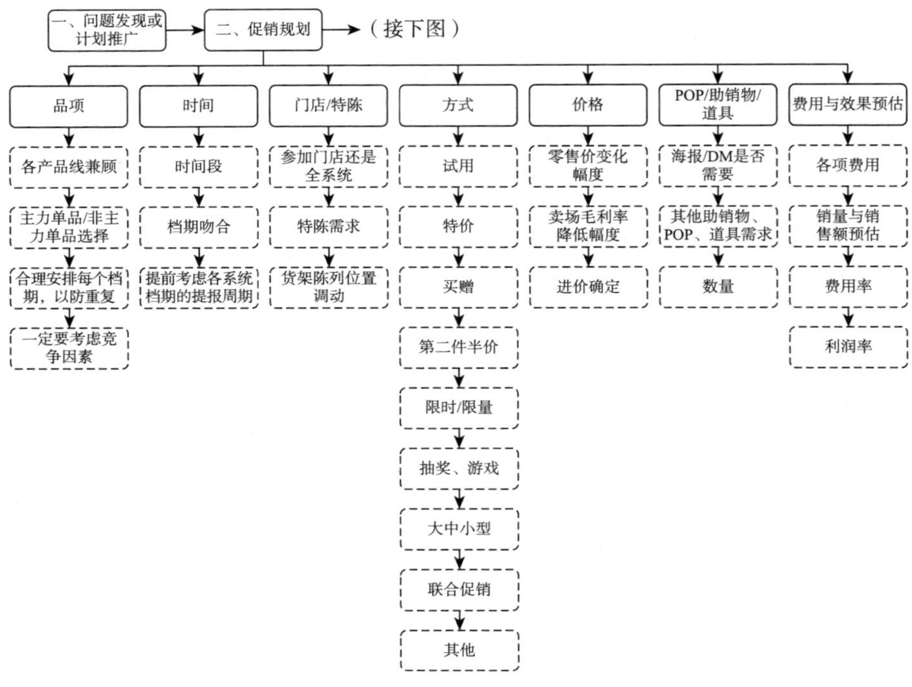

图3-17　KA系统促销流程1

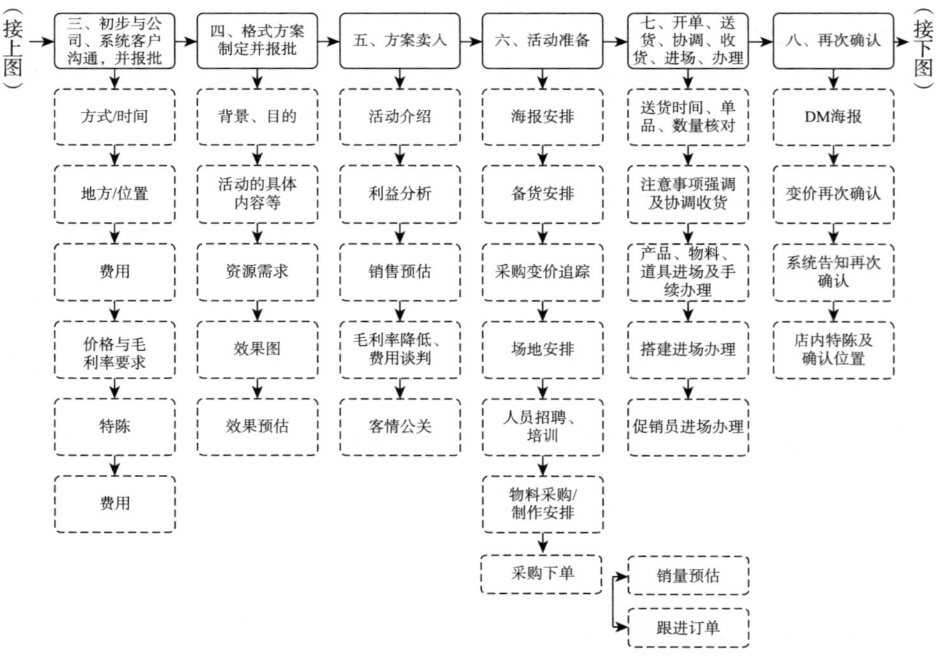

图3-18　KA系统促销流程2

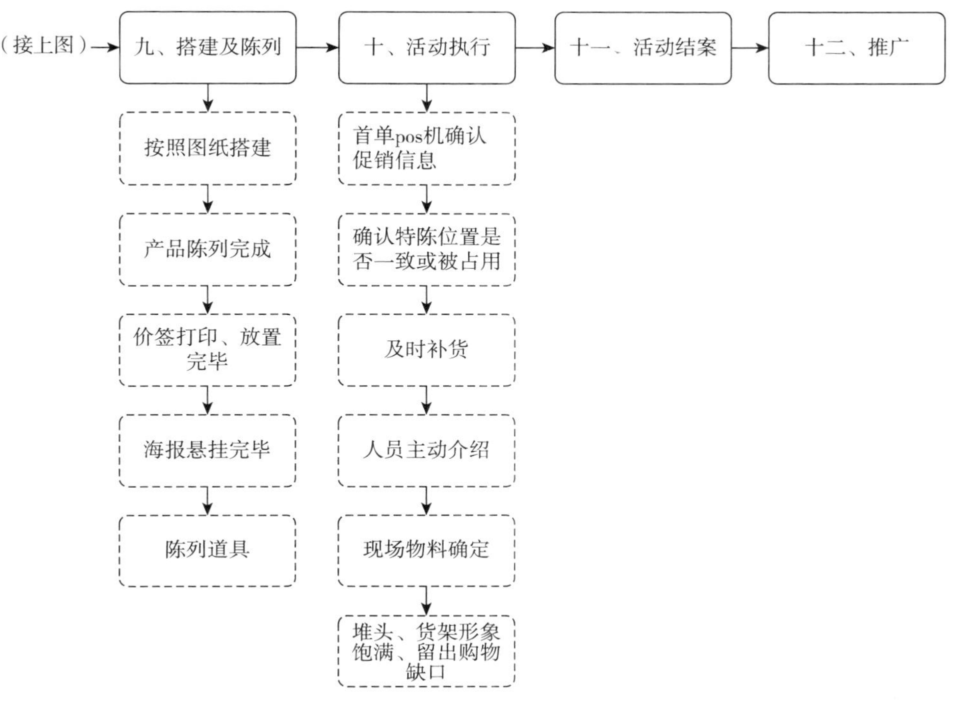

图 3－19　KA 系统促销流程 3

- 销量提升：这是硬指标。
- 来客数增加：能为店铺带来人气，吸引人潮。
- 客单价增加：增加进店顾客的整体客单价。
- 营业外收入能增加。
- 特殊性（例如：新产品、新包装支持……）
- 获利率增加。
- 增加该店铺知名度（例如：广告上有该店铺 logo……）
- 竞争力：比其他同行价格低。

（2）采购对促销活动接受与否的判断依据：

- 竞争力：比其他同行更有优惠。
- 独特性：新颖独特的促销，更有助于吸引人潮和建立店铺不一样的形象，活化氛围。
- 活动内容有深度，操作简易。
- 销量/销售利润能不能双保证，或者最低保证一个。
- 时间点（档期）有没有，安排在哪个档期最好。

• 老板额外的要求要考虑：比如可以大量进货，但促销后要退回积压的库存；原来的库存要补偿毛利率损失等。

（3）采购最常犯的毛病：

• 有促销但订货量不足，由于库存管理的要求，采购往往最容易出现的问题是备货不足。

• 有陈列但位置不够大或位置不对。各种各样的原因导致采购或门店经常变更已经谈好的陈列位置。

• 价格标示非当初协议价格，比如自动再降价一点。

• 如为连锁超市，采购控制力不足，则各店陈列、铺货、库存量也不同。

（4）采购最担心的是：

• 被领导责骂：销量未提升、利润未达标、价格比同行高等。

• 做促销但缺货：厂家供不上货，货架、堆头上没货了或缺了一片，好难看。

• 同样的商品同时在不同超市做促销，但竞争力比别人差。

（5）采购最喜欢厂商的是：

• 提供销量大、利润又高的商品。

• 能提供相应的行业市场资讯。

• 能提供相应产品及趋势资讯。

• 协助其达成营业外收入目标。

• 提供额外支援。

1. 超市问题发现或计划推广

KA 促销活动的提案可能有两方面的缘起。

一种情况是业务发起的，针对在 KA 交易过程中发生、发现的问题（销量下滑、生意机会，因生意中某方面的需要对客户的承诺 ，配合客户的临时性活动等）。

另一种情况是公司市场部统一发起的在 KA 规划的活动，目的可能是新品上市推广、主题促销、固定档期促销、其他目的的统一活动等。

2. 促销规划

（1）品项

与已进入此超市系统的各产品线兼顾，选择合适的产品组合。原则上，每个产品线在一段时间内都要做一次推广，吸引消费者的注意力，长时间不促销就会失去品牌活力。

选择本系统内的主力单品与非主力单品搭配，要根据销售达成或者系统的实际情况来判断。

品项的选择在档期上要合理，避免频繁地重复安排。

品项选择时，特别要考虑竞争因素。

（2）时间安排

时间段的选择必须与活动门店的档期一致，统一安排的档期也要考虑实际情况，不搞一刀切。业务人员反馈排期时，提前考虑各系统档期的安排规律和周期。

（3）门店/陈列的选择

门店选择时要特别慎重，尤其是对于系统客户，有些活动必须在全系统开展，有些活动可以选店或单店开展，要根据具体情况合理选择开展活动的门店。

陈列选择上，根据销量与费用预估，一定要选择特殊陈列位置、堆头或者端架，同时考虑配合的 KT 板或者特殊堆头的制作。做活动规划时，要求考虑活动期间扩大主货架或者调整主货架到比较好的位置。

（4）促销活动方式

包括体验（试用、试吃、试饮）、特价、买赠、第二件特价、限时限量、抽奖 + 游戏等。

根据客户形态搞大型、中型或者小型户外活动。

与 KA 或者其他品牌做联合促销等。

（5）价格

涉及零售价的变动、客户对毛利率变动的要求（KA 客户特价时，可以损失部分毛利率）、活动补差的三方（厂方、经销商、KA）承担比例、补差的方式、活动进价的约定（何时变价，何时恢复，有些超市是前七后八，也就是提前 7 天、延后 8 天都是特价进货），以及活动费用核销的方式等。

（6）POP/助销物/道具

海报（卖场安排、厂方安排还是现场手绘）、DM 、货架牌、台卡、道具、物料的数量等。

物料何时安排制作、何人负责制作。

（7）费用与效果预估

涉及的相关项成本费用、销量和销售额的预估、差价的预估、活动费用率（费比）、公司或客户的利润率等。

3. 初步与公司/客户沟通

活动方案正式出台前，需要跟公司相关管理部门和系统客户沟通活动草案，就活动规划的内容做全面或者部分有选择性的沟通。

要与公司进行全面沟通汇报，与客户主要沟通活动形式和场地、陈列要求，涉及费用等内容。

4. 格式方案制订并报批

活动方案是要提交管理层审批的，所以要把促销、资源需求说清楚才能获得管理层的认可与批准。格式一般为：

活动背景与目的：背景是说明为什么要做这次活动，缘由在哪里；目的是想要达成的效果、收益，或者获取 KA 的配合支持等。

活动具体内容：根据活动的实际情况，将规划涉及的内容具体化地表达。

资源需求：举行活动所涉及的搭赠、差价、样品、物料、人员、运输、场地等所需的钱与物料及人员支持。

效果图：需要陈列效果图、物料效果图的要在方案文字版基础上同时呈送。

效果预估：对活动可能取得的效果做预测，如对影响人数、购买人数、体验人数、销量、销售额、利润等预估。

必须通过公司报批方可执行。

5. 方案卖入

和系统采购（买手）沟通、谈判。

活动介绍：具体介绍活动。

利益分析：卖入沟通的原则是贯彻双赢的谈判原则，只有兼顾双方的核心利益才能更容易达成共识。

使用利益推销的技巧，概述项目，解释效果，陈述带来的利益，提供例证或数据等支持，打消买手的顾虑等。

销售预估：对活动效果预估的强调，尤其是对销量的合理预估是买手最关心的事情。

毛利率降低与费用谈判：特价和费用的部分，原则上客户会追求销量最大化，至于差价，卖场可以承担一部分甚至大部分，关键是要知道对手的底牌。

涉及费用的谈判，多强调活动可能带来的利润及其他效果、公司的投入，尽可能地争取更低的费用。

客情公关：与客户的谈判不可能都在桌上进行，买手也有情感、个人利益等方面的需求，想更好地推动合作，要做好与买手的客情及公关。

6. 活动准备

海报安排：需要和采购或者柜组人员提前确认是否上卖场海报及内容等。

备货安排：涉及的单品提前和工厂或仓库做好生产计划和备货计划，避免断货、缺货。

采购变价追踪：提前和采购人员沟通变价的时间，了解是否需要厂方资料的支持，持续跟进到对方已确认安排好，并在变价的第一时间与卖场再次确认。

场地安排：与采购与柜组人员协调，确认活动场地的面积、位置，协调店内人员开始布置的具体时间等。

人员招聘与培训：根据活动需要提前确定促销员标准、招募负责人、人员到位时间；确定培训话术、培训负责人、培训时间、培训场地安排等事项。

物料采购/制作安排：对活动涉及的物料从采购到制作的质量及数量要求、责任人、完成时间都予以明确。

采购下单：预估销量，跟进订单，给采购建议订单，首单量要达到预估量的60%。

从跟进到收到订单，确认好单品、数量、价格、搭赠等。

7. 开单送收货/进场办理

开单送货：跟进开单是否与订单内容（单品、数量）一致，订单时间有没有问题；与卖场确认收货时间，跟进送货并确保及时到店。

收货协调：知会送货人员卖场收货注意事项，及时协调可能遇到的收货问题。

物料/道具进场：不同卖场对活动物料/道具的进店通道、进店手续会有不同的要求，业务要提前知晓，提前协调并安排好。

搭建进场办理：具体了解卖场的规定，提前安排并协调施工，如押金、施工证办理、施工时间在闭店后几点等。

促销员进场办理：健康证、押金、服装要求等。

8. 再次确认

在活动开始前的倒计时时间，比如档期DM发布前、活动开始前一天、开机销售第一时间等，对相关重要信息再次确认，保证活动顺畅进行。

DM确认：投送前确认内容是否和活动一致，及时处理意外情况。

变价再次确认：活动当天第一时间确认POS系统是否开机。

系统告知再次确认：涉及店内广播的确认广播稿信息。

店内陈列及位置确认：活动开始前一天在摆放前再次确认。

9. 搭建及陈列

按图纸搭建：注意细节，防止拼装错误。

陈列货品：丰满、美观、吸引人的特殊造型更好，这往往需要事前设计好，别忘记留出购物缺口。

价签打印张贴：特殊陈列也要有价格签的张贴。

海报悬挂：提前准备好有正确活动内容的海报，在第一时间悬挂好。

陈列道具：其余陈列道具摆放。对于大型促销活动，这一条非常重要，也是品牌打造的核心注意点，如图 3－20、图 3－21 所示。

图 3－20　陈列 1

图 3－21　陈列 2

10. 活动执行

首件进行 POS 机扫码确认促销信息：业务人员在门店促销活动开始第一天，POS 机开机后，用促销产品扫码，确认促销信息正确无误，如有问题，立即联系整改。促销活动期间随机抽查此项工作，以防门店自行变动。

确认特陈位置是否一致或被占用：超市的一些管理者出于各种目的会改变或占用特陈位置，因此需要每天都注意此点。

及时补货：及时检查陈列和仓库库存，并及时补货。

人员主动介绍：促销员一定要积极主动，大声地向消费者传达活动信息，吸引消费者的注意。

现场物料确定：活动开始前对照清单清点物料，避免遗漏而影响活动效果。如果有音响，在活动前要测试好，配乐或歌曲也要事前播放测试。

堆头货架形象饱满：好的陈列会影响销量，一定确保陈列的丰满、美观，但最后一定要注意留出购物缺口。

11. 活动结案

活动结束，对活动要有一个总结的步骤，评估活动过程中执行的情况及取得的效果，吸取教训，总结经验。

12. 推广

在结案基础上，对于效果特别好的活动，可以将经验推广给其他客户、系统或城市。

第四章
高效月度促销规划

促销规划要同时满足与竞争品牌的市场作战和消费者的沟通两大作用。

任何品牌都面临着竞争品牌的进攻，促销是应对竞争的最强大的力量之一，是市场作战打法的具体体现。

一、市场作战规划

本章讲述在进行促销规划时，在策略上如何进攻或防御竞争品牌。

（一）规划市场作战策略

规划市场作战策略时，思考的中心点是消费者群体的切割获取（阵地），有正面、侧翼、分化、迂回、包围进攻或防御等方式，要根据各品牌的资源与优势来制定策略。

1. 市场作战的核心

营销上的市场作战和军事上的作战既有相同之处也有不同之处。

军事上作战，地理位置、不同军种、武器在那里摆着，一目了然。

营销上的一些作战因素，也一目了然，比如对方的军队实际是经理、业务人员、促销员、经销商及其团队；武器弹药是不同价格带的产品等；区域、渠道、店铺，类似于军事上的地理位置；在单店的店铺里面，我们谈动线、堆头位置、端架位置、特殊陈列位置、货架陈列位置、广宣位置及人员配置（理货员、促销员），这些很清楚也很容易理解。

不同的是，军事上的阵地就是某座城市、某个山头等。市场的阵地不一样，不直观也不容易理解，即便是同一座城市，也是由不同的区域、渠道、价格带、需求、利益、个性、年龄、生活方式、心理等层面的细分人群构成的，不同细分的人群构成了不同的市场阵地，占据着各自的市场份额。某一个细分人群，对应着某一种细分属性的产品来满足其需求。

市场作战的核心是用不同属性定位的产品（武器弹药）配上人员、资源等去争夺细分的消费者“阵地”。可以细分的产品属性太多，造成整体市场和单店作战的打法呈几何级增加，并且在短时间内无法被反制，因为产品的改进周期太长。

很多一线销售团队常常忽略这方面，不理会产品的差异性、消费群体细分因素，仅仅着眼于区域、渠道、店铺的攻占。最常见的现象是一谈市场进攻，大家都大同小异，因为所有要素，你知竞争对手也知。而现代信息传播的便利性，造成自己的市场打法很快被对手了解透彻，对手能够迅速配置资源，快速反制，最后就是打法雷同，只得血拼，低价，低价，低价！

怎么办？

只有将产品属性、价格带的差异因素，加入区域、渠道、超市、经销商、人员因素等打法，即便是同一区域、同一超市、同一地理位置，都可以做到打法多变。

2. 市场作战具体打法

（1）正面进攻

当一个品牌认为自身优势很强大时，那么可以无惧竞争品牌，展开以我为主的促销安排，自行安排超市、时间及场次，进行正面的市场攻击，正面撕破竞争品牌的防线。

所谓正面进攻，指的是在相同属性的阵地上进攻竞争品牌。正面进攻的火力配比至少3：1，如果人员技能占优势，可以大幅降低人力资源投入。

比如正面攻击对手的最好的区域、最好的门店、最强的产品等。

（2）侧翼进攻

当品牌的优势与竞争品牌各有特色时，要考虑打法的问题。

正面进攻一般是从对手强大之处撕开口子，这种硬拼方式必须具备足够的火力，至少3:1的资源配比才可以，但如果本竞品各有特色，想达到这一点很难。竞争对手只要建立起正面防御，加大资源投入，我们就很难撕破其防线。

这时侧翼进攻是很好的选择，选用与敌方不同的优势属性因素进攻其薄弱之处，以我之长攻敌之短或攻敌之无。

我们举个简单的例子来理解，比如按照重要度细分区域、渠道、超市的级别，寻找对手弱势的区域（潜力还可以，下同）、弱势的渠道、弱势的店铺、弱势的产品（包含属性特色、价格带、心理、利益等）、弱势的业务团队等，进行攻击。

比如超市渠道，先按照销量高A级、中B级、低C级，细分出重要度。

任何品牌都很难在全部区域都投入资源，都有其侧重点，这就是我们的机会，再综合考虑在每个超市内，竞争品牌资源的投入程度，即促销员数量、堆头、端架数量、促销活动的频次与力度等，划分出竞争激烈（竞争品牌投入大）、一般（竞争品牌投入一般）、薄弱（竞争品牌投入小）的区域。

如果能找到“A 薄弱级”的超市，那是最佳选择。笔者在进攻某大品牌时，甚至有时会选择“B 薄弱级”的超市，进行人员促销，结果销量爆棚，等到竞争对手反应过来，笔者基本已经达到目的，又选择下一个薄弱之处，始终牵着竞争品牌的鼻子走。

如果品牌与产品的独特优势、户外促销活动技巧、促销员卖货技巧等强过对方，也可以用这些因素进行侧翼攻击，将其综合在一起，作战成功的可能性会大大提高。

(3) 迂回进攻

隐藏真正的攻击意图，将对方资源调开后，再行攻击。

比如我方用少量资源（大幅特价、少量人员促销）攻击对方强势之处，甚至多攻击几个点，对方不得不防守，从而配置大量资源。

我方本来销量基数就小，即便是大幅特价，损失的费用也少；对方不得不用特价、多配置人员或额外陈列等来应对，资源费用就会比我方多投入很多。

任何企业配置到区域的资源是一定的，不是无限资源，使用完了也就没了，牵制住对手后，我方集中火力（特价、人员促销、特殊陈列等）攻击某一个点。

如果对方不反应，佯攻也就成为真正攻击。

(4) 分化

分化就是利用对方的信息劣势，比如公司团队与经销商、分销商的猜疑、不信任、不配合、不团结、不验证信息、信息沟通障碍等，去阻滞、更改、散播相关信息，使对手怀疑其决策，最后更改决策甚至撤兵换将。

(5) 包围

综合运用以上方法。

(二) 用促销作战图做进攻策略

B 品牌的产品系列 C 的 1. 8L 规格为整个市场占有率排名第一，其目标消费群体定位涵盖高端、中端两大市场，品牌力强于 A 品牌。

A 品牌产品 1、产品 2 定位与 B 品牌产品 B 相同，均具备健康零添加属性，只是产品 1 相比二者增加了额外高端原辅料，产品 1 的价格也同时较高于产品 B。

A 品牌产品 2 定位与 B 品牌产品 B 相同，从健康角度而言，A 品牌产品 2 的产品力绝对优于 B 品牌的产品 C，价格低于产品 B，同时较高于产品 C，

产品 3 的定位是持平于产品 C，产品力略高，价格持平。

促销作战图如图 4 -1 所示。

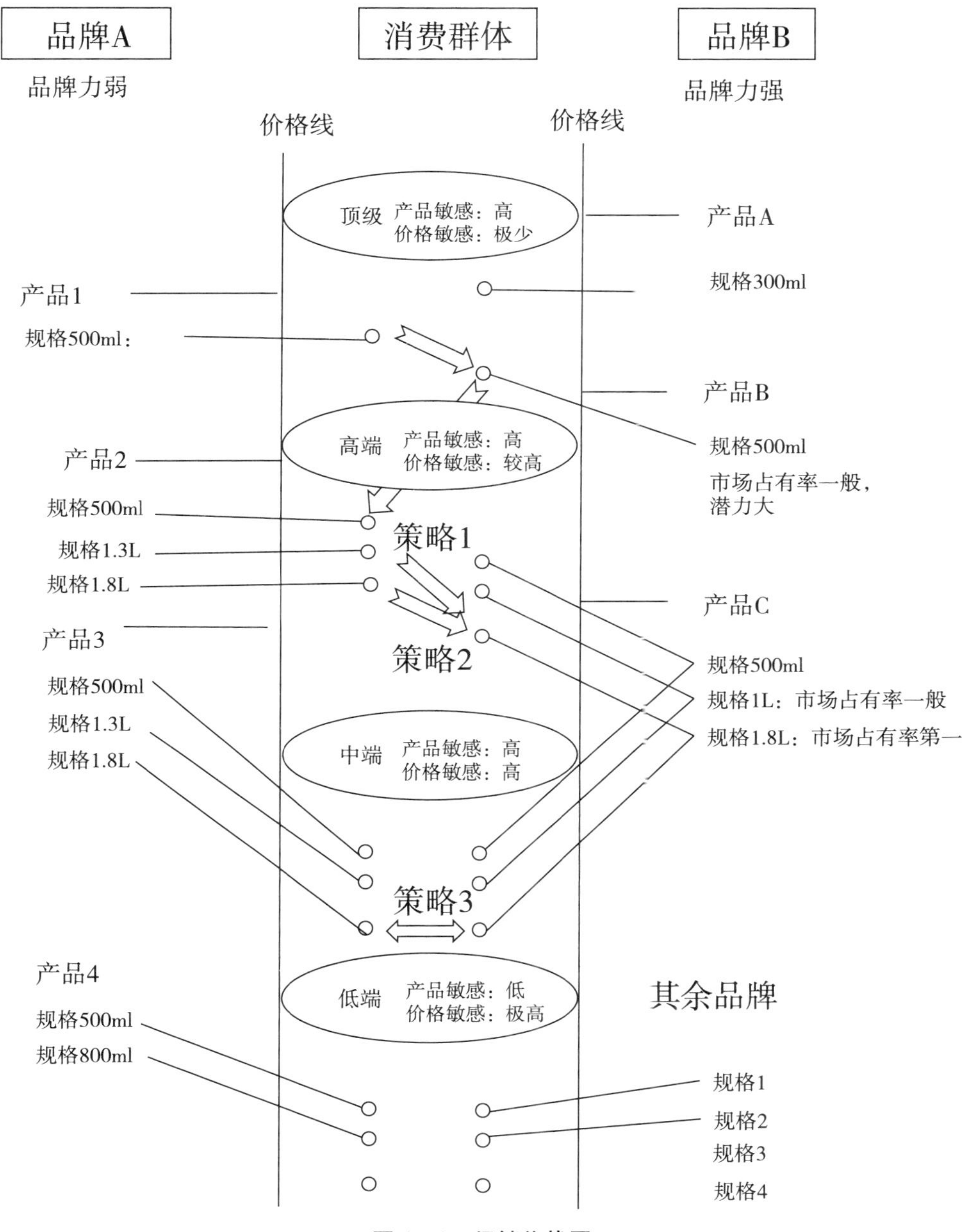

图 4-1　促销作战图

1. 建立促销作战图

图 4-1 左侧是品牌 A 的产品线分布，中间是消费者（客户）的分布，右侧是品牌 B 的产品线分布。

两条竖线是价格线，高、中、低的分布自上而下。横线与竖线的交叉处表示每个产品线的价格定位，可以写上价格，价格的表达为折算基准价格——××元/500ml，也可以不写。

竖线区域内的圆圈，一一对应各自产品线，两个品牌的圆圈的高低位置不同，代表着定位不同。

圆圈之间，用进攻线表示各自的进攻状态。

其余品牌依次往右列出。

其实，加入产品细分因素后的市场攻击，已经上升到更高一层的战略层次，这是市场人员的优势。不加入产品属性的打法，是将才；加入产品属性的打法，是帅才。

2. 制定市场进攻策略

B 品牌的产品定位看似高、中搭配合理，但为了防止内部竞争，产品线价格空间拉开较大距离，给 A 品牌很大的操作空间。

A 品牌由于品牌力稍弱，采取加大产品力的方式。在产品力配置上，产品 1 大于产品 B，产品 2 远大于产品 C，产品 3 略大于产品 C。

策略 1：1.3L 规格产品 2 降维直接侧翼价格攻击，作为牺牲品，大幅降价，直接特价模式，将价格折算下来后，比产品 C 的 1.8L 规格还要低，吸引产品 C 的消费群体转移到产品 2。

策略 2：1.8L 规格产品 2 侧翼降维攻击，微幅特价或捆绑促销，非单纯低价格攻击，维持较高价格和较好形象，价格折合略高于产品 C，获取其中高端群体。

策略 3：以 1.8L 规格产品 3 正面低价进攻，促销价低于产品 C 的促销价，始终贴近攻击，获取对价格敏感的群体（在中端群体中切分出中低群体）。

策略 1 与策略 3 轮番使用。策略 3 为常规进攻，策略 1 为间隔一段时间进行的牺牲强攻。

产品 2 进行了产品属性的高配，从引入新的产品属性——消费群体的健康角度分化产品 C 的群体，算是从侧翼撕开对方市场。产品 3 是原有产品属性的略微改进，其促销属于正面进攻。

组合起来是包围进攻。

如果对方用产品 B 降低维度来反击，首先，与我方产品规格不一致，难以奏效；其次，我方以产品 1 来反击防御。

品牌 A 的打法的核心点在于产品力配置丰富，取最核心的健康优势真正差异化出来，并且高于品牌 B。

运用好这一点，在单个店铺或者整个区域，从整体上就做到了打法多变。

如果单纯采用同等产品低价攻击，如配置资源（特陈、人员），竞争对手也可以很快以特价、加配资源单店等方式很容易地阻击我方。即便在不同的店铺或者区域，寻找对方薄弱点侧翼攻击，对方也很容易跟进特价或资源投入，被阻击掉也只是慢一步的事。

（三）如何应对低价攻击

低价进攻是很多企业常用的方法，发起低价攻击很容易，但是如何防御呢？

1. 以案例形式做分析

进攻方 A，防御方 B，市场覆盖率都很高，势均力敌。

A 方：

企业：一般来说，发动低价攻击的企业，往往是已经遇到了难题，必须以大幅低价来进攻，希望顺利地大幅度提高市场占有量，耐性有限。

团队：遇到困难的企业，其团队的军心一般不稳，管理者控制能力不高，比较混乱。一遇到较大阻碍和挫折，又容易轻信谣言，往往会军心大乱，内部和客户会乱成一团。在如此大的力度下，老板的耐心往往有限，一旦攻击不下敌方市场，极有可能换将，对于区域负责人是这样，对于一线业务员也是这样。

经销商：最忌讳货长时间地压在仓库里，关心销量（涉及月、季、年返利）、毛利率，有些经销商会自己加一部分费用（低于返利额度就可以）大量窜货。

餐饮分销商：他也最忌讳货长时间地压在仓库里，会满市场找低价货，直接降价，低价出货引流抢餐饮客户，造成价盘毁掉，很难恢复。活动终止后，有的分销商存货多，会继续低价抢客户，而有的分销商虽然没有库存，但不得不跟进，会变得没利润，从而怨声载道。

传统零售商：会吞掉促销利润，不会放到终端，终端消费者得不到实惠。

结果：大量的货被经销商、分销商、零售商压进仓库，如何分流到终端消费者手中是关键，一旦他们卖不出去被阻住，或者误信产品卖不出去，就会引起崩盘。

B 方：

公司：如果低价攻击的范围只是 A 方的单个区域，B 方会不太在意，但也会提供资源，要求必须有业绩。

团队：压力比较大，一旦应对不当，业绩持续低迷，各级领导会考虑换将。

经销商：出货减慢。

分销商：因为压进了 A 方的货，同类产品不愿再进货，B 方产品通路被堵死。

2. B 如何防御

(1) 正面有限防御，集中优势兵力，重点阻击

打法 1，如图 4－2 所示。

传统小店零售商：

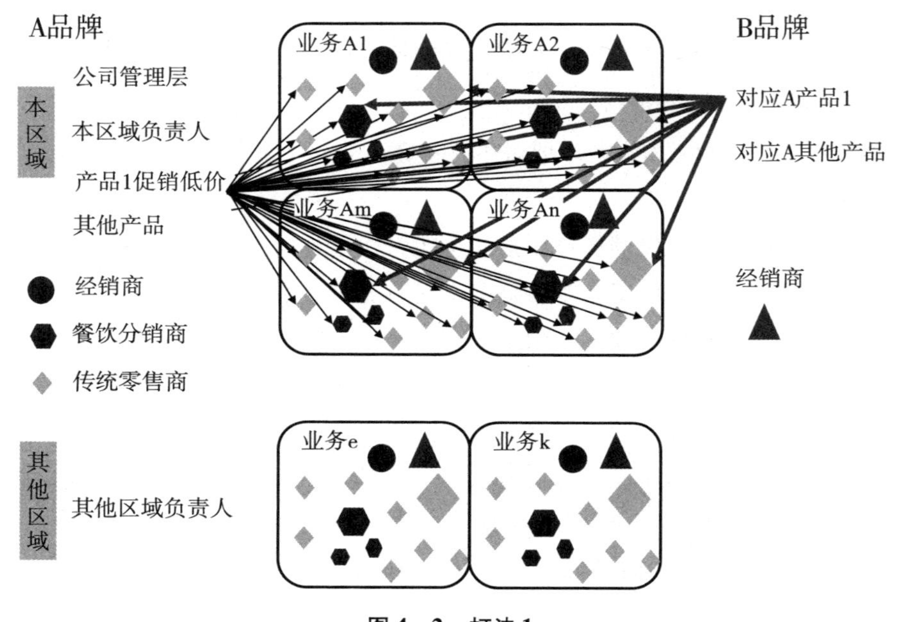

图 4－2　打法 1

在传统小店，A 公司很难针对终端消费者做特价，促销会以搭赠的形式下放，零售店是不会主动降价的，降价的费用会被经销商、零售商吞掉。

B 找到 A 的传统零售重点店，可选取一定家数，用对应的产品做消费者买赠促销（A 将资源大力度投放到渠道商身上，用于消费者促销的资源自然就减少），加大力度，阻击其出货，造成积压。

以此为实例，在市场上宣扬，A 产品销售不佳、积压的事实，逼迫其内乱，将竞争引入其无法控制的一个层面。

餐饮分销商：

思路一致，做法与传统小店不同。餐饮分销商分布在同一个市场，同时面对全部终端饭店，更容易阻击。

信息传播更快、混乱、复杂化。

大多数分销商的仓库面积有限，去各经销商处提货方便，他们保留当日库存就可以，很少存货。

B 选取几个重点分销商，适当增加分销商的部分毛利率，做对应产品的终端饭店促销，最好是买赠，赠品的终端客户的购买价格与公司购进价格有一部分价差（10% ~20%）可利用，价差加上公司的补贴费用率，用于打击 A 公司的低价攻击基本上足够了，不损害价盘。

用大量的人员做现场大规模促销，发放 DM 单和张贴海报，同时 B 业务人员不断重复、大幅告知终端饭店客户 B 的优惠更大。分销商就会处于观望、犹豫的状态，可有效阻滞分销商大量进 A 公司的货。

此做法既能运用有限资源，最大化地保住主要销量，又能将信息反馈给 A。如果 A 公司对信息不加以辨别，误认为促销效果不佳，造成其内部混乱，打击士气，A 团队极有可能会换将（整体或区域业务）。

联合其他品牌，分开区域，每个品牌只需要投入少量资源，分担压力，共同阻击 A。

（2）侧翼攻击

打法 2，如图 4 –3 所示。

找到 A 公司未做活动之主力产品，进行促销攻击。此处失去，别处得到，尤其是对方被攻击的产品的销量很大，就更合适此打法。

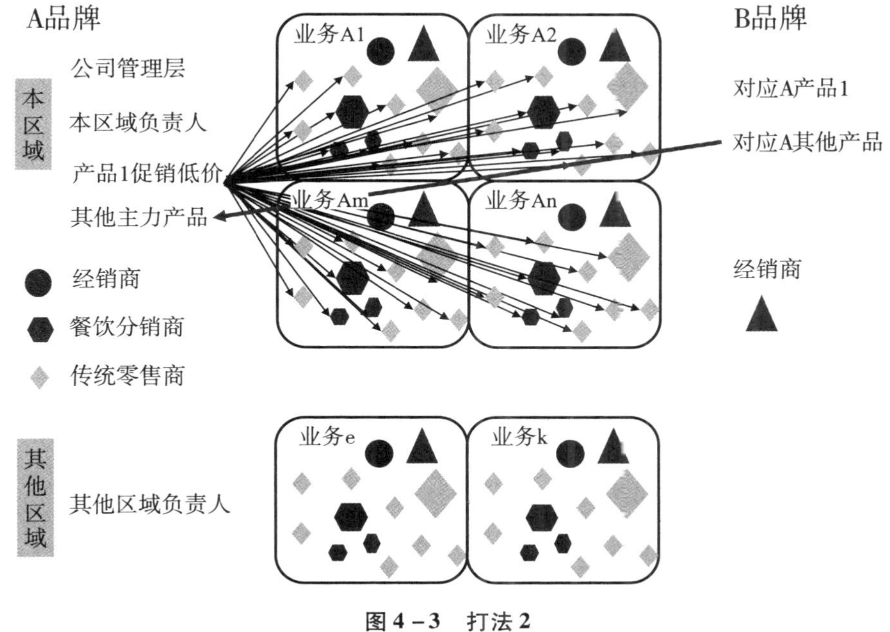

图 4 –3　打法 2

（3）**分化：打法3**

各地方的零售小店太分散，经销商也很难跑到各处，本方法在外地区域不方便使用，本地区域使用得更多，如图4－4所示。

B让经销商去A公司A1区域进一部分活动产品A，再给予一些支持，让经销商以更低价格的产品A给A公司的Am、An区域部分重点零售小店送货，目的是搅动对方区域窜货之争。被窜货的Am、An区域的业务员绝对不会善罢甘休，会找到区域负责人要求其制止窜货。如果原本空白的店，还可以带着对应的本品B，这次少加点费用，就能进入渠道。

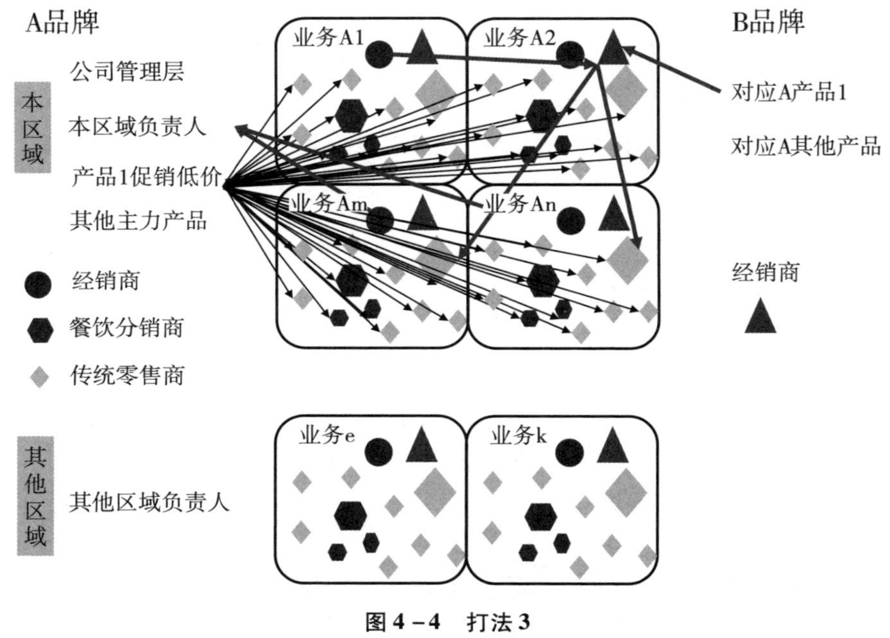

图4－4　打法3

将餐饮分销商集中在一起，方便送货，本地和外地区域都可使用，如图4－5所示。

B让经销商同样去Am区域少量进一部分货，公司甚至补贴一部分费用，以更大优惠幅度供给A1区域的主要分销商，并派人大肆宣扬其他区域的价格更低，暗指A对某些经销商私下有更大优惠，A公司总有一些经销商和业务员是不受重视的，很容易引起其内部混乱，需要不断灭火，造成其渠道信息混乱。

分销商对于更低价的货更为关心，关心则乱，有些甚至不进货。

B可以供货给A其他区域的几个主要分销商，引起A不同区域的窜货之争。

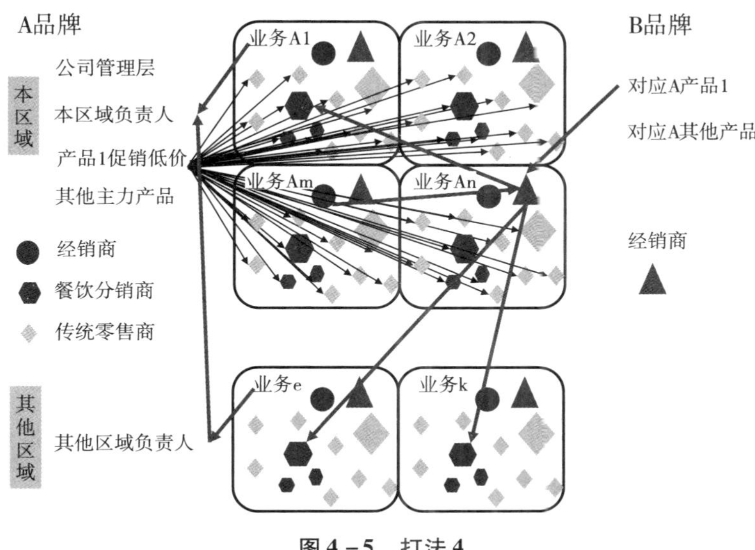

图 4－5　打法 4

（4）迂回

打法 5，如图 4－6 所示。

对于 B 公司整体来说，如果 A 只是在某些区域展开攻击，不妨找到 A 其他核心区域进行猛烈攻击，迫使 A 同样跟进，分散其攻击强度和资源。

再返回来，用其他方法综合防御或反攻重点目标。

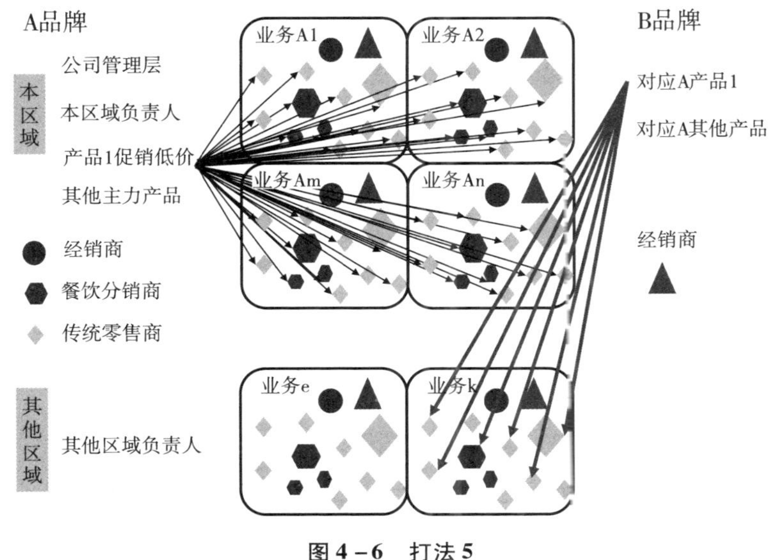

图 4－6　打法 5

(5) 不建议的做法

打法6，如图4－7所示。

私吞促销资源一直是一个弊病，尤其是大力度促销的时候，任何企业对此事都很忌讳和猜疑。有些公司会传播A团队关键人员的谣言，笔者这些年也深受其害。

不建议这种以谣言离间敌人的做法。商业毕竟讲究商誉，让团队用市场作战的方法来应战会更加得当。

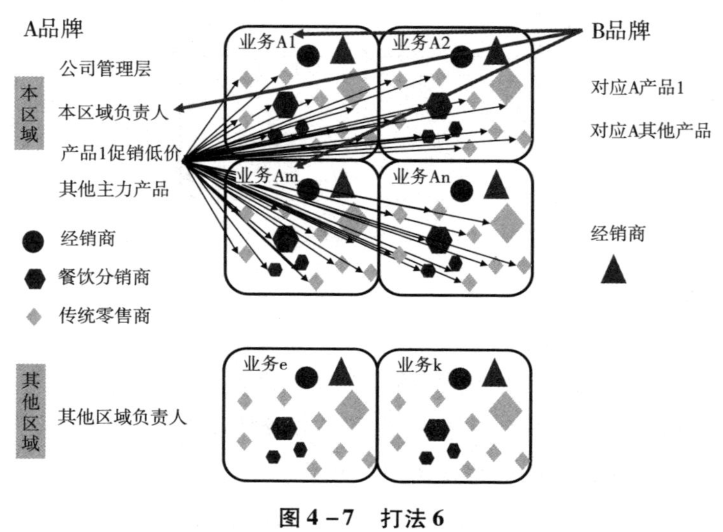

图4－7 打法6

(7) 将以上方法综合起来运用，即为包围打法

二、线下消费者促销月度规划

大部分产品的同类品牌都有很多，同质化也越来越严重，消费者越来越认为不同品牌的产品品质差别不大，消费者的购买越来越需要额外的价值刺激。

(1) 定期进行月度促销。

一个产品如果长期没有举行促销活动，就相当于与消费者失去了沟通，消费者会被其他品牌所吸引，最终转向其他品牌。

产品通过促销与消费者实现沟通互动，每隔一定时期，产品就必须进行促销活动来活化市场，常以月度规划来进行。

（2）产品的促销力度要经常变化。

产品长期进行同种力度的促销，消费者会形成价格记忆，促销价格会慢慢成为常规价格，不做促销消费者就不会购买。

（3）在制定促销决策时，会发生两种类型的内部团队冲突，这两种冲突都要在促销规划内考虑进去。

一种冲突是，因为信息不对称引发的冲突。一线人员知晓市场信息，规划人员不知晓，往往引起激烈的对抗，这种对抗是价值不高的，当信息在规划中通过合理的步骤和方法披露出来时，这个冲突就会大大减少。

另一种冲突是，促销方法和力度的选择冲突。这往往意味着专业和经验的对抗，这是最有意义的。这个冲突必须被激发，争吵越激烈越好！

月度常规促销活动，特指特价、买赠（包装内附赠）等不需要配备促销员的定期活动，在这里还要将第一章里讲到的公司促销管理 7 大重点原则融入进去。

我们以 KA 系统的规划为例做说明。

（一）规划目的

（1）求销量、销售额。

促销最重要的目的之一是寻求销量的增长，这是销售的命脉。促销活动可以以对消费者市场认知教育为目的，但常规月度促销带来销量和销售额的增长是最基础、最核心的目的。

制定年度销售目标时，一般都要较去年设定一定的增长率，除了新产品、新区域、新渠道的开拓带来的增长外，现有产品的销售增长是达成目标的核心手段。

因此，每个月的老产品都要达到一定的增长率，才可以完成整体目标。

（2）新品消费者认知教育。

（3）维护价盘稳定。

（二）规划工具

月度促销规划表，涵盖一年的周期（见表 4－1）。

排名表有两份：产品销售排名表（含销售额占比）一份（见表 4－2），标准产品结构占比排名表一份（见表 4－3）。

表 4－1　促销月规划表

________年________月促销月规划表

____________系统（区域）

<table>
<tr><th rowspan="4">产品
大类</th><th rowspan="4">产品
小类</th><th rowspan="4">产品
名称</th><th rowspan="4">产品
口味</th><th rowspan="4">单位</th><th rowspan="4">规格</th><th rowspan="4">原零
售价</th><th colspan="31">_____年</th></tr>
<tr><th colspan="31">_____月（最少前推 12 个月）</th></tr>
<tr><th>1</th><th>2</th><th>3</th><th>4</th><th>5</th><th>6</th><th>7</th><th>8</th><th>9</th><th>10</th><th>11</th><th>12</th><th>13</th><th>14</th><th>15</th><th>16</th><th>17</th><th>18</th><th>19</th><th>20</th><th>21</th><th>22</th><th>23</th><th>24</th><th>25</th><th>26</th><th>27</th><th>28</th><th>29</th><th>30</th><th>31</th></tr>
<tr><th>一</th><th>二</th><th>三</th><th>四</th><th>五</th><th>六</th><th>日</th><th>一</th><th>二</th><th>三</th><th>四</th><th>五</th><th>六</th><th>日</th><th>一</th><th>二</th><th>三</th><th>四</th><th>五</th><th>六</th><th>日</th><th>一</th><th>二</th><th>三</th><th>四</th><th>五</th><th>六</th><th>日</th><th>一</th><th>二</th><th>三</th></tr>
<tr><td rowspan="16"></td><td rowspan="8"></td><td rowspan="4"></td><td rowspan="2"></td><td rowspan="2"></td><td rowspan="2"></td><td rowspan="2"></td><td></td><td></td><td></td><td></td><td>√</td><td>√</td><td>√</td><td>√</td><td>√</td><td>√</td><td>√</td><td>√</td><td>√</td><td>√</td><td>√</td><td>√</td><td>√</td><td>√</td><td>√</td><td>√</td><td>√</td><td>√</td><td>√</td><td></td><td></td><td></td><td></td><td></td><td></td><td></td><td></td></tr>
<tr><td></td><td></td><td></td><td></td><td colspan="19">××.×元</td><td></td><td></td><td></td><td></td><td></td><td></td><td></td><td></td></tr>
<tr><td rowspan="2"></td><td rowspan="2"></td><td rowspan="2"></td><td rowspan="2"></td><td colspan="31"></td></tr>
<tr><td colspan="31"></td></tr>
<tr><td rowspan="4"></td><td rowspan="2"></td><td rowspan="2"></td><td rowspan="2"></td><td rowspan="2"></td><td colspan="31"></td></tr>
<tr><td colspan="31"></td></tr>
<tr><td rowspan="2"></td><td rowspan="2"></td><td rowspan="2"></td><td rowspan="2"></td><td colspan="31"></td></tr>
<tr><td colspan="31"></td></tr>
<tr><td rowspan="8"></td><td rowspan="4"></td><td rowspan="2"></td><td rowspan="2"></td><td rowspan="2"></td><td rowspan="2"></td><td></td><td></td><td></td><td></td><td>√</td><td>√</td><td>√</td><td>√</td><td>√</td><td>√</td><td>√</td><td>√</td><td>√</td><td>√</td><td>√</td><td>√</td><td>√</td><td>√</td><td>√</td><td>√</td><td>√</td><td>√</td><td>√</td><td></td><td></td><td></td><td></td><td></td><td></td><td></td><td></td></tr>
<tr><td></td><td></td><td></td><td></td><td colspan="19">××.×元</td><td></td><td></td><td></td><td></td><td></td><td></td><td></td><td></td></tr>
<tr><td rowspan="2"></td><td rowspan="2"></td><td rowspan="2"></td><td rowspan="2"></td><td colspan="31"></td></tr>
<tr><td colspan="31"></td></tr>
<tr><td rowspan="4"></td><td rowspan="2"></td><td rowspan="2"></td><td rowspan="2"></td><td rowspan="2"></td><td colspan="31"></td></tr>
<tr><td colspan="31"></td></tr>
<tr><td rowspan="2"></td><td rowspan="2"></td><td rowspan="2"></td><td rowspan="2"></td><td colspan="31"></td></tr>
<tr><td colspan="31"></td></tr>
</table>

表格填写内容

促销状态（画√）
促销价格（赠品注明价值）

表 4－2　产品销售排名表

产品名称	规格	单位	上年度			____年								累计		销售额占比	销售额排名
			累计		销售额占比	1 月		×月		×月		12 月					
			量	额		量	额	量	额	量	额	量	额	量	额		
																	1
																	2
																	3
																	4
																	5
																	6
																	7
																	8
																	9
																	10
																	11
																	12
																	13
																	14

表 4－3　标准产品结构占比排名表

产品大类	产品小类	产品名称	产品口味	单位	规格	上年度			______年										大类别销售额占比	整体销售额占比	整体销售额排名
						累计		销售额占比	1 月		×月		×月		12 月		累计				
						量	额		量	额	量	额	量	额	量	额	量	额			

标准产品结构格式的产品别销售分析数据（含销售增长率）一份（见表4－4）。

价格曲线图，用于分析价格趋势（见图4－8）。

弧形数字定价法、99尾数定价法，用于制定具体价格。

竞品价格及促销信息表，用于确定促销力度。

（三）规划原则

不许连月（连档）重复做：每月涵盖主力与非主力产品（兼顾求量与推广），保持每个类别的主力与非主力单品各一个。

考虑产品的进攻程度或被攻击程度（竞争因素）。

每月必须有新品的促销。

优惠力度按照价格曲线的趋势规划。

节气不同，根据节气选产品。

年节或周年庆等特大人流时点的规划，以主力产品为主。

（四）规划步骤

（1）按照系统规划，每个系统单独规划。将单个系统所有在售产品都在标准月规划模板中列出，录入原来的每月实际促销情况，长达12个月，促销期内画“□”并填写促销价。

（2）将规划表打印出来并粘贴起来，挂于白板或平摊于长桌上，将各种工具粘贴到白板上。

（3）选择老产品：首先确定选择范围，是前月没有“□”的产品。

（4）对比查看排名表，将选择范围内的产品中的主力产品和非主力产品，从各个产品类别中分别挑选出来。

依次选定：产品类别1（一个主力，一个非主力）、产品类别2（一个主力，一个非主力）、产品类别3……依此类推，要不同于上月产品，画“□”。

①评定主力、非主力，是根据单品的销售额在所有产品累计销售额的占比，占比大的就是主力单品。

②主力产品也可以基于潜力选择，也就是看产品对应的消费群体的大小和是否具备竞争优势，目标消费群体数量大又具有竞争优势的可以定为主力产品。

③之所以选择非主力产品，是为了确保小规模的目标消费群体有机会做消费者“交流”或“教育”。

④把排名表格拿在手中，将带有标准表头的产品名称的页面放在需要标注页面的左侧，以便于对照查看各自产品占比和总和。

⑤将所有选定的老产品的占比加起来，和能达到现有总销售的20%～30%，基本可以定下本档期的活动单品。如果不够，则增加或更换产品。

这个占比是计算出来的，是可以调整的，选定老产品的增长率，乘以其在整体销售中的占比，就是老产品带来的整体增长率，这个增长率要等于或大于当初年度设定的目标增长率才可以确保达成目标。

（5）规划距表头较远处的月份时，可以将表格折叠，以便查看。

（6）如果犹豫不决，无法确定哪个产品的时候，把做促销次数多的去掉，选做的次数少的产品。

（7）选定新产品，画“□”，按照当初制定的新产品增长率设定促销目标。

（8）查看竞品动态，选择漏掉的、被攻击严重的主力产品，画“□”，增长设定要能弥补丢掉的销售额，否则只能从其他产品增长或新区域、客户、渠道等的开发增长中把损失弥补回来。

（9）讨论制定促销力度。

根据竞品价格、竞品促销信息和价格曲线图，制定促销预估价格。促销预估价格与正常售价的价差用来核算和沟通促销力度，具体步骤如下。

- 打开档期时间表，确定好档期时间，根据原则在空格内开始画“□”。
- 制定具体促销活动方式：特价还是买赠。

特价价格的小数点尾数参照弧形数字定价法和99尾数定价法原则。

如果是买赠，按照价差进行折算。

- 特别注意：很多线下大型连锁超市都开通了线上店的销售，进行区域内送货上门促销，越来越受到青年消费者的喜欢，规划时，要将线上部分加入。
- 由流通部、渠道部、KA部与市场部共同商议主力产品和新品价格是否合理，不要引起价格差异过大。
- 统揽全局修订，从各种角度看全局。

①看新品是否受到重视。

②季节和节庆是否考虑到。

③特殊节庆是否考虑到。

④看一下计划量是否与生产匹配，是否能满足生产需求，是否有不足之处。

⑤纵览全局修复不足之处。

（10）汇总出各系统的促销规划表，由销售部进行内部沟通，确定实际规划图。

（11）同步核算目标、利润率、费效比。

（12）流通部直接针对消费者的活动照此进行，只不过是不按照系统而是按照渠道类型（流通小店、BC 类、餐饮农贸）分区域做出。

（五）开会沟通、讨论、定稿

召集销售负责人、市场部规划人员，进行沟通、决策。在规划纸上直接做调整改动。

达成一致意见后，做最终确定。

（六）下发

流通部下发到各区域，KA 部下发到各系统负责人，根据本系统的实际情况，以及与经销商、系统采购人员沟通、谈判状况，进行调整并提报促销申请。

（七）时间进度

流通部至少要提前 15 天完成，KA 各系统不一样，超市系统对提交的促销时间节点有要求，有的早，有的晚。所以，有的系统需要提前一个月，有的系统甚至需要提前 2 个月。

要加上产品标准结构排名，防止潜力产品、新产品因为销售排名太低而漏掉，这样可以随时看到排名情况，如表 4－3 所示。

再加上产品别销售数据分析，这样可以看出每个产品销售的增长或下滑的情况，如表 4－4 所示。

表 4－4　产品别销售数据分析

<table>
<tr><th rowspan="3">产品大类</th><th rowspan="3">产品小类</th><th rowspan="3">产品名称</th><th rowspan="3">产品口味</th><th rowspan="3">单位</th><th rowspan="3">规格</th><th colspan="6">年度累计</th><th colspan="6">____月</th><th rowspan="3">备注</th></tr>
<tr><th colspan="2">上年度</th><th colspan="2">____年</th><th colspan="2">增长率</th><th colspan="2">上年度</th><th colspan="2">____年</th><th colspan="2">增长率</th></tr>
<tr><th>量</th><th>额</th><th>量</th><th>额</th><th>量</th><th>额</th><th>量</th><th>额</th><th>量</th><th>额</th><th>量</th><th>额</th></tr>
<tr><td rowspan="16"></td><td rowspan="8"></td><td rowspan="4"></td><td rowspan="2"></td><td rowspan="2"></td><td rowspan="2"></td><td></td><td></td><td></td><td></td><td></td><td></td><td></td><td></td><td></td><td></td><td></td><td></td><td></td></tr>
<tr><td></td><td></td><td></td><td></td><td></td><td></td><td></td><td></td><td></td><td></td><td></td><td></td><td></td></tr>
<tr><td rowspan="2"></td><td rowspan="2"></td><td rowspan="2"></td><td></td><td></td><td></td><td></td><td></td><td></td><td></td><td></td><td></td><td></td><td></td><td></td><td></td></tr>
<tr><td></td><td></td><td></td><td></td><td></td><td></td><td></td><td></td><td></td><td></td><td></td><td></td><td></td></tr>
<tr><td rowspan="4"></td><td rowspan="2"></td><td rowspan="2"></td><td rowspan="2"></td><td></td><td></td><td></td><td></td><td></td><td></td><td></td><td></td><td></td><td></td><td></td><td></td><td></td></tr>
<tr><td></td><td></td><td></td><td></td><td></td><td></td><td></td><td></td><td></td><td></td><td></td><td></td><td></td></tr>
<tr><td rowspan="2"></td><td rowspan="2"></td><td rowspan="2"></td><td></td><td></td><td></td><td></td><td></td><td></td><td></td><td></td><td></td><td></td><td></td><td></td><td></td></tr>
<tr><td></td><td></td><td></td><td></td><td></td><td></td><td></td><td></td><td></td><td></td><td></td><td></td><td></td></tr>
<tr><td rowspan="8"></td><td rowspan="4"></td><td rowspan="2"></td><td rowspan="2"></td><td rowspan="2"></td><td></td><td></td><td></td><td></td><td></td><td></td><td></td><td></td><td></td><td></td><td></td><td></td><td></td></tr>
<tr><td></td><td></td><td></td><td></td><td></td><td></td><td></td><td></td><td></td><td></td><td></td><td></td><td></td></tr>
<tr><td rowspan="2"></td><td rowspan="2"></td><td rowspan="2"></td><td></td><td></td><td></td><td></td><td></td><td></td><td></td><td></td><td></td><td></td><td></td><td></td><td></td></tr>
<tr><td></td><td></td><td></td><td></td><td></td><td></td><td></td><td></td><td></td><td></td><td></td><td></td><td></td></tr>
<tr><td rowspan="4"></td><td rowspan="2"></td><td rowspan="2"></td><td rowspan="2"></td><td></td><td></td><td></td><td></td><td></td><td></td><td></td><td></td><td></td><td></td><td></td><td></td><td></td></tr>
<tr><td></td><td></td><td></td><td></td><td></td><td></td><td></td><td></td><td></td><td></td><td></td><td></td><td></td></tr>
<tr><td rowspan="2"></td><td rowspan="2"></td><td rowspan="2"></td><td></td><td></td><td></td><td></td><td></td><td></td><td></td><td></td><td></td><td></td><td></td><td></td><td></td></tr>
<tr><td></td><td></td><td></td><td></td><td></td><td></td><td></td><td></td><td></td><td></td><td></td><td></td><td></td></tr>
</table>

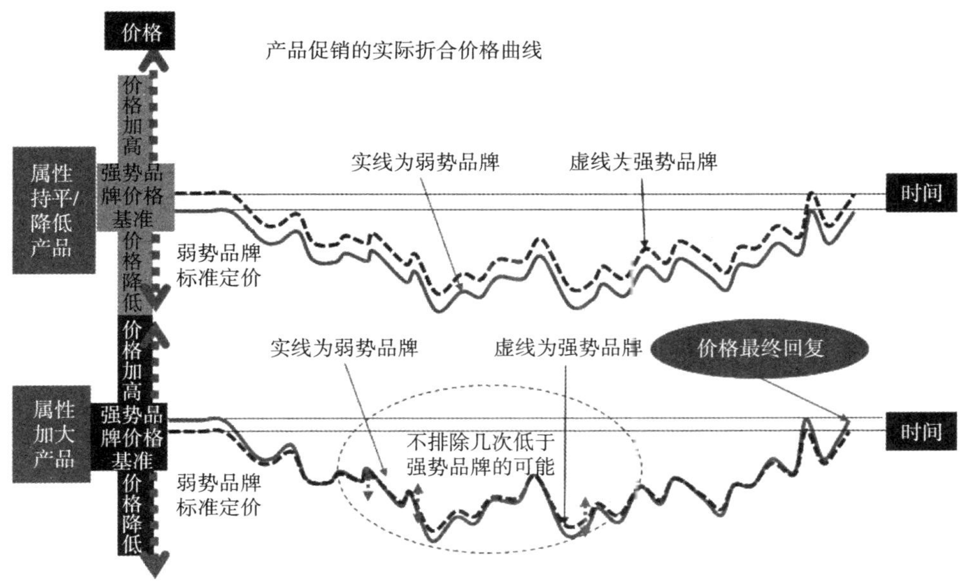

图 4-8　产品促销的实际折合价格曲线

三、针对中间商渠道的促销月度规划

针对中间商渠道的促销规划，与消费者促销规划不同。

我们以餐饮渠道的促销规划为例来进行说明，餐饮渠道的结构如图 4-9 所示。

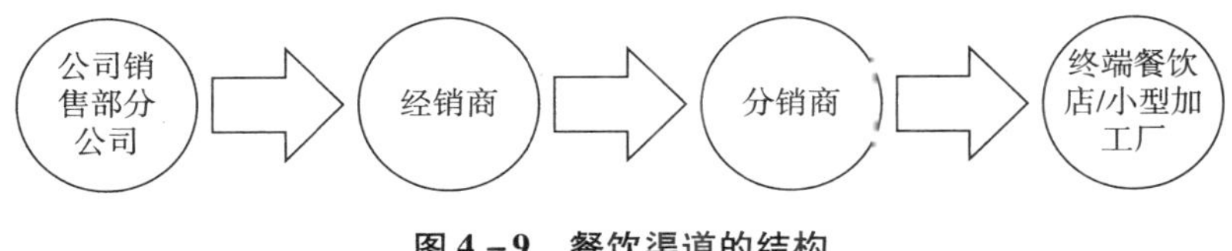

图 4-9　餐饮渠道的结构

（一）渠道促销规划的难点

如果公司以搭赠形式给经销商促销政策，不做管控，经销商自行将活动下放给分销商，促销规划很简单，很多中小企业经常采用此方式。

费用的使用会出现两种情况：一种情况是经销商截流一部分，剩下的分销商全部吞下，费用基本被经销商和分销商瓜分完毕；另一种情况是，如果产品的知名度较好，分销商会将价格直接降下去，将此产品用于带货，价盘就会崩溃。

运作市场，想要真正出效果，就必须用促销来增大终端客户环节的竞争优势，将活动资源真正用到终端客户身上，这种促销规划有很多难点，如图4－10所示。

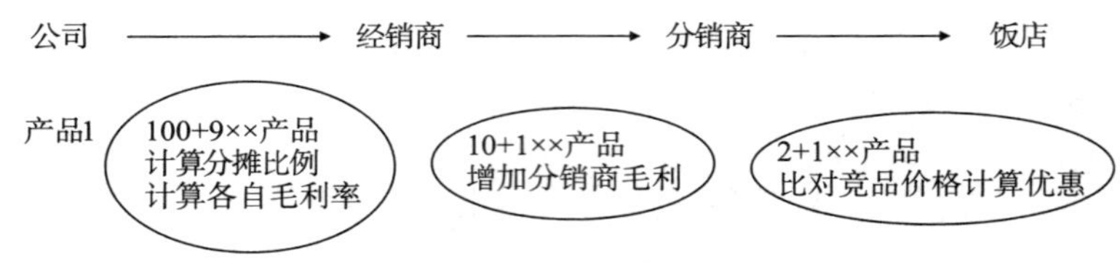

图4－10　渠道促销的决策难点

我们来详细做一下说明。

（1）经销商进货量大，公司给予经销商的政策往往是100件搭几件，一般是搭赠本品；经销商的毛利率还要降低一些，可能分摊一部分费用。

（2）分销商单次进货量小，经销商给予分销商的促销坎级往往比较小，坎级在50件以下，促销坎级需要拆解；有时赠品可能与公司给予经销商的赠品不一致；分销商不但不分摊促销费用，还要尽可能地增加其毛利率。

（3）针对终端客户的促销坎级就更低了，往往是1～10件，促销坎级也必须拆解。

我们可以看出，这些促销规划的决策信息掌握在不同部门的专业人士的手中，并且坎级拆解的计算非常复杂。

销售部业务人员掌握市场竞品信息和分销商、对经销商的真实意思，市场部不知晓。

市场部人员知晓公司的毛利率、促销的折算方法，销售部不知晓。

信息不对称，会导致两个部门不停地争吵，怎么办？

（二）促销吸引力规划方法

促销吸引力到底多大才合适呢？要根据促销活动对终端客户的吸引力、对经销商和分销商的毛利率吸引力、公司的毛利率是不是合适来确定。

1. 对终端客户吸引力规划

终端促销力度是多少才合适？

当促销规划的核心目的是控制终端饭店的进货价与竞品相比有竞争力时，只要及时提供有效的终端竞品促销信息，不管是特价还是买赠促销活动的力度都非常容易折算。请参考本书第三章“单场促销活动策划及管控”中的内容。

不管经销商、公司的毛利率如何，详细规划，制定合适的力度，这一步必须确保，否则一切都没有意义。

竞品信息、促销力度、方式均由业务人员负责，由销售部门自行规划提报。

2. 确定经销商及分销商、公司的促销力度

（1）分销商毛利率

分销商的毛利率增加还是持平不变，这取决于业务人员根据竞品给予分销商的利润大小，考虑公司促销以多大的利润力度来应对，这部分是业务人员的职责和专业，仍然需要业务人员提报。

（2）经销商毛利率、公司毛利率

经销商是不太愿意分摊促销费用的，有时确实不需要他们分摊，有时还需要增加他们的毛利率。

这一切取决于针对终端促销活动的力度大小。力度大了，公司毛利率太低，就需要经销商分摊；力度合适，公司毛利率没问题，就不需要经销商分摊。

经销商毛利率是否合适，经销商是否愿意，能不能被说服，由业务员负责把控；公司的毛利率是否合适，由市场部负责。

这一切需要根据计算得出结果，进行当场沟通、讨论、调整、妥协，才可以达成共识。

3. 标准化核算体系

设定好标准表格，链接好公式。

开始计算，随时调整相关参数：

出于保密，沟通时业务人员是不能够看到毛利率的，市场部和决策层知道各促销活动的利润率，指导业务人员根据实际情况调整。

如果公司毛利率不合适，要告知业务员调整终端力度大小（市场部要参与策划）、分销商毛利率增加幅度、经销商的费用分摊比例，那么公司和经销商的毛利率就会随时显示出来，调整好了就能很快达成共识。

将所有核算要素注入表格，都分拆到最细微处，建立标准格式，如表 4 – 5 所示。

公式设定如表 4 – 6 所示。

锁死携带公式的单元格，不得随意调整。

沟通讨论时，随时手工调整分摊比例、额外获得毛率额、政策单元格里的数值，就可以看到公司毛利率、经销商毛利率、分销商利润增加额的变动情况。

表4－5　餐饮渠道促销核算表

活动品项			政策				经销商					赠品					
名称	规格（ml）	箱容	同质搭赠				分摊比例（%）	原进价（箱价）	现进价（箱价）	原毛利率（%）	现毛利率（%）	名称	规格（ml）	箱容	经销商进价（箱价）	二批商进价（箱价）	餐饮店进价（箱价）
产品1	×××	2	10	箱送	1.26	箱	20	70	64	17.1	13.7	产品2	×××	9	39	42	45

政策				二批					政策				餐饮店			竞品
异质搭赠				额外获得毛利额（元）	原进价（箱价）	现进价（箱价）	原毛利率（%）	现毛利率（%）	二批发给餐饮店				原进价（箱价）	现折合进价（箱价）	折扣（%）	促销价格（箱价）
10	箱送	20.4	瓶	2.0	82	72.5	9.8	10.0	2	箱送	4	瓶	90	80	89	79

表 4－6　餐饮渠道促销核算表公式设定

	B	C	D	E	F	G	H	I	J	K	L	M	N	O	P	Q	R	S
3	活动品项			政策				经销商					赠品					
4	名称	规格（ml）	箱容	同质搭赠				分摊比例	原进价（箱价）	现进价（箱价）	原毛利率	现毛利率	名称	规格（ml）	箱容	经销商进价（箱价）	二批商进价（箱价）	餐饮店进价（箱价）
5	产品 1	×××	2	10	箱送	=［E5×J5+V5×（Q5/P5）］/J5－E5	箱	0.2	70	K5=（J5+E5+J5×G5×I5）/（E5+G5）	=（Y5－J5）/J5	=（Z5－K5）/K5	产品 2	×××	9	39	42	45

	T	U	V	W	X	Y	Z	AA	AD	AC	AD	AE	AF	AG	AH	AI	AJ
3	政策				二批商					政策				餐饮店			竞品
4	异质搭赠				额外获得毛利额（元）	原进价（箱价）	现进价（箱价）	原毛利率	现毛利率	二批商发给餐饮店				原进价（箱价）	现折合进价（箱价）	折扣	促销价格（箱价）
5	10	箱送	=T5/AC5×AE5+X5/（R5/P5）	瓶	2.0	82	=［Y5×T5－（R5/P5）×V5］/T5	=（AG5－Y5）/Y5	=［AG5－Y5+（X5/T5）］/Y5	2	箱送	4	瓶	90	=AG5－（AE5/AC5）×（S5/P5）	=AH5/AG5	79

（三）公司渠道促销的整体规划方法

前面讲的是单个渠道的具体规划方法，渠道促销规划的难点在于全局的、不同的区域、渠道如何规划。

1. 做目标、费用整体预算分配

按照分区域、分渠道、分产品进行规划的原则，费用按照销售权重、潜力进行合理分配，如表4-7、表4-8所示。

2. 促销方式以区域别、渠道别、产品别规划，将细化到终端客户的促销与经销商搭赠有机结合

经销商的搭赠、很多中小企业的搭赠，受限于企业的规模、团队管理能力，只需要制定出每个月的搭赠政策就可以将促销直接给予经销商，由其自行运作。

具备条件的大中型企业渠道需要精耕细作，根据月度的费用率，具体以产品别分配到订货会、箱内有奖、特殊付费陈列、付费广宣制作、经销商团队的激励、坎级返利等促销上，如表4-9所示。

给予费用的促销方式，比如做样板店陈列、货架标准化陈列、买堆头、做广宣、绑赠、系统付费DM等，可以按照费用点（比如5%），也可以按照某个单品赠送多少费用额的方式，由经销商和团队执行。

最后提供资料进行核销，费用返还的方式按照某个产品折算即可，可以折成主力产品，也可以折成公司主推产品，或者二者都有。

如××产品，一次进货2000件，赠送3000元堆头费和DM费，必须在××系统××个标准堆头，核销依据是堆头照片和DM海报。

一次进货××万元，赠送5%费用，用于××家店内堆头、××家货架陈列，依据照片、协议核销。

将两种方式组合预算。

3. 做公司整体促销规划

依据目标、费用预算分配，详细规划各区域、渠道、产品的促销方式。

渠道促销规划，如表4-10所示。

流通渠道KA（商超）渠道促销规划，如表4-11所示。

流通餐饮渠道促销规划，如表4-12所示。

流通小店渠道促销规划，如表4-13所示。

表 4－7　××××年××月目标、费用分区域预算分配

区域	渠道	销售目标预算			费用预算				备注
		销售额	各区域内权重占比	公司整体权重占比	费用额	费用率	各区域内权重占比	公司整体权重占比	
公司整体	×渠道								
	×渠道								
	×渠道								
	合计								
	×渠道								
	×渠道								
	×渠道								
	小计								
	×渠道								
	×渠道								
	×渠道								
	小计								
	×渠道								
	×渠道								
	×渠道								
	小计								

表4－8　××××年××月目标、费用分产品预算分配表

产品	渠道/区域	销售目标预算			费用预算				备注
		销售额	各产品内权重占比	公司整体权重占比	费用额	费用率	各产品内权重占比	公司整体权重占比	
公司整体	×渠道/区域								
	×渠道/区域								
	×渠道/区域								
	合计								
	×渠道/区域								
	×渠道/区域								
	×渠道/区域								
	小计								
	×渠道/区域								
	×渠道/区域								
	×渠道/区域								
	小计								
	×渠道/区域								
	×渠道/区域								
	×渠道/区域								
	小计								

表 4－9　××××年××月目标、费用促销方式预算表

产品	促销投放方式	销售目标预算			费用预算				备注
		销售额	各产品内权重占比	公司整体权重占比	费用额	费用率	各产品内权重占比	公司整体权重占比	
公司整体	搭赠								
	箱内有奖								
	堆头								
	……								
	合计								
	搭赠								
	箱内有奖								
	堆头								
	……								
	合计								
	搭赠								
	箱内有奖								
	堆头								
	……								
	合计								
	搭赠								
	箱内有奖								
	堆头								
	……								
	合计								

表 4－10　××××年××月渠道促销规划

区域	渠道	品类	促销品项	规格	单价	件价	促销方式	销售目标	费用额	费用率	费用占比	备注
	流通 KA											
	小计											
	流通小店											
	小计											
	流通餐饮											
	小计											
	特通											
	小计											
小计												
总计	流通 KA											
	流通小店											
	流通餐饮											
总计												

表 4－11 流通渠道 KA（商超）渠道促销规划

区域	渠道	品类	促销品项	规格	单价	件价	促销方式	销售目标	费用额	费用率	费用占比	要求	备注
××	流通商超	××	××	1×15	按照正常产品价盘		一次进货 300 件，送费用 400 元，特价××元					必须上 DM，至少 4 个堆头	不给搭赠政策，堆头请使用公司围挡
							一次进货 500 件，送费用 750 元，特价××元					至少 2 个堆头	
							一次进货 1000 件，送费用 2000 元，特价××元					至少 1 个堆头	
		××	××	1×30	按照正常产品价盘		一次进货 300 件，送费用 3000 元，特价××元					必须上 DM，至少 5 个堆头	不给搭赠政策，堆头请使用公司围挡
							一次进货 500 件，送费用 6000 元，特价××元					必须上 DM，至少 9 个堆头	
							一次进货 1000 件，送费用 13000 元，特价××元					必须上 DM，至少 20 个堆头	
			××	1×15	按照正常产品价盘		一次进货 300 件，送费用 1800 元，特价××元					至少 5 个堆头	不给搭赠政策，堆头请使用公司围挡
							一次进货 500 件，送费用 3100 元，特价××元					至少 9 个堆头	
							一次进货 1000 件，送费用 6500 元，特价××元					必须上 DM，至少 10 个堆头	
							一次进货 1500 件，送费用 10000 元，特价××元					必须上 DM，至少 15 个堆头	

表 4－12　流通餐饮渠道促销规划

区域	渠道	品类	促销品项	规格	单价	件价	促销方式	销售数量	费用额	费用率	占比	备注
北京	流通餐饮渠道	××	××	1×30			箱内投放奖卡，2 元、5 元、10 元、黄金戒指（价值 600 元）卡均有投放，最低 2 元，100%投放					1. 参与累计订货，不重复享受政策，不再享受订货 300 件以下、300 件、500 件的相应政策 2. 参与累计订货必须将款项一次性打入公司账户方可出货，且产品必须当月出完，否则不再享受此政策 3. 只允许在本区域销售，一旦发现跨区域销售，将不享受此政策，且按照合同规定给予相应处罚
							一次订货 300 件以下，10＋1（10 件搭赠 1 件） 一次订货 300 件，每件返 10 元 一次订货 500 件，每件返 12 元					
							当月累积订货 1000 件，每件返 13 元 当月累积订货 3000 件，每件返 13.5 元					
			××	1×15			一次订货 500 件以下，10＋1（10 件搭赠 1 件） 一次订货 500 件，500＋60（500 件搭赠 60 件）					
			××	1×20，1×12			一次进货 1000 件以上，10 件赠送 1 件；一次进货 1000 件以下，20 件赠 1 件					

续表

区域	渠道	品类	促销品项	规格	单价	件价	促销方式	销售数量	费用额	费用率	占比	备注
北京	流通餐饮渠道	××	××	1×4			政策：a. 10 件赠送 1 件；b. 20 件赠送 1 件大褂（二批商工作服）					两项政策同时享受
		××	××	1×15			1000 件执行 15 件赠送 1 件；500 件执行 20 件赠送 1 件。箱内投放奖卡，2 元、5 元、10 元、黄金戒指（价值 600 元）卡均有投放，最低 2 元，100% 投放					
		××	××	1×6			30+1					
			××	1×15			10 件赠送 1 件					
			××	1×30			20 件赠送 1 件					
		××	××	1×6			30+1					
			××	1×15			10 件赠送 1 件					
			××	1×30			20+1（20 件搭赠 1 件）					

表 4－13　流通小店渠道促销规划

区域	渠道	品类	促销品项	规格	单价	件价	促销方式	销售数量	费用额	费用率	占比	备注
	流通小店	××	××	1×30			铺货，10＋1					
			整体				买货架陈列，300 家					
							堆头 100 家					

四、配备促销员的月度促销规划

（一）规划原则

即便企业的品牌很强势、广告很强势，地面的行销推广还是不可或缺的。IMC 整合行销传播，指的是将广告（空中、地面）、地面行销推广组成一个系统进行消费者教育。

店内及户外人员促销推广是对目标消费群体进行品牌和产品教育的强大手段。很多人认为，户外推广谁不会做啊？

其实，某一场活动无关紧要，最重要的是将推广作为一种长期的标准化工作来进行，将其上升到战略层面，做的是某一市场的长期消费者认知教育和习惯养成工作。

1. 人员促销整体规划原则

人员促销的安排遵循教育周期原则，考虑超市的重要程度、竞争程度，如表 4－14 所示。

表 4－14　人员促销安排原则

类型	分级	人员促销连续举办时间	间隔频率	备注
大卖场（A）	A	1 个周末	1 周左右	1. 级别划分举例： 大卖场类型指的是将所有大卖场进行排序，根据 ABC 分类法，进行级别划分，管理到单店 2. 举办时间还要与活动档期紧密结合，如没有档期，安排店内促销（捆绑、特价等）
	B	1 个周末	2 周左右	
	C	1 个周末	2 周左右	
中型连锁超市（B）	A	1 个周末	3 周左右	
	B	根据具体需要考量		
	C	根据具体需要考量		

续表

类型	分级	人员促销连续举办时间	间隔频率	备注
大型单店超市、商场超市	A	1 个周末	2 周左右	3. 举办的时间要结合节假日、店庆、厂商周等具体安排 4. 活动最好配合堆头
	B	根据具体需要考量		
	C	根据具体需要考量		
连锁便利店（CVS）	A	根据具体需要考量		
	B	根据具体需要考量		
	C	根据具体需要考量		

2. 在商圈导入期、成长期的消费者认知教育过程

单个消费者的认知教育需要经历认知、了解、喜爱、试吃、试购买、试用评估、决策、购买、购买后评估阶段。

从第一次的购买使用到第二次的购买使用、第三次……直至形成习惯购买，消费者的购买才能成为其品牌的固定销量，如图 4－11 所示。

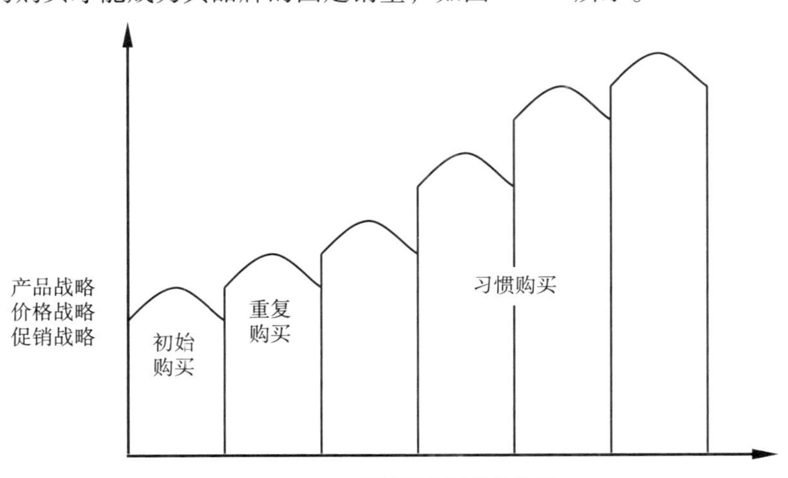

图 4－11　顾客购买习惯

产品认知教育经历导入、成长、成熟乃至衰退的周期。在消费者教育过程中 5 种类型——革新者、早期采用者、早期大多数采用者和后期大多数采用者、落伍者的采用时间是不同的，如图 4－12 所示。

一个产品的消费者教育的周期长短与品牌和消费者接触的频次有直接关系。广告越多，消费者教育周期越短；促销活动越多，教育周期越短。

人员促销对消费者的试用及前几次的购买决策至关重要。消费者习惯的养成有赖于促销活动的长期性举行（提供诱因），直至形成购买习惯。

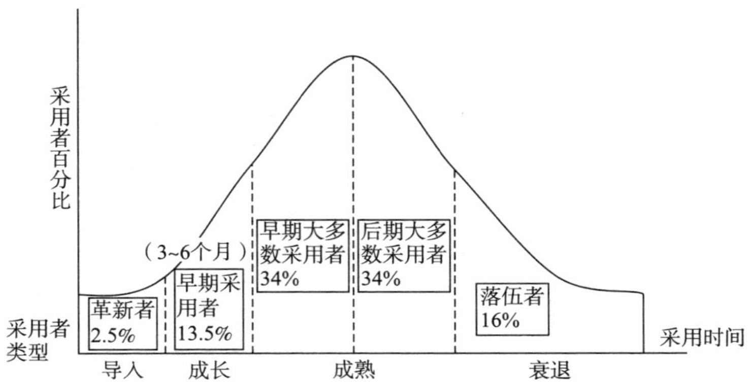

图4－12 市场扩散及消费者采用过程

3. 商超导入期商圈消费者培育周期及方式

（1）时间及频率设定

以大卖场为例，时间及频率设定如图4－13所示。

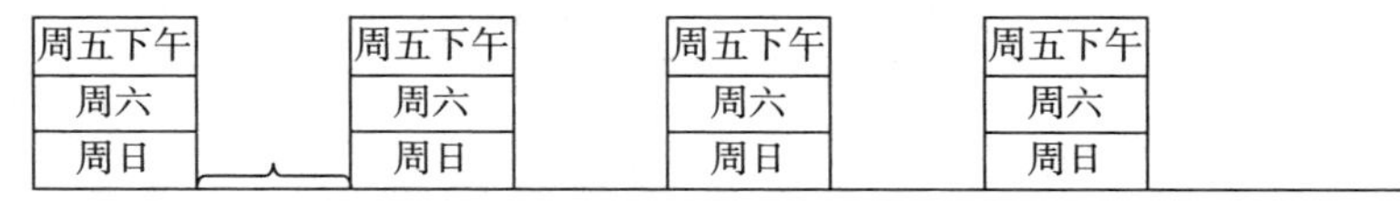

图4－13 时间及频率设定

（2）活动方式

第一阶段：（店内）试吃＋买赠促销活动（捆绑异质赠品）。

间隔期：买赠促销。

导入期促销的第一阶段是试用（试吃），可以配合异质赠品的买赠促销、抽奖促销等，最忌讳特价、同质赠品买赠等价格减免类促销。第一阶段的目的是着重培养消费者对产品的认可和接受，以及对于定价的认同。

第二阶段：（店内）试吃＋人员抽奖，以及其他店内促销方式。

此阶段通过试用（试吃），加上买赠促销、抽奖促销、有奖包装、再来一瓶、集包装送、互动游戏促销等培养消费者的进一步使用习惯和加深情感联系。如果有较强的竞品攻击，则加大买赠力度。

备注：

A. 周五下午至晚上8：00左右应为步行10～15分钟内商圈下班后的消费者，或周末有安排的消费者购物高峰期。

B. 每周周五、周六、周日接触的消费者应占商超商圈内消费者的较大比例。

C. 可以调整为一个商超连续两个周末举办促销，但间隔周期也相应加长。无人员促销的中间阶段以捆绑促销作为常规刺激诱因，维系购买习惯。

D. 活动方式为多种方式交叉举办，对消费者进行刺激，但初始以试吃为主。

4. 商超成长期商圈消费者培育：培育品牌理解、喜爱度

（1）时间及频率设定

原则同导入期，但结合各种具体因素，比如大中型活动需要场地，时间较长，时间与频率要求根据具体环境设定。

（2）活动方式

A. 成长期多以建立消费者的喜爱度与维系消费者的购买习惯为主。试吃不再是主流，只是一种配合手段。因此，可以以中型、大型户外路演活动+常规买赠、抽奖、游戏等消费者促销。

B. 可以适当加入特价促销来攻击或防御竞品。

C. 人员现场促销与无人员促销活动（比如系统特价、单店捆绑买赠）有机结合，穿插进行。

5. 商超成熟期商圈消费者促销

成熟期的促销主要以维系消费者的重复购买和攻击、防御竞争品牌为主。

以特价、买赠、优惠券、第二件半价等价格减免式促销为主，配合抽奖、刮卡、有奖包装、游戏等促销方式。

（二）与事件行销结合

当开始安排大中型户外促销活动时，品牌和产品的喜好度教育就会成为主要方向。

结合各种事件、节庆、超市商家的统一活动，有效地与消费者做情感联结。

比如奥运会、全运会、航天发射、春节、母亲节、父亲节、情人节、教师节、圣诞节、地方上的大型活动（庙会、马拉松赛、龙舟赛）、自造主题、新生入学、歌舞比赛等。

定好主题，比如“尽享异域风情、体验魔幻圣诞”“××美食周”“××厂商周”“迎奥运，×××”等。

（三）线下人员促销规划方法

1. 公司整体月度人员促销计划

公司的整体规划以场次为主进行，如表4－15所示。

表 4－15　××××年××月份人员促销计划

区域	促销督导			常规促销员			活动场次（1 场＝1 天/店）						费用合计			超市建档（家）	临促建档（名）	备注
	编制	在编情况	完成时间	编制	在编情况	完成时间	12. 01－12. 03	12. 08－12. 10	12. 15－12. 17	12. 22－12. 24	12. 29－12. 31	小计	临促人员费用（元）	试吃易耗品费用（元）	赠品费用			
小计																		
小计																		
小计																		
总计																		

2. 区域性促销安排直接以区域或超市为基准进行，整合公司级的品牌或推广促销规划

区域性促销具体进度安排如表4－16所示。

3. 事件行销规划

基于事件行销的复杂性，实行产品管理制的大中型企业一般会以年度为周期，公司整体提前做好规划，整合到产品传播中去，如图4－14所示。

4. 中小型企业可以以品牌为基础进行规划

××××年度品牌行事历，如表4－17所示。

五、线上促销规划方法

（一）规划原则

由于其渠道的特殊性，线上促销规划与线下渠道有所不同。

线下促销规划针对非常多的店铺，其重要度、复杂性及地域、路途的限制不同，品牌、产品、竞争程度的表现差异非常大。

线上促销规划是针对单一店铺，只需考虑如何对不同产品进行促销即可。

线上促销规划类似于线下常规促销规划的单系统促销规划和事件促销的结合，方法类似，不再赘述。

而店铺内的线下常规促销可供选择的活动方式较少，受到执行条件的制约，很多促销难以实行，大多数采取常规特价、买赠等方式，只有需要人员的户外促销活动方式较多。

线上促销可以应用的促销活动方式有太多的选择。

比如常用的有特价、买赠、优惠券、第二件加×元购、积分折现、满减、满赠、店铺满×元包邮、晒单有奖，以及直播、抽奖、游戏等，这些方式都很容易实现，方式灵活多变。

各大平台设有优惠券发放平台，尽可能参与优惠券活动。

积分活动对老顾客非常有效。

满×元包邮作为常规活动，要经常举行，尽可能参与跨店铺促销包邮活动。

（二）与平台促销规划联动

线上平台，比如天猫、京东等频繁地进行平台的整体促销活动，有各种名目、

表 4-16 促销推广活动安排

序号	超市/区域	级别	竞争程度	×月				×月				×月（不断延续）			
				1 周	2 周	3 周	4 周	1 周	2 周	3 周	4 周	1 周	2 周	3 周	4 周
1	×××××	AA	薄弱	××产品店内试吃	××产品店内试吃			××产品店内试吃	××产品店内试吃			户外抽奖	户外抽奖		
2	×××××	AA	薄弱			户外抽奖	××产品公司规划活动			户外抽奖	公司路演活动				
3	×××××	AA	一般		××产品店内试吃	××产品公司规划活动			户外抽奖						
4	×××××	AA	激烈												
	……	……	……												
	×××××	AA	一般												
	×××××	AB	一般												
	×××××	AB	一般												
	×××××	AB	激烈												
	……	……	……												

续表

序号	超市/区域	级别	竞争程度	×月				×月				×月（不断延续）			
				1周	2周	3周	4周	1周	2周	3周	4周	1周	2周	3周	4周
	×××××	AC	激烈												
	……	……	……												
	×××××	BA	激烈												
	×××××	BA	激烈												
	×××××	BA	激烈												
	×××××	BA	激烈												
	……	……	……												

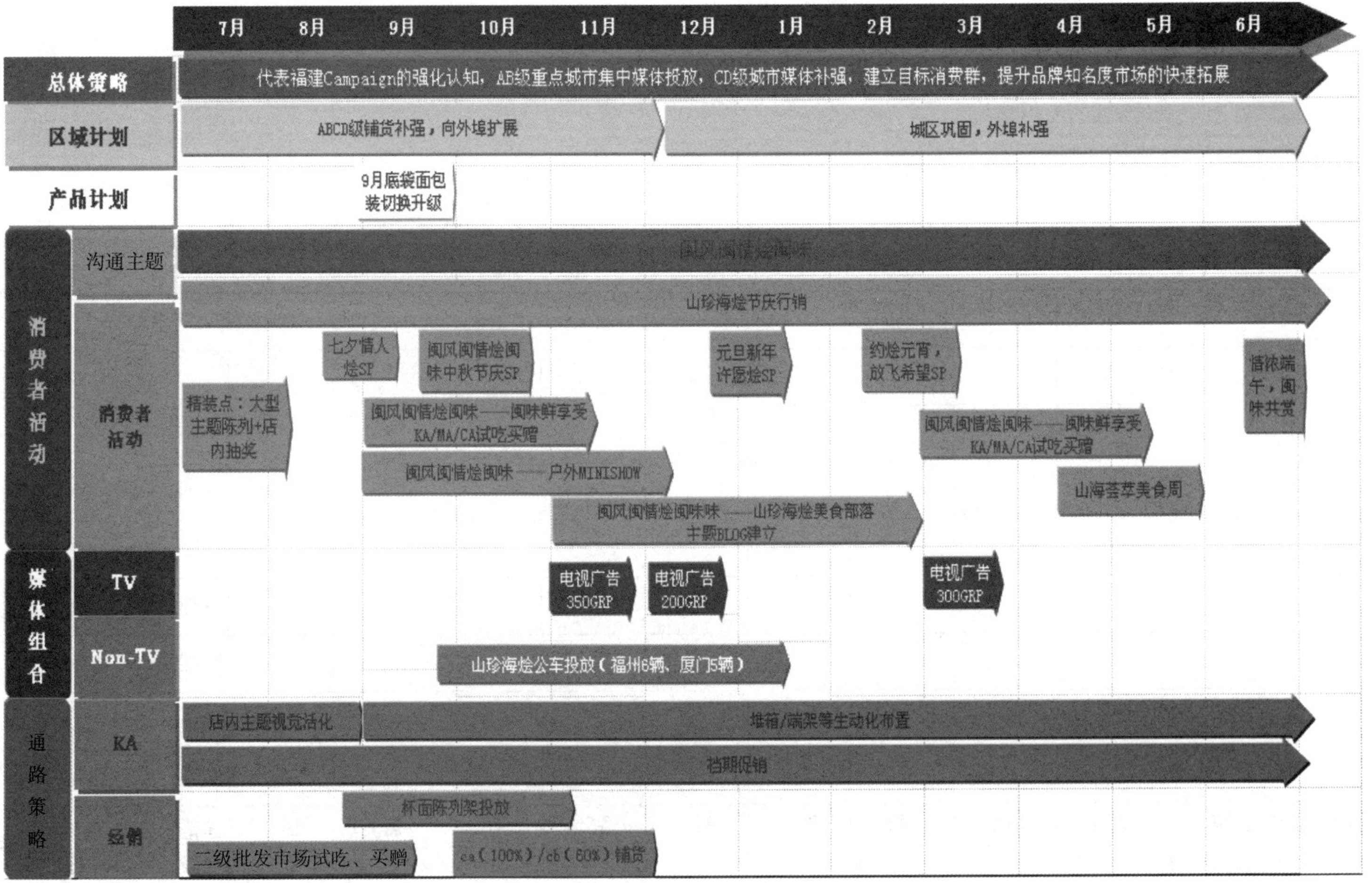

7月
8月
9月
10月
11月
12月
1月
2月
3月
4月
5月
6月
总体策略
代表福建Campaign的强化认知，AB级重点城市集中媒体投放，CD级城市媒体补强，建立目标消费群，提升品牌知名度市场的快速拓展
区域计划
ABCD级铺货补强，向外埠扩展
城区巩固，外埠补强
产品计划
9月底袋面包装切换升级
消费者活动
沟通主题
闽风闽情烩闽味
消费者活动
山珍海烩节庆行销
精装点：大型主题陈列+店内抽奖
七夕情人烩SP
闽风闽情烩闽味中秋节庆SP
元旦新年许愿烩SP
约烩元宵，放飞希望SP
情浓端午，闽味共赏
闽风闽情烩闽味——闽味鲜享受 KA/MA/CA试吃买赠
闽风闽情烩闽味——户外MINISHOW
闽风闽情烩闽味——闽味鲜享受 KA/MA/CA试吃买赠
山海荟萃美食周
闽风闽情烩闽味味——山珍海烩美食部落主题BLOG建立
媒体组合
TV
电视广告 350GRP
电视广告 200GRP
电视广告 300GRP
Non-TV
山珍海烩公车投放（福州6辆、厦门5辆）
通路策略
KA
店内主题视觉活化
堆箱/端架等生动化布置
档期促销
经销
杯面陈列架投放
二级批发市场试吃、买赠
ca（100%）/cb（60%）铺货

图4-14 事件行销规划

表 4－17　×××年度品牌行事历

区域＼月份	1月	2月	3月	4月	5月	6月	7月	8月	9月	10月	11月	12月	1月	2月	费用	备注
	××××年1Q			××××年2Q			××××年3Q			××××年4Q			××××年1Q			
			春：2月7日－5月4日		夏：5月5日－7月31日			秋：8月1日－10月28日			冬：10月29日－1月25日					
			“××××，为奥运加油！”作为大促销背景，节庆时加入节庆主题													
			春色缤纷，享受好生活		清凉一夏，清凉好帮手！			丰硕金秋，更多欢乐共享！			温暖冬日，共享欢乐！					
			常规；3.15权益日	常规；4.4清明	常规；5.1劳动；5.11母亲	常规；6.1儿童；6.8端午；6.15父亲	常规	常规；七夕情人；8.8奥运开幕；8.22财神节；8.25奥运闭	常规；9.10教师节；9.14中秋	常规；10.1国庆；10.6老人；10.7重阳	常规；11.27感恩	常规；12.25圣诞	常规；1.25除夕			
××城市			Roadshow 1场	Roadshow 2场	Roadshow2场	Roadshow 2场	Roadshow	Roadshow 2场		Roadshow 2场	Roadshow 3场					计15场，5场大型，10场中型
××城市				Roadshow		Roadshow	Roadshow	Roadshow 1场		Roadshow	Roadshow					计9场，2场大型，7场中型
××城市						Roadshow 2场				Roadshow 1场						计3场，1场大型，2场中型
××城市					Roadshow						Roadshow 1场					计3场，1场大型，2场中型
合计																共35场，11场大型，24场中型

各种主题，消费者乐在其中。如天猫的“双 11 大促”和“聚划算”及各种节日、品牌超级日、秒杀日、狂欢节、拼团购等。

线上促销规划的最大特色是与平台联动，将自己的促销融入其中。

第五章
高效促销提报体系

促销是企业最重要的战略之一，高效率运作才可以快速地对市场变化做出有效反应。

一、提报审批流程设计

促销活动的提报包含很多方面，但最重要的是以下两大部分：

一是专业部分。关于促销的背景、原因、目的、方式、费用和资源需求。这些内容在本书第三章“单场促销活动策划及管控”中已讲述。

二是行政格式部分。用电子化制式表格来申报。

这两个部分各有其专业性和工具。

很多大中型企业的业务人员配备了电脑，可以随时随地写促销申请，不存在这个障碍。但很多中小企业甚至快消品大企业的业务人员，白天在市场拜访客户，非常勤劳、辛苦，根本不可能有时间用电脑来写申请。他们操作电脑和使用办公软件的水平不高，操作起来往往耗费半天时间。

很多中小企业有种奇怪的现象：开完晨会半天了，业务人员还没出门，问一下做什么呢，在做各种申请。

（一）第一阶段：申请/审批

1. 标准化提报作业

促销申请需要提供专业信息，否则，后面的审核人员就无从审核。很多申请因为没有相关信息，只能返回去重新补充，一来二去，往往造成拖沓、反复，最后形成争执。业务人员埋怨审核人员为什么不能一次性说清楚改哪些地方，审核人员责备业务人员不专业、不长记性，不能一次性做对等。

这就需要公司做出标准化提报模板，将所需项一一做出要求，下面列举几个简单的模板，供大家参考。

（1）月度常规促销申请

月度常规促销申请，可以结合月度促销规划方式，由公司市场部把握整体促销大方向，详见本书第四章“高效月度促销规划”的内容。

对于中小型企业来说，如果没有好的市场部及人才配置，也可以不结合，而由销售部门自行做出。

销售部具有完整的促销决策和费用分配权，除非促销背景、目的、方式设定错误，市场部建议改正，但市场部不具有否决权。

月度常现促销申请定期依固定格式报公司销售部，月度常规促销申请表如表5-1所示。

①区域促销计划策略制定：

• 市场部及销售部经理每月就促销产品、区域做策略性分析并确定。

• 各区域/分支机构销售部负责人根据本区域的市场策略，以及区域的实际市场现状，考察各客户的重要性、紧急性及竞争状况，制定促销资源在各渠道、商超的合理分配方案。

• 根据区域产品的现状、竞争现状及公司的产品推广策略，确定推广产品。如果市场部产品管理职能完善，产品专员提前制定产品推广策略并下发各区域，否则由各区域、销售部自行确定。

• 在规定费用率的情况下，制定常规促销的标准（分渠道、分超市、分产品）。超出费用率部分，进行专案促销申请。

②业务促销案制定：

业务人员根据本区域的常规促销标准（分区域、分渠道、分超市、分产品），制定各自所属区域的促销案。

• 促销背景分析——促销需求发现。

根据区域、超市的实际市场现状，以及渠道策略、新产品、现有产品的推广需要来分析。

此项必须清晰地写在促销申请中，其后的促销目的、主题、方式等均根据它展开；如若此项不清楚，则会加大后面每一位审核人员的沟通难度，每一个环节的审核势必要与申请人沟通一次，增加了沟通成本。

• 制定促销目的及主题。

促销目的是解决市场的问题，如实写上。

促销主题是当前环境、背景与目的相结合的一段具有煽动性的文字，力求简短，让人有一种购买的欲望。

表5－1　月度常规促销申请表

单位：

<table>
<tr><td>区域/分支机构</td><td colspan="5"></td><td>促销时间</td><td colspan="3">______年______月</td><td colspan="4">促销申请编码</td><td colspan="4"></td><td colspan="3">第______页；总______页</td></tr>
<tr><td colspan="2">促销背景</td><td colspan="19"></td></tr>
<tr><td colspan="2">促销目的、主题</td><td colspan="19"></td></tr>
<tr><td rowspan="3">渠道</td><td rowspan="3">促销门店（系统、市场、经销商）</td><td rowspan="3">促销时间</td><td rowspan="3">经营类别</td><td rowspan="3">促销产品</td><td rowspan="3">促销方式</td><td colspan="5">效果预估</td><td colspan="9">费用</td><td rowspan="3">费用率（%）</td></tr>
<tr><td rowspan="2">原销量</td><td rowspan="2">促销期原总额</td><td rowspan="2">预估销量</td><td rowspan="2">预估销售总额</td><td rowspan="2">增长率</td><td colspan="4">赠品</td><td rowspan="2">特价</td><td rowspan="2">特陈</td><td rowspan="2">POP</td><td rowspan="2">其他（注明）</td><td rowspan="2">小计</td></tr>
<tr><td>名称</td><td>量</td><td>单价</td><td>额</td></tr>
<tr><td></td><td></td><td></td><td></td><td></td><td></td><td></td><td></td><td></td><td></td><td></td><td></td><td></td><td></td><td></td><td></td><td></td><td></td><td></td><td></td><td></td></tr>
<tr><td></td><td></td><td></td><td></td><td></td><td></td><td></td><td></td><td></td><td></td><td></td><td></td><td></td><td></td><td></td><td></td><td></td><td></td><td></td><td></td><td></td></tr>
<tr><td></td><td></td><td></td><td></td><td></td><td></td><td></td><td></td><td></td><td></td><td></td><td></td><td></td><td></td><td></td><td></td><td></td><td></td><td></td><td></td><td></td></tr>
<tr><td></td><td></td><td></td><td></td><td></td><td></td><td></td><td></td><td></td><td></td><td></td><td></td><td></td><td></td><td></td><td></td><td></td><td></td><td></td><td></td><td></td></tr>
<tr><td></td><td></td><td></td><td></td><td></td><td></td><td></td><td></td><td></td><td></td><td></td><td></td><td></td><td></td><td></td><td></td><td></td><td></td><td></td><td></td><td></td></tr>
<tr><td></td><td></td><td></td><td></td><td></td><td></td><td></td><td></td><td></td><td></td><td></td><td></td><td></td><td></td><td></td><td></td><td></td><td></td><td></td><td></td><td></td></tr>
<tr><td rowspan="3">合计</td><td></td><td></td><td></td><td></td><td></td><td></td><td></td><td></td><td></td><td></td><td></td><td></td><td></td><td></td><td></td><td></td><td></td><td></td><td></td><td></td></tr>
<tr><td></td><td></td><td></td><td></td><td></td><td></td><td></td><td></td><td></td><td></td><td></td><td></td><td></td><td></td><td></td><td></td><td></td><td></td><td></td><td></td></tr>
<tr><td colspan="3">总计</td><td></td><td>–</td><td>–</td><td></td><td>–</td><td></td><td></td><td></td><td></td><td>–</td><td></td><td></td><td></td><td></td><td></td><td></td><td></td></tr>
<tr><td colspan="2">副总经理</td><td colspan="7"></td><td>市场部</td><td colspan="11"></td></tr>
<tr><td colspan="2">销售部</td><td colspan="7"></td><td>区域</td><td colspan="11"></td></tr>
<tr><td colspan="2">申请人</td><td colspan="7"></td><td>当地财务</td><td colspan="11"></td></tr>
</table>

注：1. 用电子版打印签字后提报，可多页，只在最后页附加申请、审核、批准栏。2. 如出现使用多个赠品、产品的情况，不允许混写，分行处理即可。3. 如果同一超市有多个产品促销，一定要加小计栏。

③根据促销目的确定促销方式、地点、时间。

④预估促销的效果，是量化的促销目的（目标），有利于过程控制及事后评估。

⑤明确所需的支持：广宣、赠品以及其他活动物品。

⑥预估费用及费用率。

⑦对此次促销活动的重要性、紧急程度做备注说明。

⑧列明申请人、区域、所属部别、申请时间，促销编码（常规文案）。

⑨将以上事项写成标准促销案。

⑩将每名业务人员的促销案汇总起来，并逐一审核，组成本区域的常规促销申请。区域销售部负责人最后审核签字。将市场分析及区域促销计划标准在申请中列明。

（2）专案促销提报

专案促销由市场部或销售部的具体业务人员视区域实际情况提出，销售部不具有费用分配权。

市场部对专案促销费用具有分配决定权，即市场部具有最终决定投放与否的权限，认为不符合的情况即可否决，不再上报，但不具有批准权，最终批准权仍归营销总监或营销副总、总经理。

专案促销原则上根据实际情况提前提报，大型促销案则根据促销物料的准备周期和实际情况提报，留出物料准备时间。在提报前，涉及大量物料的情况需与市场部咨询，如果物料准备不足会导致促销案不能执行，由提报人负责。

注意专案促销与常规促销的整合，如果有常规促销在执行，则必须注明视情况进行资源组合或只执行一种方案，不得将促销资源合并重复使用。

不得申请与常规促销重叠的专案促销，不得并案执行。

具体促销方式同常规促销的业务制定促销案部分。

（3）促销编码

促销申请必须有严格的编码，以便于存档和管理，如图 5－1 所示。

（4）运用微信高效率提报

为了解决业务人员白天在市场无法快速申请、对电脑不精通，如果做申请，大部分时间将浪费在办公室的难点，可以充分利用公司营管部（销售内勤）人员大部分时间在办公室，对电脑和办公软件精通的长处。

实际上促销专业部分仍由业务人员负责，内勤是无法代替的，业务人员在跑市场的过程中随时随地手工填写签报。为防止填写时漏项，提前做出各种签报模

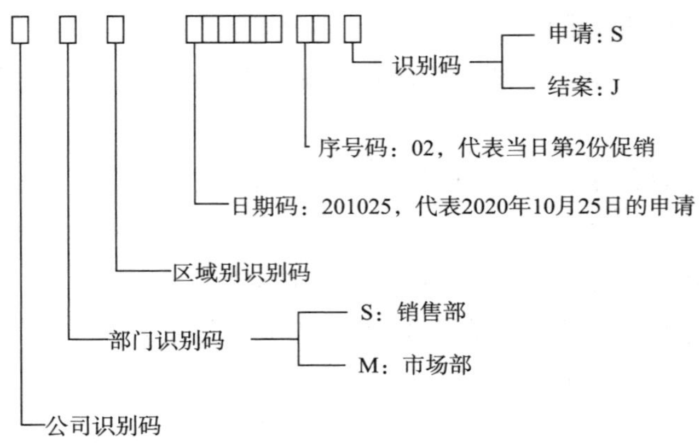

图 5－1　促销编码

板，由业务人员对照模板在空白的签报模板上用铅笔填写，并发给销售内勤。内勤负责将业务人员所填写的信息输入电脑。操作流程如下：

第一步，业务人员收藏价格表及签报需求单模板，利用微信操作。

收藏价格表：KA 各业务人员收藏自己所负责系统的价格表，流通各业务人员收藏统一的流通价格表。

收藏签报需求单模板，目的是对照着填写。

长按内勤发送的价格表及签报需求单模板，并选择收藏，如图 5－2 所示。

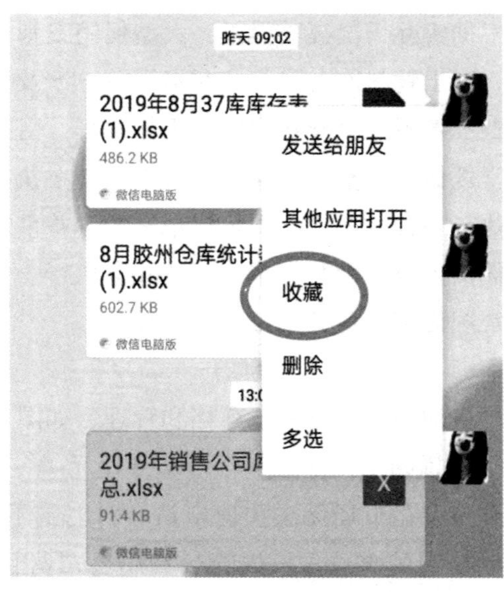

图 5－2　收藏模板

打开微信点“我”→“收藏”，即可看到收藏的价格表及签报需求单模板，如图 5－3 所示。

图 5－3　收藏的价格表及签报需求单模板

业务人员在内勤处打印足够份数的业务需求对接单空白模板，以备需要时使用，如表 5－2 所示。

表 5－2　业务需求对接单

<table>
<tr><td rowspan="2">需求人</td><td rowspan="2"></td><td rowspan="2">提交时间</td><td rowspan="2"></td><td>紧急程度</td><td>＿＿＿＿＿＿日前下发</td></tr>
<tr><td>重要程度</td><td>重要○　　一般○</td></tr>
<tr><td>需求明细</td><td colspan="5"></td></tr>
</table>

第二步，业务人员提报签报需求单。

从微信“我的收藏”中调出所需签报模板，如表 5－3、表 5－4 所示。

根据模板，手工填写空白签报需求单。

业务人员将填写好的需求单拍照通过微信发送原图给内勤，内勤微信收到后回复。

内勤按照需求单，录入签报单电子版，并走流程。

所有签报流程走完，第一时间告知业务人员或通过微信拍照发给相关业务人员。

表 5－3　流通部促销需求申请单

<table>
<tr><td rowspan="2">需求人</td><td rowspan="2"></td><td rowspan="2">提交时间</td><td rowspan="2"></td><td>紧急程度</td><td>______日前下发</td></tr>
<tr><td>重要程度</td><td>重要○　　一般○</td></tr>
<tr><td>需求明细</td><td colspan="5">1. 促销区域（渠道）：
2. 促销时间：
3. 促销负责人：
4. 促销产品及力度、方法：
单位：元/箱
<table>
<tr><td>促销产品</td><td>规格</td><td>买赠方式</td><td>赠品</td><td>销售数量</td><td>经销商原毛利率</td><td>现经销商毛利率</td></tr>
<tr><td></td><td></td><td></td><td></td><td></td><td></td><td></td></tr>
<tr><td></td><td></td><td></td><td></td><td></td><td></td><td></td></tr>
<tr><td></td><td></td><td></td><td></td><td></td><td></td><td></td></tr>
</table>
5. 所需支援：
6. 费用：
7. 竞品信息：
8. 背景描述：</td></tr>
</table>

表 5－4　KA 促销需求申请单

<table>
<tr><td rowspan="2">需求人</td><td rowspan="2"></td><td rowspan="2">提交时间</td><td rowspan="2"></td><td>紧急程度</td><td>______日前下发</td></tr>
<tr><td>重要程度</td><td>重要○　　一般○</td></tr>
<tr><td>需求明细</td><td colspan="5">1. 促销系统（门店）：
2. 促销时间：
3. 促销负责人：
4. 促销产品及力度、方法：
单位：元/桶（瓶）
<table>
<tr><td>促销产品</td><td>规格</td><td>原零售价</td><td>促销售价</td><td>终端原进价</td><td>终端现进价</td><td>销量预估</td><td>占比</td></tr>
<tr><td></td><td></td><td></td><td></td><td></td><td></td><td></td><td></td></tr>
<tr><td></td><td></td><td></td><td></td><td></td><td></td><td></td><td></td></tr>
<tr><td></td><td></td><td></td><td></td><td></td><td></td><td></td><td></td></tr>
</table>
5. 所需支援：
6. 特陈及费用：
7. 其他费用：
8. 竞品信息：
9. 背景描述：</td></tr>
</table>

2. 审批

促销审批目前分为销售部初审、市场部复审、营销总监（副总、总经理）批准三个部分。

（1）销售部审核：具有否决权

销售部经理结合各区域的现行产品、价格 、渠道、促销策略、竞争形势，考察各区域的市场背景，结合整个行业的现状、区域的市场战略，对各区域的促销分析、计划的正确性进行评定，并与各区域的销售部负责人进行沟通，提出修订意见。

就促销方案的背景、目的、方式、地点、时间、效果、可行性、困难度、可控性、预估外风险进行评估，并审核费用率是否符合规定的标准费用率。

如果方案不符合标准，对促销价值、风险评估持异议或评定认为促销方案不符合费用率的要求，则要求区域重新修改促销方案。

如果方案符合要求，则提报至市场部审核。

促销方案的评价、建议、修改，在相应格式栏内注明，签字并注明签字时间。

（2）市场部审核

市场部审核可分为促销专员、产品专员及市场部经理审核两部分。市场部具备同意权，不具备否决权；具备建议权，有重大异议不得直接否决，需注明意见，向上级呈报。

①管控各区域促销方案数据的准确性。

• 根据各区域以往促销的记录，评估活动的各项数据、指标的合理性，如促销采用的数据不准确，则要求更改，并在促销申请中提出建议。

• 分析本次促销与在执行中的促销方案有无冲突之处，以及与其他类促销有无可以整合之处，并注明意见。

• 收集相关信息，确保促销计划的背景、分析、方式是准确的，并提供意见与区域、销售部沟通。

• 根据仓储部门提供的促销赠品的库存，简略列明涉及的促销物料的安排计划。

• 签字确认。

②产品专员：审核并与区域、销售部沟通。

• 审核各区域所选择促销产品与产品策略的吻合性。

• 审核与价格策略的吻合性。

• 审核与渠道策略的吻合性。

• 审核与媒体、广宣、促销推广策略的吻合性。

• 审核产品的费用及费用率是否符合标准，由此环节开始单独计算利润率，后续审核人员同时直接看到促销利润率，详见后面“利润率核算设计”部分的内容。

- 审核促销销量与现有库存、生产计划的吻合性。
- 详细列明意见，并签字确认。

③市场部经理（总监）：

- 综合考量促销专员、产品专员的建议，结合整体市场状况分析，以及宏观环境、竞争状况、公司战略——品牌、品类、产品、价格、渠道、促销（广宣、媒体、活动）等，做出整体审核。
- 审核各区域市场分析的准确性。
- 审核各区域计划的准确性。
- 审核促销计划与品牌、产品类别、产品策略的吻合性。
- 审核促销计划与价格策略的吻合性。
- 审核促销计划与渠道策略的吻合性。
- 审核促销计划与媒体、公关、促销策略的吻合性。
- 审核费用分配及费用率与产品、渠道策略的吻合性。
- 详细与促销专员、产品专员、销售部经理、区域经理、营销总监沟通，并做好变更决策，签字确认。

（3）营销总监（副总、总经理）批准

（在之前可加财务审核，审核利润率。）

综合考量销售部、市场部的意见，依相应权限做出批准。

说明：上述审批环节只是做说明，所列的每一步必须有人审核，关于职位及权限只是举例，各企业根据实际情况设定即可。

（4）备注

在审核批准过程中的每一步中的修改。

- 在申请上交、申请部门内部审核的开始阶段，必须对促销方案严格把关，对规定的审核内容做详细审核，不符合的打回重新申请，不得让不合格的方案进入下一道审核过程。
- 在每次审核的过程中，审核人员可以向负责上一道审核的人员进行相关咨询，也可以直接向申请人咨询，以了解相关信息，做出准确判断。任何人不得以流程为理由拒绝。
- 除非促销方案整体存在严重问题要返回做重新申请，任何人不得在促销方案上随意修改。对促销方案的建议在建议栏内依次列出。存在微小改动情况时可以在促销方案上做小部分调整，但必须在修改处签字确认。

签字注意事项：注明签字时间。

为防止无故积压和弄权现象，在促销方案审核、批准过程中，任何人不得故意压案而不与相关人员沟通，有任何不同意见或建议及时与相关人员沟通，尽快统一意见，在规定时间内做出审核或批准意见；如若达成不了共识，写明自己的意见并上交，由双方共同的上级做出裁定。

这一条非常重要，很多企业往往卡在这里，相关人员有异议，就是不签字，关键是审核部门的人员受限于立场、专业知识、技能及对市场的理解，甚至决策也可能是错误的，或者可能是小错误故意压制（在很多企业这都是可能存在的现象），从而导致促销过了时限。

所以，公司必须在制度和分工上做出明确规定。

3. 促销下发

促销方案批准后下发市场部，原件留存市场部（做好档案管理工作），由市场部复印下发销售部。

销售部内勤自行下发各区域。

市场部将促销计划转发财务部，用于财务处理及审计。

市场部将促销计划转发生产、计划、仓库等相关部门，方便进行相应准备。

如若促销计划发生更改，要走更改申请、批复流程，并将更改与原申请一并存档，更改下发至相关部门，以便及时变更。

（二）第二阶段：准备

在促销审批过程中，由于广宣物料的设计、制作周期比较长，市场部的平面设计人员在市场部负责人审核后，即可开始设计工作。（注：很多企业直接将电商部平台的设计人员归属于电商部管理。）

等公司批准后，广宣物料方可发包制作。

赠品的采购可由市场部提起赠品需求，市场部或采购部进行采购（根据企业的具体分工），赠品入库后，由营管部对接仓储部门进行申请。

营管部对接仓库、生产部门准备货源。

所有物料由营管部负责追踪、协调和对接物流安排，务必在促销活动要求的时间内配送到位。

（三）第三阶段：执行

1. 销售部执行

销售部负责按照计划执行，执行过程中，严格按照促销批准的超市、产品、价格、赠品、时间等要求执行。

如有变化，及时做促销变更申请。

2. 市场部检核

市场部按照公司批准的促销活动，检核执行情况。如果发现执行偏离了批准内容应及时进行纠正，并及时做出检核报告进行汇报。

（四）第四阶段：评估

1. 总结

促销总结是对促销活动的评估，也是核销入账的重要凭证。

在促销活动7天之内做出评估，评估方法见本书第三章“单场促销活动策划及管控”的内容。

评估报告与核销申请一起提交。

2. 市场部审核

市场部严格审核销售数据的准确性、目标达成率、增长率、计算费用的准确性和真实毛利率。

评估促销活动的有效性并提出改进意见，要将市场部的检核结果一并附上。

3. 费用检核

财务部进行审核和检核，大额费用要开展全面审计，严格查核费用的有效性，严查出货凭证、票据凭证的真伪。

4. 批准

副总或总经理批准后，财务部入账核销。

5. 促销提报审批流程图（案例）

××上市公司实际运行的促销提报审批流程如图5-4所示。

二、利润率核算设计

公司要密切关注促销活动的净利润率，毛利率减去费用才是净利润。

促销活动的产品一般由不同毛利率的产品组成，有些产品毛利率较高，有些产品毛利率较低，关键是很多企业的主力产品（走量产品）毛利率不高，新产品销量较低而毛利率较高。所以，单纯按照费用率很难估算出净利率，很容易出现较大偏差。

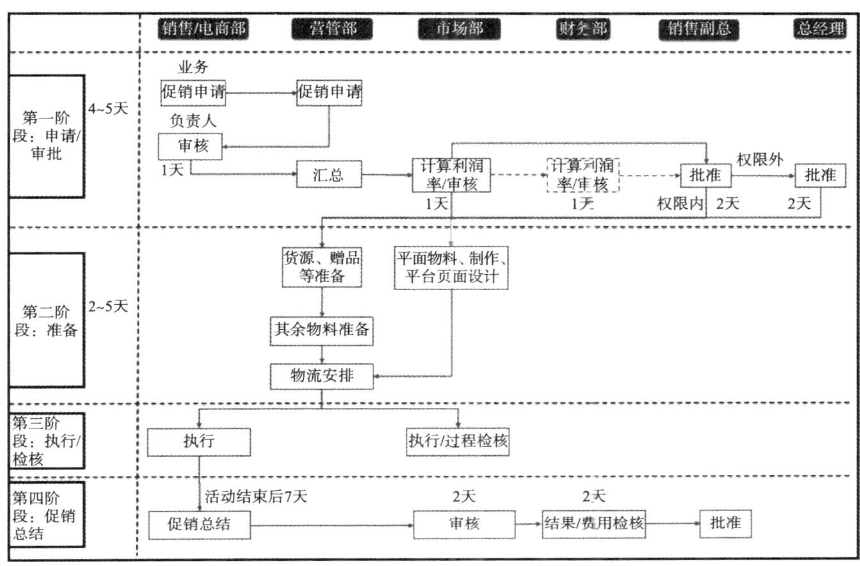

图 5－4　促销申请流程

很多公司对于产品的毛利率是保密的，不随意公开。因此，一般会给销售部费用率限制，只要在合理限制之内（有时会根据市场竞争程度大幅超出），销售部就可向上级申报。

到了市场部，就必须核算出整体的净利率，附在促销申请后面，报公司副总经理级别以上领导做出准确判断。

（一）线下促销快速核算设计

1. 设计标准核算测算表格

将活动费用、整体费用、成本、销量、销售额等数据全部录入，不要有遗漏，进行净利润率的计算。

分渠道层级来层层计算，每一个层级客户的进价、出价、利润率都清楚可见。

审核时，要关注渠道客户的利润率，不可过低，也不可过高，这是促销活动的目标之一。

（1）KA 超市系统特价模板

由于每个系统的费用不相同，每个系统单独用一张核算模板，特价与赠品分别设计模板。

上半部分是促销活动的信息录入，下半部分是生产成本、固定费用或合同标准费用、利润率的计算部分，标准费用提前由销售部填写完毕。

买赠促销也可以按照上述模板进行费用折算，分摊到每一个单位的产品身上。

KA 超市系统特价模板，如表 5-5 所示。

（2）流通促销测算模板

流通的促销更多是搭赠形式，要体现出搭赠的坎级，随时可以变化坎级大小。

赠品要设计出折算区，细化到每一个因素，有利于填写最基本的信息。

流通促销测算模板，如表 5-6 所示。

2. 设计自动计算模板，用公式链接起来，公式不准调整，锁死单元格，用颜色标识出来

设置公式时，公式的函数项要包含足够的列，放置尽可能多的产品，这样可以不用每次变动都要修改模板。

使用时，不要在模板上直接修改，要将模板另存为单独的文件，再在新文件中操作。否则，极易不小心将模板使用掉，从而带来麻烦。

（1）KA 测算模板的公式设定

KA 测算模板的公式设定，如表 5-7 所示。

（2）流通经销商测算模板的公式设定

流通经销商测算模板的公式设定，如表 5-8 所示。

3. 为防止销售人员变动公式，上半部分提供给销售部

销售部按照标准格式提交电子版促销申请，促销申请按照标准格式录入。

4. 整个标准核算表格留存在市场部

收到促销申请后，直接复制销售部促销申请上半部分的数据，粘贴在核算表内，输入成本数据，自动计算出利润率。

隐藏多余的产品列，打印出来，附在促销申请上。

下发时将此页撤掉，严禁将此打印纸外传，此页存档在市场部，由专人保管。

（二）线上促销快速核算设计

线上促销的核算，整体核算思路和流程与线下促销的核算大同小异。

不同的是，线上促销经常一次性包含积分制、包邮、满减等促销方式，还包括运费、税费、标签、包装、直通车等费用，并且是很多产品组合在一起核算。

表 5－5　KA ____系统促销申请利润率及费用率测算表（直营版）

出厂价及以上部分：提供给销售部填写

产品			产品1		产品2		产品3		产品4		产品5		产品6	
			原价	特价	原价	特价	原价	特价	原价	特价	原价	特价	原价	特价
单位			瓶	瓶	瓶	瓶	袋	袋	袋	袋	袋	袋	袋	袋
规格（ml、g）			190	190	190	190	110	110	110	110	110	110	110	110
箱容（人）			16	16	16	16	75	75	75	75	75	75	75	75
价值（元/g）			0. 105	0. 089	0. 105	0. 089	0. 072	0. 061	0. 075	0. 061	0. 072	0. 061	0. 072	0. 061
KA 零售商	零售价（元）		19. 9	16. 92	19. 9	16. 92	7. 9	6. 72	7. 9	6. 72	7. 9	6. 72	7. 9	6. 72
	进货价（元）		13. 99	11. 9	13. 99	11. 9	4. 50	3. 82	4. 50	3. 82	4. 50	3. 82	4. 50	3. 82
	前台利润率（%）		29. 7	29. 7	29. 7	29. 7	43. 0	43. 2	43. 0	43. 2	43. 0	43. 2	43. 0	43. 2
	后台进货价（元）		13. 01	11. 07	13. 01	11. 07	4. 19	3. 55	4. 19	3. 55	4. 19	3. 55	4. 19	3. 55
	后台利润率（%）		7. 0	7. 0	7. 0	7. 0	7. 0	7. 0	7. 0	7. 0	7. 0	7. 0	7. 0	7. 0
	综合利润率（%）		34. 6	34. 6	34. 6	34. 6	47. 0	47. 1	47. 0	47. 1	47. 0	47. 1	47. 0	47. 1
销售部	KA 直营渠道	实际出货价（元）	13. 01	11. 07	13. 01	11. 07	4. 19	3. 55	4. 19	3. 55	4. 19	3. 55	4. 19	3. 55
		实际利润率（%）	51. 4	34. 2	49. 7	32. 5	59. 5	38. 4	42. 8	21. 8	46. 2	25. 1	52. 8	31. 8
		标准出货价（元）	13. 99	11. 90	13. 99	11. 90	4. 50	3. 82	4. 50	3. 82	4. 50	3. 82	4. 50	3. 82
		牌价利润率（%）	60. 1	41. 6	58. 3	39. 8	70. 0	47. 3	53. 3	30. 7	56. 7	34. 0	63. 3	40. 7
		出厂价（元）	11. 3	11. 3	11. 3	11. 3	3. 0	3. 0	3. 0	3. 0	3. 0	3. 0	3. 0	3. 0
		进货价（元）	7. 2	7. 2	7. 4	7. 4	2. 4	2. 4	2. 9	2. 9	2. 8	2. 8	2. 6	2. 6
工厂	结算价（元）		7. 2	7. 2	7. 4	7. 4	2. 4	2. 4	2. 9	2. 9	2. 8	2. 8	2. 6	2. 6

续表

<table>
<tr><td colspan="2" rowspan="2">产品</td><td colspan="2">产品 1</td><td colspan="2">产品 2</td><td colspan="2">产品 3</td><td colspan="2">产品 4</td><td colspan="2">产品 5</td><td colspan="2">产品 6</td></tr>
<tr><td>原价</td><td>特价</td><td>原价</td><td>特价</td><td>原价</td><td>特价</td><td>原价</td><td>特价</td><td>原价</td><td>特价</td><td>原价</td><td>特价</td></tr>
<tr><td colspan="2">销量（袋）</td><td>150</td><td>225</td><td>110</td><td>165</td><td>350</td><td>530</td><td>420</td><td>710</td><td>450</td><td>675</td><td>450</td><td>675</td></tr>
<tr><td colspan="2">销售额（元）</td><td>1952</td><td>2490</td><td>1431</td><td>1826</td><td>1465</td><td>1833</td><td>1758</td><td>2522</td><td>1883</td><td>2398</td><td>1883</td><td>2398</td></tr>
<tr><td colspan="2">合计销售额（元）</td><td colspan="12">13517</td></tr>
<tr><td colspan="2">其他费用额（元）</td><td colspan="12">0</td></tr>
<tr><td colspan="2">特价费用率（含特价）（%）</td><td colspan="12">19.68</td></tr>
<tr><td colspan="2">其他费用率（%）</td><td colspan="12">0.00</td></tr>
<tr><td>系统固定年度费用</td><td>金额（元）</td><td>年度销额（元）</td><td>年度费用率（%）</td><td colspan="10">备注</td></tr>
<tr><td>快讯陈列费</td><td>0</td><td rowspan="7">2000000</td><td>0.00</td><td colspan="10"></td></tr>
<tr><td>快讯宣传费</td><td>0</td><td>0.00</td><td colspan="10"></td></tr>
<tr><td>新进门店费</td><td>0</td><td>0.00</td><td colspan="10"></td></tr>
<tr><td>旺季折扣</td><td>2183</td><td>0.11</td><td colspan="10"></td></tr>
<tr><td>总条码费</td><td>16667</td><td>0.83</td><td colspan="10">总条码费 50000 元，3 年分摊</td></tr>
<tr><td>物流费</td><td>80000</td><td>4.00</td><td colspan="10"></td></tr>
<tr><td>年度返利</td><td>10000</td><td>0.50</td><td colspan="10"></td></tr>
<tr><td>年度固定费用合计</td><td>108850</td><td></td><td>5.44</td><td colspan="10"></td></tr>
<tr><td colspan="2">综合费用率（含特价）（%）</td><td colspan="12">25.12</td></tr>
<tr><td colspan="2">综合利润率（%）</td><td colspan="12">24.9</td></tr>
<tr><td colspan="2">销售额增长率（%）</td><td colspan="12">30.3</td></tr>
</table>

注：部分单元格含有公式，不可变动。

表 5－6 经销商促销申请利润率及费用率测算表（经销商版）

产品			×××客户							
			产品 1		产品 2		产品 3		产品 4	
			原价	促销搭赠	原价	促销搭赠	原价	促销搭赠	原价	促销搭赠
单位			瓶	瓶	瓶	瓶	瓶	瓶	盒	盒
规格（ml、g）			240	240	100	100	190	190	100	100
箱容（人）			16	16	30	30	16	16	30	30
价值（元/g）			0.473		1.326		0.943	0.000	0.000	0.000
经销商	出货价（元/箱）									
	实际利润率（%）									
	进货价（元/箱）		113.60	103.27	132.60	120.55	179.20	162.91	132.60	120.55
公司	经销商渠道	实际出货价（元/箱）	113.60	103.27	132.60	120.55	179.20	162.91	132.60	120.55
		利润率（%）	48.1	42.9	57.0	52.7	65.4	61.9	50.2	45.2
		搭赠	0	1	0	1	0	1	0	1
		坎级	10	10	10	10	10	10	10	10
		出货价（元/箱）	113.6	113.6	132.6	132.6	179.2	179.2	132.6	132.6
工厂	成本		59.0	59.0	57.0	57.0	62.0	62.0	66.0	66.0
销量（箱）			529	529	81	81	873	873	129	129
销售额（元）			-	60094	-	10741	-	156442	-	17105
销售额合计（元）			244382							
促销搭赠费用额（元）			9847							
搭赠费用率（%）			4.03							

成本以上部分：提供给销售部填写

续表

<table>
<tr><td colspan="4" rowspan="3">产品</td><td colspan="8">×××客户</td></tr>
<tr><td colspan="2">产品1</td><td colspan="2">产品2</td><td colspan="2">产品3</td><td colspan="2">产品4</td></tr>
<tr><td>原价</td><td>促销搭赠</td><td>原价</td><td>促销搭赠</td><td>原价</td><td>促销搭赠</td><td>原价</td><td>促销搭赠</td></tr>
<tr><td rowspan="3">折算促销费用计算赠品</td><td>××赠品</td><td>箱容（人）</td><td>12</td><td>成本（元/箱）</td><td>72.36</td><td>数量（箱）</td><td>20</td><td>赠品成本金额(元)</td><td>1447.2</td><td>赠品出货价金额(元)</td><td>1980</td></tr>
<tr><td></td><td></td><td></td><td></td><td></td><td></td><td></td><td></td><td></td><td></td><td></td></tr>
<tr><td></td><td></td><td></td><td></td><td></td><td></td><td></td><td></td><td></td><td></td><td></td></tr>
<tr><td colspan="4">促销折算搭赠成本价费用额（元）</td><td>1447.2</td><td colspan="4">促销折算搭赠出货价费用额（元）</td><td colspan="3">1980.0</td></tr>
<tr><td colspan="4">黄牌价/店促费用率（%）</td><td>0.00</td><td colspan="7" rowspan="6">本数据采用××客户××年度费用率计算</td></tr>
<tr><td colspan="4">陈列费用率（%）</td><td>7.03</td></tr>
<tr><td colspan="4">海报费用率（%）</td><td>0.00</td></tr>
<tr><td colspan="4">特价补差费用率（%）</td><td>1.00</td></tr>
<tr><td colspan="4">端架费用率（%）</td><td>0.00</td></tr>
<tr><td colspan="4">试吃及其他费用率（%）</td><td>2.98</td></tr>
<tr><td colspan="3">经销商固定年度费用</td><td>金额（元）</td><td>年度销售额（元）</td><td>年度费用率（%）</td><td colspan="6">备注</td></tr>
<tr><td colspan="3">不退货补差费用</td><td>38868</td><td rowspan="5">991095.9</td><td>3.92</td><td colspan="6">合同规定5%不退货补差费用，此数据已经折算了成本价与经销商价的差异</td></tr>
<tr><td colspan="3">总条码费</td><td>270000</td><td>27.24</td><td colspan="6">总计810000元，3年分摊</td></tr>
<tr><td colspan="3">返点</td><td>7334</td><td>0.74</td><td colspan="6">合同规定销售额大于100万元1%返利，此数据已经折算了成本价与经销商价的差异</td></tr>
<tr><td colspan="3"></td><td></td><td></td><td colspan="6"></td></tr>
<tr><td colspan="3">年度固定费用合计</td><td>316202</td><td>31.90</td><td colspan="6"></td></tr>
<tr><td colspan="4">综合费用率（%）</td><td colspan="8">46.94</td></tr>
<tr><td colspan="4">综合利润率（%）</td><td colspan="8">12.8</td></tr>
<tr><td colspan="4">利润/元</td><td colspan="8"></td></tr>
</table>

注：部分单元格含公式，不得自行改动。

表 5－7　KA 测算模板的公式设定（部分）

	A	B	C	D	E	F	G	H	I	J
4	产品				产品 1		产品 2		产品 3	
5					原价	特价	原价	特价	原价	特价
6	单位				瓶	瓶	瓶	瓶	袋	袋
7	规格（ml、g）				190	190	190	190	110	110
8	箱容（入）				16	16	16	16	75	75
9	价值（元/g）				0. 105	0. 089	= G10/G7	= H10/H7	= I10/I7	= J10/J7
10	KA 零售商	零售价（元）			19. 9	16. 92	19. 9	16. 92	7. 9	6. 72
11		进货价（元）			13. 99	11. 9	13. 99	11. 9	4. 5	3. 82
12		前台利润率			=（E10 – E11）/ E10	=（F10 – F11）/ F10	=（G10 – G11）/ G10	=（H10 – H11）/ H10	=（I10 – I11）/ I10	=（J10 – J11）/ J10
13		后台进货价（元）			= E11 ×（1 – E14）	= F11 ×（1 – F14）	= G11 ×（1 – G14）	= H11 ×（1 – H14）	= I11 ×（1 – I14）	= J11 ×（1 – J14）
14		后台利润率			0. 07	0. 07	0. 07	0. 07	0. 07	0. 07
15		综合利润率			=（E10 – E13）/ E10	=（F10 – F13）/ F10	=（G10 – G13）/ G10	=（H10 – H13）/ H10	=（I10 – I13）/ I10	=（J10 – J13）/ J10
16	销售部	KA 直营渠道	实际出货价（元）		= E13	= F13	= G13	= H13	= I13	= J13
17			实际利润率		=（E16 – E21）/ E20	=（F16 – F21）/ F20	=（G16 – G21）/ G20	=（H16 – H21）/ H20	=（I16 – I21）/ I20	=（J16 – J21）/ J20
18			标准出货价（元）		= E11	= F11	= G11	= H11	= I11	= J11
19			牌价利润率		=（E18 – E21）/ E20	=（F18 – F21）/ F20	=（G18 – G21）/ G20	=（H18 – H21）/ H20	=（I18 – I21）/ I20	=（J18 – J21）/ J20
20			出厂价（元）		11. 3	11. 3	11. 3	11. 3	3	3
21			进货价		= E22	= F22	= G22	= HZ22	= I22	= T22
22	工厂	结算价（元）			7. 2	= E22	7. 4	= G22	2. 4	= I22
23	销量（袋）				150	225	110	165	350	530

续表

A	B	C	D	E	F	G	H	I	J
产品				产品 1		产品 2		产品 3	
				原价	特价	原价	特价	原价	特价
24	销售额（元）			= E23 × E16	= F23 × F16	= G23 × G16	= H23 × H16	= I23 × I16	= J23 × J16
25	合计销售额（元）			= SUM（F24，H24，J24，L24，N24，P24）					
26	其他费用额（元）			0					
27	特价费用率（含特价）			= SUM（F23 × SUM（E16，－F16），H23 × SUM（G16，－H16），J23 × SUM（I16，－J16），L23 × SUM（K16，－L16），N23 × SUM（M16，－N16），P23 × SUM（O16，－P16））/SUM（F23 × F20，H23 × H20，J23 × J20，L23 × L20，P23 × P20，N20 × N23）					
28	其他费用率			= E26/SUM（F23 × F20，H23 × H20，J23 × J20，L23 × L20，P23 × P20，N20 × N23）					
29	系统固定年度费用		金额（元）	年度销售额（元）	年度费用率	备注			
30	快讯陈列费		0	2000000	= D30/ $ E $ 30				
31	快讯宣传费		0		= D31/ $ E $ 30				
32	新进门店费		0		= D32/ $ E $ 30				
33	旺季折扣		2183		= D33/ $ E $ 30				
34	总条码费		= 50000/3		= D34/ $ E $ 30	总条码费 50000 元，3 年分摊			
35	物流费		= E30 × F35		0. 04				
36	年度返利		= E30 × F36		0. 005				
37	年度固定费用合计		= SUM（D30：D36）		= D37/ $ E $ 30				
38	综合费用率（含特价）			= E27 + E28 + F37					
39	综合利润率			= SUM（F23 × E20 × E17，H23 × G20 × G17，J23 × I20 × I17，L23 × K20 × K17，N23 × N20 × M17，P23 × O20 × O17）/SUM（F23 × F20，H23 × H20，J23 × J20，L23 × L20，P23 × P20，N20 × N23）－E38					
40	销售额增长率			= SUM（SUM（F24，－E24），SUM（H24，－G24），SUM（J24，－I24），SUM（L24，－K24），SUM（N24，－M24），SUM（P24，－O24））/SUM（E24，G24，I24，K24，M24，O24）					

注：部分单元格含有公式，不可变动。

表 5－8　流通经销商测算模板的公式设定（部分）

A	B	C	D	E	F	G
3	产品				×××客户	
4					产品 1	
5					原价	促销搭赠
6	单位				瓶	瓶
7	规格（ml）				240	240
8	箱容（入）				16	16
9	价值				= F16/F7	
13	经销商		出货价（元/箱）			
14			实际利润率			
15			进货价（元/箱）		= F16	= G16
16	公司		经销商渠道	实际出货价（元/箱）	= F20 × F19/（F19 + F18）	= G20 × G19/（G19 + G18）
17				利润率（%）	=（F16 − F21）×（F19 + F18）/（F20 × F19）	=（G16 − G21）×（G19 + G18）/（G20 × G19）
18				搭赠	0	1
19				坎级	10	10
20				出货价（元/箱）	113.6	= F20
21				进货价（元/箱）	= F22	= G22
22	工厂		成本		59	= F22
23	销量（箱）				529	529
24	销售额（元）				-	= G23 × G16 ×（G19 + G18）/G19
25	销售额合计（元）				= G24 + I24 + M24 + K24	
26	促销搭赠费用额（元）				= SUM（G22 ×（G23/G19 × G18），I22 ×（I23/I19 × I18），K22 ×（K23/K19 × K18），M22 ×（M23/M19 × M18））	
27	搭赠费用率				= F26/F25	

续表

A	B	C	D	E	F	G
产品					×××客户	
					产品1	
					原价	促销搭赠
28	折算促销费用计算赠品	××赠品	箱容（入）	12	成本价（元/箱）	=6.03×12
29						
30						
31	促销折算搭赠成本价费用额（元）				=SUM（K28：K30）	促销折算搭赠出货价费用额/元
32	黄牌价/店促费用率				0	本数据采用××客户××年度费用率计算
33	陈列费用率（%）				0.0703337872988029	
34	海报费用率				0	
35	特价补差费用率				0.00997720794551891	
36	端架费用率				0	
37	试吃及其他费用率				0.0297634068936232	
38	经销商固定年度费用			金额（元）	年度销额/元	年度费用率/%
39	不退货补差费用			=F39×G39	991095.9	=5%×132.6/179.2×1.06
40	总条码费			=810000/3		=E40/F39
41	返点			=F39×G41		=1%×132.6/179.2
42						
43	年度固定费用合计			=SUM（E39：E42）		=E43/F39
44	综合费用率				=SUM（F27，F32，F33，F34，F35，F36，F37，G43）	
45	综合利润率				=（G24×F17+I24×H17+K24×J17+M24×L17）/（G24+I24+K24+M24）－F44	
46	利润（元）				=F45×F25	

备注：1. 部分单元格含公式，不得自行改动

2. 此表部分行内容未列出

如果企业开通了淘客，淘客的提成要摊在整体销售费用里。

要将所有的费用核算在里面，再计算利润率。

同时，对于在线上线下同时售卖的产品，要注意把线上与线下KA店的零售价控制在合理的范围之内，线上设定单独的价格，以防引起线下超市的乱价。

很多企业的电商部是独立运营的，往往要单独核算扣除人员费用、管理费用后的利润率。

1. 常规促销核算

表5-9　电商部××年××月促销核算表

序号		1	2	3	4
类别		××1	××1	全部	全部
产品名称		××7袋组合	××8袋组合	买39元送××1袋	买59元再赠××1盒
单位		g	g	–	–
单袋规格（ml、g）		110	110	–	–
售卖单位		袋	袋	组	组
售卖规格		7	8	1	1
售卖总重量（ml、g）		770	880	–	–
邮寄方式		不包邮	包邮	不包邮	不包邮
箱容（入）		75	75	–	–
价值				–	–
KA部	零售价格（元）	41.3	47.2	–	–
电商部	促销价格（元）	32.9	39.2	39	59
	促销价格/KA零售价（%）	79.7	83.1	–	–
	运输费用率（%）	14.70	20.41	14.70	14.70
	公司利润率（去除运费因素）（%）	36.0	33.0	52.9	52.9
工厂	出厂价（元）	16.22	18.248	–	–

注：1. 单次包装费4元。

2. 单次运费4元。

3. 赠品费用

2017年度	
赠品	成本（元/袋）
××产品1	1
××产品2	1
××产品3	0.6

费用率				
纸箱费用率（%）	1. 84	1. 84	1. 84	1. 84
提成扣点（%）	2. 00	2. 00	2. 00	2. 00
赠品费用率（%）	1. 8	4. 1	2. 6	3. 4
税费费用率（%）	8	8	8	8
平台扣点费用率（%）	2. 00	2. 00	2. 00	2. 00
广宣费（直通车）费用率（%）	9. 31	9. 31	9. 31	9. 31
最低净利率（不计算人员费用/管理费用率）（%）	11. 0	5. 8	27. 2	26. 4
管理费用率（%）	5. 0	5. 0	5. 0	5. 0
人员工资费用率（%）	40. 2	40. 2	40. 2	40. 2
净利率（计算人员费用/管理费用率）（%）	-34. 2	-39. 4	-18. 0	-18. 8

公式设定，如表5-10所示。

表5-10　电商部××××年××月促销测算表公式设定（部分）

	B	C	D	G
3	序号		1	4
4	类别		××	全部
5	产品名称		××7袋组合	买59元再赠××1盒
6	单位		g	—
7	单袋规格（ml、g）		110	—
8	售卖单位		袋	组
9	售卖规格		7	1
10	售卖总重量（ml、g）		=D7×D9	—
11	邮寄方式		不包邮	不包邮
12	箱容（入）		75	—
13	价值			—
14	KA部	零售价格（元）	=5.9×7	—
15	电商部	促销价格（元）	32.9	59
16		促销价格/KA零售价（元）	=D15/D14	—
17		进货价	17.22	—
18		运输费用率（%）	0.147	0.147

续表

	B	C	D	G
	序号		1	4
19	电商部	公司利润率（去除运费因素）（%）	=（D15 - D17）/D15 - D18	=67.6% - G18
20	工厂	出厂价（元）	16.22	—

注：1. 单次包装费4元。

2. 单次运费4元。

3. 赠品费用。

25	2017年度		
26	赠品	成本/（元/袋）	—
27	××产品1	1	—
28	××产品2	1	—
29	××产品3	0.6	—

31	费用率		
32	纸箱费用率	0.0184	0.0184
33	提成扣点费用率	0.02	0.02
34	赠品费用率	=D29/D15	=（D27 + D28）/G15
35	税费费用率	0.08	0.08
36	平台扣点费用率	0.02	0.02
37	广宣费（直通车）费用率	0.0931	0.0931
38	最低净利率（不计算人员费用/管理费用率）	=D19 - D32 - D33 - D34 - D35 - D36 - D37	=G19 - G32 - G33 - G34 - G35 - G36 - G37
39	管理费用率	0.05	0.05
40	人员工资费用率	0.402	0.402
41	净利率（计算人员费用/管理费用率）	=D38 - D39 - D40	=G38 - G39 - G40

2. “双11”秒杀核算

“双11”秒杀促销，要控制的是最终赔多少钱可以接受，如表5-11所示。

表 5－11　电商部“双 11”秒杀促销活动价格测算表

序号		1	2	3	4	5	6	7	合计金额(元)
产品名称		产品 1	产品 2	产品 3	产品 4	产品 5	产品 6	产品 7	
单位		瓶/ml	盒/g	袋/g	袋/g	袋/g	盒/g	盒/g	
单袋规格（ml、g）		400	100	100	150	250	280	280	
售卖单位		瓶	盒	袋	袋	袋	盒	盒	
售卖规格		1	1	1	1	1	1	1	
售卖总重量(ml、g)		400	100	100	150	250	280	280	
邮寄方式		包邮	包邮	包邮	包邮	包邮	包邮	包邮	
箱容（入）		12	30	100	60	—	24	24	
价值（元）		0.003	0.010	0.010	0.007	0.008	0.004	0.004	
KA 部	零售价格（元）	10.8	6.8	2.9	8.9	11.8	9.9	9.9	
电商部	零售价格（元）	10.9	8.9	2.9	9.9	12.8	10.9	10.9	
	促销价格（元）	1	1	1	1	2	1	1	
	促销价格/KA 零售价(%)	9	15	34	11	17	10	10	
	运输费用率（%）	500.0	500.0	500.0	500.0	250.0	500.0	500.0	
工厂	出厂价（元）	9	3	1.6	3	4.5	6	5.9	

注：1. 包装费用 1.32 元/次。

2. 单次运费 5 元。

续表

序号	1	2	3	4	5	6	7	合计金额(元)
费用率								
包装费用率（%）	132.00	132.00	132.00	132.00	66.00	132.00	132.00	
税费费用率（%）	8	8	8	8	8	8	8	
平台扣点费用率（%）	2.50	2.50	2.50	2.50	2.50	2.50	2.50	
广宣费费用率（%）	0.0	0.0	0.0	0.0	0.0	0.0	0.0	
净利率（不计算人员费用/管理费用率）（%）	-1442.5	-842.5	-702.5	-842.5	-451.5	-1142.5	-1132.5	
预估数量（瓶、袋、盒）	24	100	50	50	150	50	50	
亏损金额（元）	-346.2	-842.5	-351.25	-421.25	-1354.5	-571.25	-566.25	-4453.2
管理费用率（%）	5.0	5.0	5.0	5.0	5.0	5.0	5.0	
人员工资费用率（%）	40.2	40.2	40.2	40.2	40.2	40.2	40.2	
净利率（计算人员费用/管理费用率）（%）	-1487.7	-887.7	-747.7	-887.7	-496.7	-1187.7	-1177.7	

公式设定，如表5－12所示。

表5－12　电商部双11秒杀促销活动价格测公式设定算表（部分）

	B	C	D	J	K
3	序号		1	7	合计金额（元）
5	产品名称		产品1	产品7	
6	单位		瓶/ml	盒/g	
7	单袋规格（ml、g）		400	280	
8	售卖单位		瓶	盒	
9	售卖规格		1	1	
10	售卖总重量(ml、g)		＝D7	＝J7×J9	
11	邮寄方式		包邮	包邮	
12	箱容（入）		12	24	
13	价值（元）		＝D16/D10	＝J16/J10	
14	KA部	零售价格（元）	10.8	9.9	
15	电商部	零售价格（元）	10.9	10.9	
16		促销价格（元）	1	1	
17		促销价格/KA零售价	＝D16/D14	＝J16/J14	
18		进货价	＝D21	＝J21	
19		运输费用率	＝$D$24/D16	＝$D$24/J16	
20		公司利润率（去除运费因素）	＝(D16－D18)/D16－D19	＝(J16－J18)/J16－J19	
21	工厂	出厂价（元）	9	5.9	
22	注：				
23	1. 包装费用1.32元/次。				
24	2. 单次运费5元。				
25	费用率				
26	包装费用率		＝$D$23/D16	＝$D$23/J16	
27	税费费用率		0.08	0.08	
28	平台扣点费用率		0.025	0.025	
29	广宣费费用率		0	0	
30	净利率（不计算人员费用/管理费用率）		＝D20－D26－D27－D28－D29	＝J20－J26－J27－J28－J29	
31	预估数量（瓶、袋、盒）		24	50	

续表

	B	C	D	J	K
32		亏损金额（元）	= D31 × D16 × D30	= J31 × J16 × J30	= SUM（D32:J32）
33		管理费用率	0.05	0.05	
34		人员工资费用率	0.402	0.402	
35		净利率（计算人员费用/管理费用率）	= D20 - D26 - D27 - D28 - D29 - D33 - D34	= J20 - J26 - J27 - J28 - J29 - J33 - J34	

3. “聚划算”核算

参加“聚划算”活动需要将竞拍封顶费用摊到预估销售额上进行费率折算，如表 5 - 13 所示。

表 5 - 13　电商部 × × 月“聚划算”测算表

序号		1
类别		× ×
产品名称		× × 产品
单位		瓶/ml
单袋规格（ml、g）		200
售卖单位		瓶
售卖规格		2
售卖总重量（ml、g）		400
邮寄方式		包邮
箱容（入）		16
价值		0.084
KA 部	零售价（元）	33.6
电商部	零售价（元）	33.6
	电商部零售价/KA 零售价（%）	100
	进货价（元）	12.5
	运输费用率（%）	25.3
	公司利润率（去除运费因素）（%）	37.5

续表

序号		1
工厂	出厂价（元）	12.5

注：1. 单次运费4元。
2. 单次包装费4.5元。
3. 竞拍封顶费用15000元。
4. 销量预估2000组。

费用率	
纸箱费用率（%）	0.00
提成扣点费用率（%）	2.00
竞拍封顶费用占比（%）	22.3
税费费用率（%）	8
平台扣点费用率（%）	2.00
广宣费（直通车）费用率（%）	9.31
最低净利率（不计算人员费用/管理费用率）（%）	-6.13
管理费用率（%）	5.0
人员工资费用率（%）	40.2
净利率（计算人员费用/管理费用率）（%）	-51.3

公式设定，如表5-14所示。

表5-14　电商部××月聚划算测算公式设定表（部分）

	B	C	D
3	序号		1
4	类别		××
5	产品名称		××产品
6	单位		瓶/ml
7	单袋规格（ml、g）		200
8	售卖单位		瓶
9	售卖规格		2
10	售卖总重量（ml、g）		=D7×D9
11	邮寄方式		包邮
12	箱容（入）		16
13	价值		=D15/D10

续表

	B	C	D
	序号		1
14	KA 部	零售价（元）	33.6
15	商部	零售价（元）	33.6
16		电商部零售价/KA 零售价（%）	= D15/D14/ × 100%
17		进货价（元）	= D20
18		运输费用率（%）	= （D22 + D23）/D15 × 100%
19		公司利润率（去除运费因素）（%）	= ［（D15 – D17）/D15 – D18］ × 100%
20	工厂	出厂价（元）	12.5
21 22 23 29 30	注： 1. 单次运费 4 元。 2. 单次包装费 4.5 元。 3. 竞拍封顶费用 15000 元。 4. 销量预估 2000 组。		
31	费用率		
32	纸箱费用率（%）		0.00
33	提成扣点费用率（%）		2.00
34	竞拍封顶费用占比（%）		= D29/（D30 × D15） × 100%
35	税费费用率（%）		8
36	平台扣点费用率（%）		2.00
37	广宣费（直通车）费用率（%）		9.31
38	最低净利率（不计算人员费用/管理费用率）（%）		= D19 – D32 – D33 – D34 – D35 – D36 – D37
39	管理费用率（%）		5.0
40	人员工资费用率（%）		40.2
41	净利率（计算人员费用/管理费用率）（%）		= D38 – D39 – D40

三、追踪设计

促销申请的追踪是很费力气的工作，环节太多，时间太长，而促销却有严格的期限。

很多企业的促销追踪，往往最后是业务人员一条龙追到底，尤其是中小企业的业务人员追踪内勤、追踪市场部、追踪财务部、追踪副总经理，甚至追踪到总经理，最后是费心费力。

追踪的工作，应该是任何一个环节只追踪与自己对接的环节，环环追踪，顺流程而下进行申请，逆流程而回进行追溯，不可越流程追踪，这样才能顺畅运作。

（一）分工

销售部的业务人员只追踪营管部内勤助理；内勤只追踪市场部；市场部负责追踪后面的所有环节。

签批过程中，每个环节建立好交接记录，在签批过程记录表中填写交接日期，并且交接人签字。

（二）标准化追踪记录表

追踪时可查看签批过程记录表，随时了解到了哪一环节，或者进行追责时，确认责任在哪一环节。表格存放于市场部促销专员处。

营管部内勤助理可与业务人员建立接收记录表，如表5－15所示。

表5－15　促销申请/结案签批过程记录表

序号	日期	促销/结案编码	状态	营管部		市场部		财务部		副总	总经理	备注
				日期	签字	日期	签字	日期	签字	签字	签字	
			申请									
			下发									
			申请									
			下发									
			申请									
			下发									
			申请									
			下发									
			申请									
			下发									
			申请									
			下发									
			申请									
			下发									
			申请									
			下发									

第六章
促销活动现场管理的核心技能

不论多么好的促销策划、多么好的促销方式，都无法弥补促销现场糟糕的执行所带来的损失。

促销活动的现场管理，历来是促销活动执行的难点。一个好的现场活动，可以弥补一个平庸的促销策划、弥补不算有吸引力的促销力度和方式。

一、管控现场核心销售话术

现场的核心销售话术是重中之重，所有的促销吸引力都从话术传播给消费者，使其了解并做出行动。

（一）话术制定要领：一句话卖点

话术制定的核心要领是：明显传递产品和品牌的比较性优势利益、提供明显的证据，并且一定要标准化，从所有人口中传递的都是同一套话术。

事先制定话术，是必须做的工作。

话术制定的方法有 FABE 法、ABCDE 法等，将所有产品都制定出一句话卖点话术。

1. FABE 方法

一般用 FABE 法则来开发话术，如图 6－1 所示。

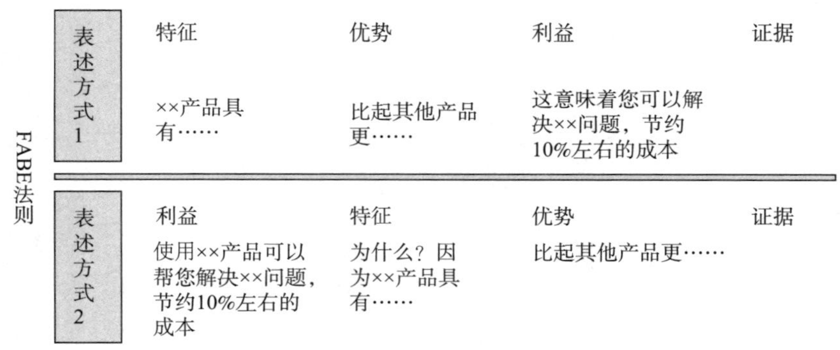

图 6－1　用 FABE 法则开发话术

产品特征（Product Feature）：

制定话术的信息可以直接套用本书第三章“单场促销活动策划及管控”中提到的抓取产品、品牌、促销信息。

产品优势（Product Advantage）：

产品优势是与竞争产品相比较的特征优势、成本优势。将本品与竞品的产品属性相比较，找出本品的不同之处，也就是产品优势部分。

产品利益（Product Benefit）：

产品利益是提供给客户，从而使其获得收益和好处的东西。将独特的产品属性与需求对应，满足客户需求就是给予了利益。

证据（Evidence）：

证据是实实在在可证明优势和利益的材料、证言、证词等。

比如“我们的产品是550g，售卖10元，其他品牌的产品是500g，售卖9.5元，折合下来10/550×500=9.09元，我们的产品可以让您节省9.5-9.09=0.41元”。

“我们的产品用的是某某黄金产区的原料，特点是蛋白质含量比其他品牌的产品高，能够给您家孩子补充更多更优质的蛋白质。”

找出所列的品牌和产品的属性特征，找到其与竞争品牌相比的差异优势之处，强调其带给消费者的利益，提供足够的证据来证明所说的这一切的真实性。

2. ABCDE 方法

ABCDE 方法也是常用的促销话术组织方法。

A：Authority，证明产品权威性、专业性等能增加可信度的信息。

B：Better，更好的特性、质量、服务。

C：Convenience，便利性（购买、使用）。

D：Difference，差异之处，产品、品牌等的差异化优势。

E：Evidence，证据。

ABCDE 是说话的顺序表达。

A：展示权威性。

“姐，这款产品获得了×××证书/专利/认证等，是由权威专家×××开发，采用了×××权威技术，使用了最先进的设备×××，原料是×××最好的产区，辅料是采用最知名公司××的产品”等。

B：更好，有比较才有更好。记住，一定是比较型话术。可以与之前自己的产品比，也可以与竞品比，类似于 FABE 的产品优势比较描述。

“姐，这款产品的颜色非常棒（展示证据，如样品或食物），口味很棒，鲜香（证据，如您尝一下）……”

C：一定要证明产品具有使用（食用）简单、便利的优点。

“姐，这款产品（做菜用的酱料）在使用时很方便，您看（指着）包装后面有步骤，非常简单，只需按照操作加入，其他的调料都不需要，就能做出来非常美味的菜肴。”

D：差异之处。

“姐，这款产品比起其他品牌最大的差异就是我们不添加×××，不含激素、抗生素，加入了×××微量元素，带给我们健康、安全。”

E：证据。

在表述ABCD部分的内容时，随时出示证据。

一定要有证据，再次强调一下，你说得再好听，没有证据，没有人会相信你。因此，一定要手里持有证据，哪怕是一个检验证书、一个荣誉证书、一次政府表扬的报道，一封感谢信、一张报纸、一本权威杂志……都行。

ABCDE是非常好的表述方法，在现场销售中具有极强的实战性。

上面的话术组合起来就是：

“姐，建议您买这一款产品×××，原料是×××最好的产区，辅料是采用最知名公司××的产品，您看，（手中随时出示证据）颜色非常棒（展示证据，样品或食物），口味很棒，非常鲜香（证据，如您尝一下）……使用时很方便，您看（指着）包装后面有步骤，非常简单，只需按照操作加入，其他的调料都不需要，就能做出来非常美味的菜肴。比起其他品牌最大的差异就是我们不添加×××，不含激素、抗生素，加入了×××微量元素，带给我们健康、安全。”

3. 促销活动话术制定较为简单，只要将活动方式准确地说出来就可以

（二）培训话术

话术制定后，不要指望所有人主动去背诵，更不要指望所有人主动地熟练运用。

集中培训和考试加激励是最好的方法。

（1）将话术打印出来，展开培训，培训方式见本书第七章“终端6步销售法”的内容。

（2）下发书面话术，给几天的时间记忆、背诵。定好考试时间，考试分为书面和实战演练两部分，每部分50分。

（3）考试，按照得分当场进行奖励与处罚。

二、现场布置管控

现场的布置管控分为动线把控、人员定位、氛围安排、布局及售卖动作、后勤安排等。

下面以某超市举办的促销活动为例做说明。

（一）动线及陈列区设置

动线管理是核心。动线，指的是消费者行走人数最多的线路。人越多，接触消费者的机会就越多。

动线管理分为选取场地前考察动线和选好场地后的动线安排两方面。

初步选取场地时，考察动线。

建议做这项工作，尤其是做专业分析。很多业务人员不懂得这一点，在位置选取时经常出问题。

在活动策划时，派出专业市场人员，去实地绘制动线图。方法是站在实地观察，用铅笔在白纸上绘出即可，一定要选择一天的购物高峰时段。

活动外场地与出入口的人流动线、超市内活动场地及货架周围的人流动线，尤其注意超市内主通道与分支通道都要绘制出来。

超市外动线图标明：场外的人流口分布，如图 6－2 所示。

超市内动线图标明：人流方向、磁石点（某些人群聚集交会点），本竞品货架位置、本竞品的堆头分布、生鲜区的位置等，如图 6－3 所示。

用途：除了用于选择位置外，还是发宣传材料、做广宣、试吃等的必用工具，另外可以在图上进行人员分布、站位、调整等战术安排和调整。

（二）人流、人员定位安排

合理安排人员的占位，配置好各种引流点。

1. 超市内人员配置

如图 6－4 所示，原则是把控住最大人流，告知促销活动，同时在货架区设置试吃点售卖点及相关人员。

在超市户外有促销活动时，超市内必须至少配置 1 人负责试吃、售卖，否则超市内的人群就会被竞品干扰、获取。

导流位置 2 属于竞争性极强的设置点，综合考虑超市客情关系，能设置最

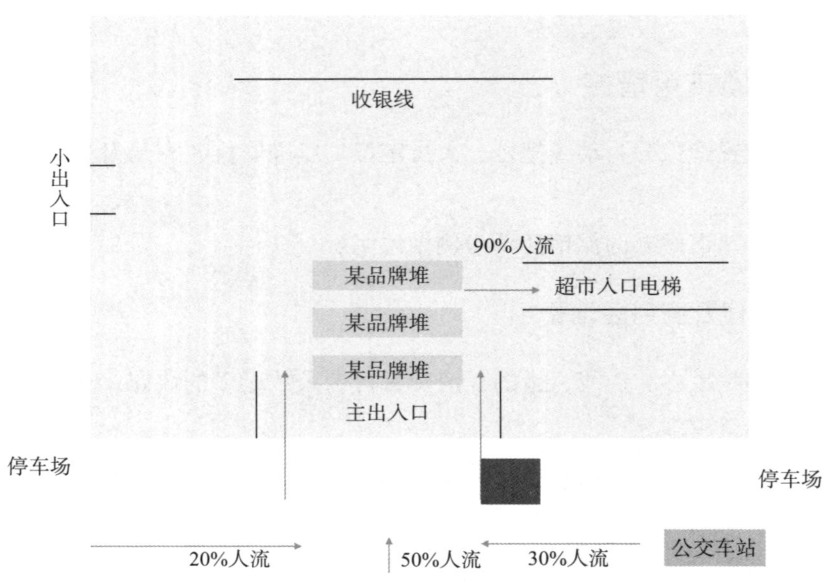

图6-2　超市外动线

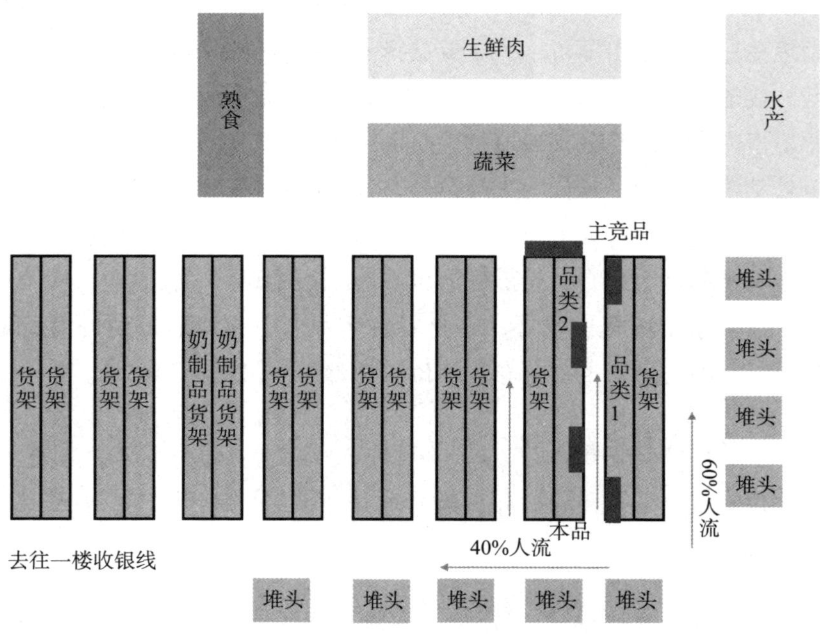

图6-3　超市内动线

好，不能设置则放弃。

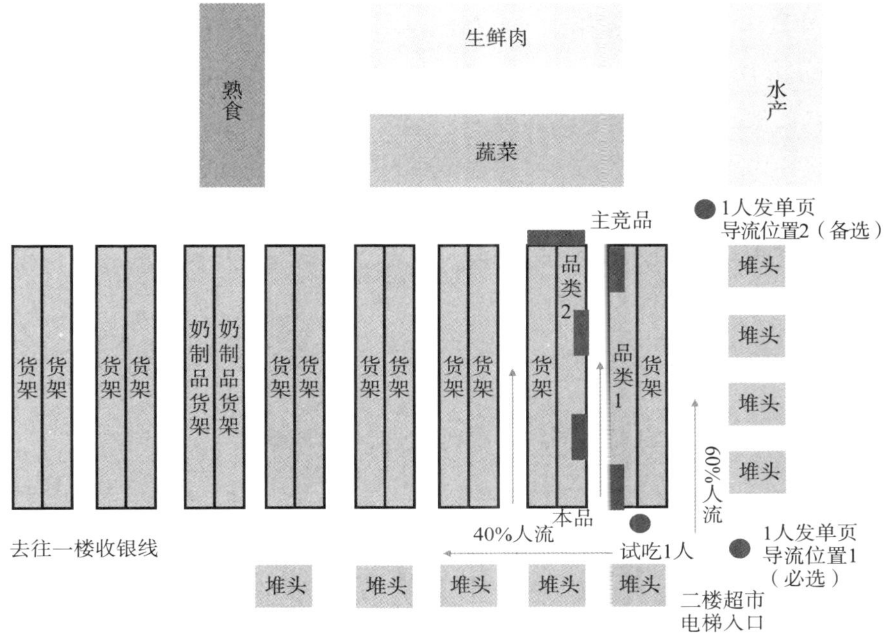

图6－4　超市内人员配置

2. 主活动场地设置

户外主活动场地，必须设置在靠近入口的主动线上，即选取人流量最大的一侧，这符合人们的行走习惯，如图6－5所示。

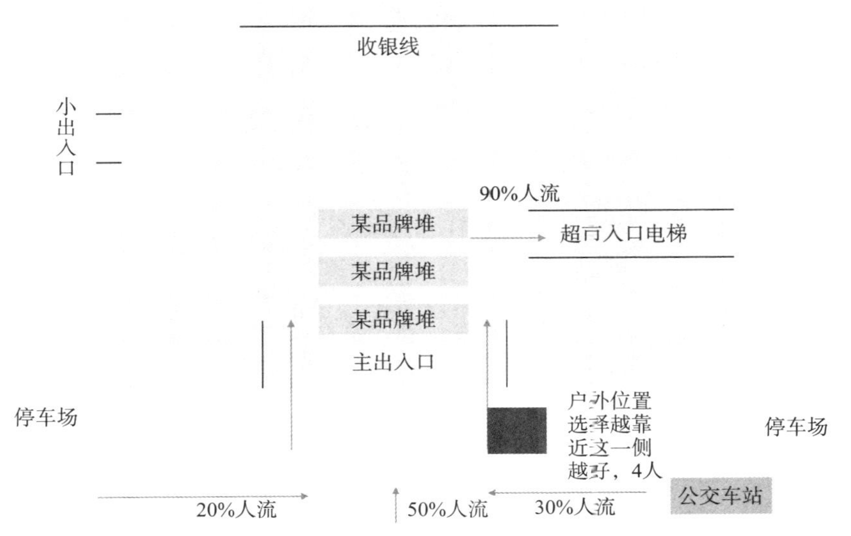

图6－5　主活动场地设置

3. 户外具体人员布局安排

如图 6－6 所示，在户外现场，根据动线来安排人员，在最有机会接触顾客的位置设置人员站位是基本原则。

合理设置售卖人员、试吃区、发宣传页人员的位置、面朝方向，规定好每个人负责的区域范围（圆圈内）。

这 3 名售卖人员兼顾试吃、发材料、售卖，不允许离开各自的区域，超出区域的顾客交由下一位促销员负责。

在人流最集中处单独设置一名发宣传页的人员，此人可以根据人流移动位置。

这样就几乎能对所有经过的顾客宣传到位、试吃到位、介绍到位。

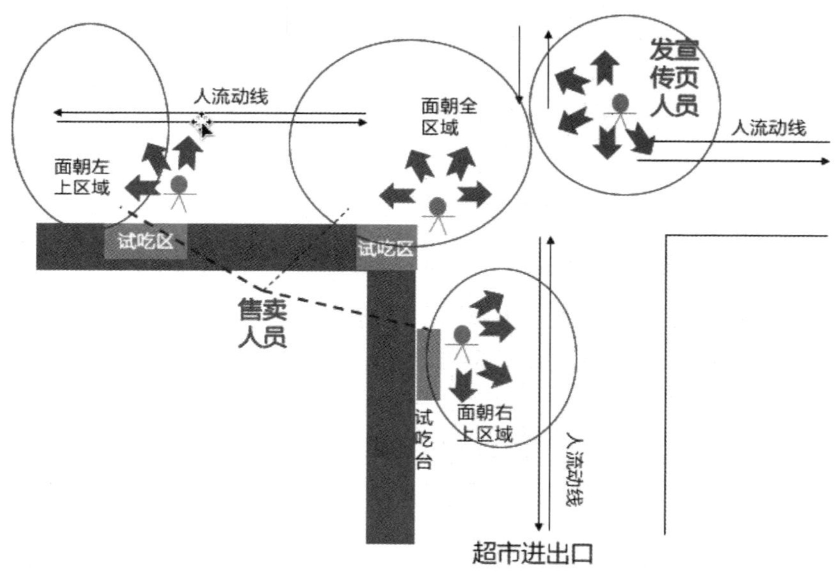

图 6－6　户外具体人员布局安排

促销人员不可站在中心线上，那样会阻碍顾客人流，也不可以距离试吃台太远，这样来不及拿试吃食品。

正确的占位如图 6－7 所示，面朝顾客来的方向，站在自己试吃台区域的边缘，伸手就可以拿到试吃台上的食品，顾客在左前 45 度方位，促销人员在距离中心线大约一步半的位置。在顾客接近时，促销人员迅速拿起试吃品并一步迈出，正好站在顾客面前（还有半步距离）。

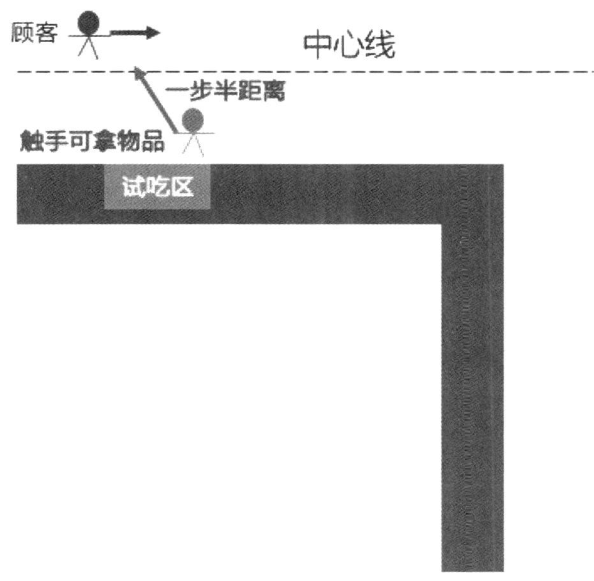

图 6-7　正确的占位

（三）氛围安排

活化的现场氛围，是让顾客心情愉悦地参与活动的必要条件，如图 6-8 所示。

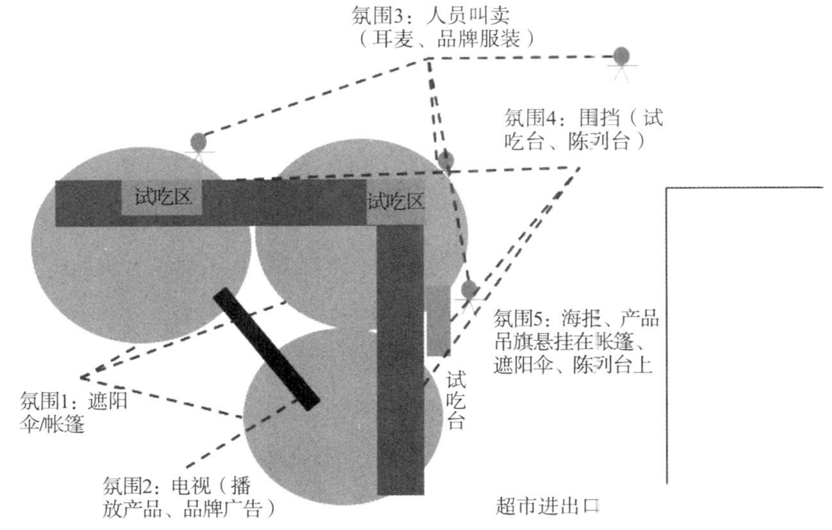

图 6-8　现场氛围活化

活化道具：帐篷、遮阳伞、围挡（陈列台、试吃台）、吊旗、海报、人员服装、耳麦、电视等物料，巧妙配置并覆盖全场。

如果有条件，可以布置一些五颜六色的气球、X 展架等广告活化物及落地陈列架等。

电视的使用很有技巧，主要用来播放品牌和产品的广告片及歌曲。顾客少时，可把电视声音调大，播放歌曲或广告片都可以，以吸引人潮；顾客多时，播放广告片，声量不可太大，不要压住了人员叫卖和介绍的声音。

（四）售卖布局及售卖动作分解

当布局、人员占位、氛围都安排好以后，下一步是细节的调整，以尽可能地提高与顾客接触的效率。

1. 售卖动作标准化

- 叫卖。
- 当看到顾客走过来，距离一步半左右时，左手端起试吃杯，右手拿起牙签，在一步左右时拦住顾客。
- 半强制试吃（在本书第七章“终端 6 步销售法”中详细讲述）。
- 顾客试吃时，返回，左手放下其他试吃杯后拿演示产品，右手拿宣传材料；材料多时，先左手拿起一份，再右手拿起一份，统一交到右手，最后左手拿起产品，尽可能节约时间。
- 演示介绍。介绍产品时，左手举起产品，右手指着产品介绍。注意：宣传材料一定不要提前交到顾客手里，否则顾客极有可能看材料，基本上你就没有机会开口介绍了。
- 销售，运用标准技巧和话术。
- 销售完毕，顾客买与不买都要将宣传材料交到顾客手里。
- 提醒顾客将牙签扔到垃圾桶内。

2. 售卖点布局的调整

现场摆放的一切都是为了最大限度地方便售卖动作，将接触顾客的时间降到最短，所以物品摆放应方便促销人员最容易拿起来。

如图 6 -9 所示，大家看一下正确与错误的摆放方式，会发现错的摆放方式下按照前面所述售卖标准动作步骤做起来，左右手在打架，效率非常低，你还没拿起来食品，顾客已经走过了你的售卖区域。

（五）发放宣传材料动作分解

如果只发放一种宣传材料，那不需要多说；如果是同时发放两种及以上宣传

售卖布局图示前后对比

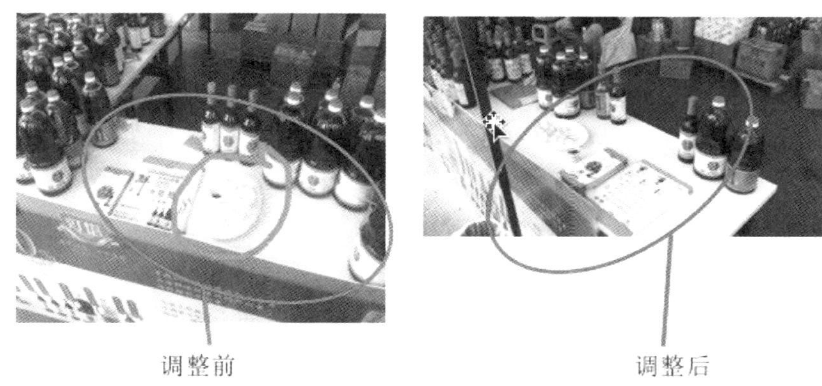

图 6－9　售卖点布局

材料，那就需要技巧了，否则也会出现你还没拿出来材料，顾客已经走过去了的情况。

动作分解：

- 手提袋一个，产品单页 1 张，促销活动单页 1 张。
- 材料放置在袋子内时，一定是面积小的放在左侧，面积大的放在右侧。
- 左手提一个手提袋的带子，另一个带子放开。
- 右手拇指和食指先拿起左边小的单页，再用右手后三个手指快速拈起右边另一张，轻轻一抽，合在右手里。
- 左手提起带子，两只手将材料整理整齐交给顾客。

这些小的细节，都是提高效率的法宝。

（六）人员补位及后勤供应

专门安排 1 名人员负责后勤和补位。

促销活动现场，经常有各种突发问题出现，会导致人员空位现象。设置一名现场管理人员，随时安排补位。

整体产品、物料、饮料、试吃品等的补充也由此人全权负责，以保证不缺物品。

该人员要主动巡视，询问所有促销员是否有需要帮助的地方，一旦发现试吃品、演示品、售卖品、宣传材料等不足，主动补足。

三、案例

（一）某品牌打造万元店活动

1. 店内动线及形象改进布局

事先在店内观察、统计，详细做出顾客动线图，分析各动线的机会，包含本竞品位置、广告位置比对，如图 6 - 10 所示。

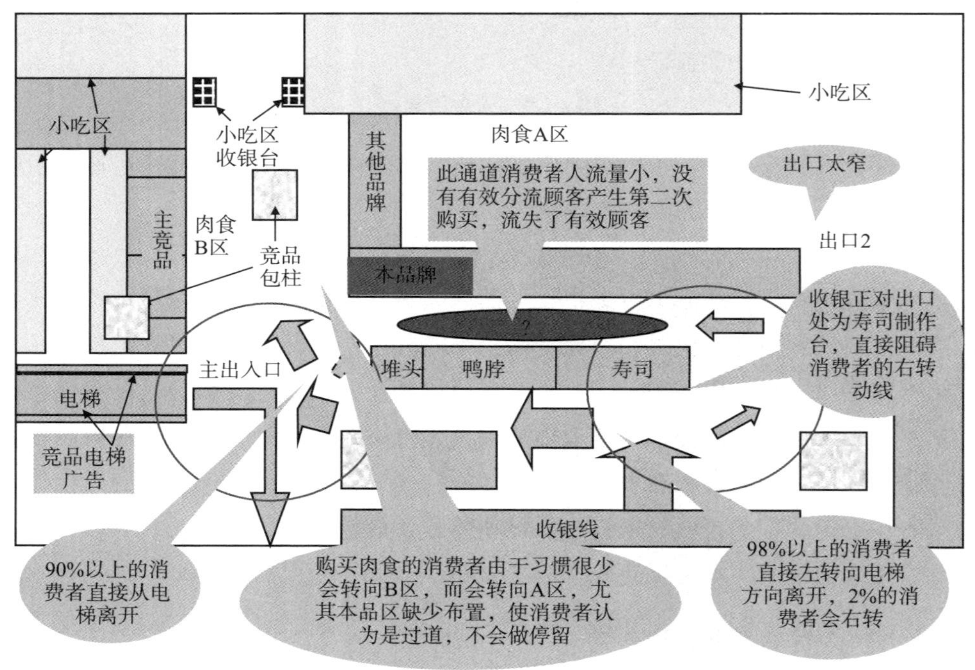

图 6 - 10　店内动线及形象改进布局

综合分析：

（1）本品牌的位置处于消费者第一关注的位置，这是本品的巨大优势。但同样如图 6 - 10 分析所示，本品在品牌传播方面处于劣势，甚至由于本品的终端布置，将第一优势丧失殆尽。

（2）由于超市的动线设计，在第一出口，消费者从右边分流的比例很小，98% 的消费者从左边出口分流，到达电梯口时，90% 左右的消费者会直接流失掉，向本品销售区分流的顾客很少。另外，再加上在本品前设置了堆头，因此本品牌柜台前的顾客流量很小。

（3）利用目前消费者基于价格上扬对熟肉制品关注度的提高，拉升了本品牌与熟肉制品行业的关联度，有利于优先占据消费者的第一心理位置。

2. 促销活动方案概述

（1）终端现场形象思路

设置全面的、连续的、多方位的消费者告知；动线引导，最终聚焦公司终端；用全局＋聚焦传播营造整体转播效果；隔断主竞品的连续传播。

如图6－11所示，设置电梯广告作为竞争性广告，阻断竞品的品牌影响力传播渠道。这是笔者为超市开发出的新广告位（以前没有），因此促销活动期间免费试用，活动结束后，每年付费6万元。

周围区域做小吃区桌牌、专卖柜围挡来提升整体品牌形象。

聚焦打造本品牌主活动区的形象，用于上下圆环区域做形象广告，上方用射灯照射下来形成本品牌的影响区，并通过设置在入口的箭线地贴指引消费者。

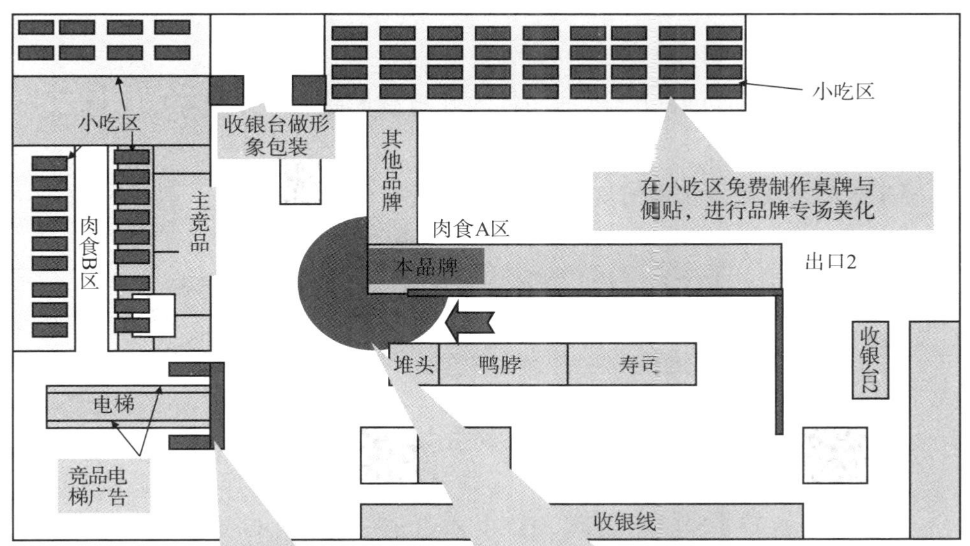

图6－11　万元店终端形象打造方案

（2）设置抽奖、坎级买赠、积分兑换品牌赠品、特价等活动

促销活动启动后，6个月内排名超市第一，单店年销售额400万元以上。

（二）某品牌大润发新春特价促销调整

这个促销活动最终销售数据在大润发单店做到了7天130多万元的销售额（未纳税），确立了公司促销执行要走专业化、标准化的道路，让整个销售团队真正信服，以此为契机，拉开公司市场作战的序幕。

1. 促销背景

（1）大润发新春促销方案是公司与大润发联手举办的促销活动，大润发举办此活动的目的是在新年第一季度提升营业额，而对利润额则不太重视。

（2）公司在这次活动中投入了很大力度，大润发拿出一部分毛利支持此次活动。

（3）竞品则想尽一切办法来阻击此次活动。在××大润发，主竞品B通过公关，在本品的堆头上挤出一个堆，用低价“9.9元/斤××肠”的促销方式，冲击本品，此单品周五单日销售2吨多（4000斤），营业额达到4万元。结果，我们的产品升势立刻被遏制，销售陷入僵局，公司团队没有斗志，一片萎靡，竞品B促销团队则喜气洋洋。

（4）此次活动，公司投入如此大的力度却被竞品B一个单品阻击掉，原因何在？本品的竞争优势为何体现不出来？

原来我们与消费者沟通的卖点被转移到低价（9.9元/斤），而忘了我们的巨大优势。

现场产品陈列、促销员站位、话术、现场战术对应不符合要求。

2. 本竞品分析

本品现状：

（1）参加此次活动的本品为品质高的主力单品。

（2）本品降价力度极大，××纯肉火腿降价5元/斤、××火腿降价10元/斤、烤肠降价3元/斤、猪头肉降价8元/斤、酱牛肉降价8元/斤、肉串降价5元/斤。

（3）本品7个堆头柜，占有巨大优势。

（4）本品在主要通道旁。

（5）本品有7名优秀促销员，占有优势。

（6）本品整体形象布置突出。

竞品B分析：

（1）此次参加活动的单品为低品质的××肠。

（2）只是低价 9.9 元/斤。

（3）只有 1 个堆头柜。

（4）竞品缩在一角。

（5）有 3 名促销员（在星期六增加到了 8 人）。

（6）在店方支持下强行加入一个海报。

原活动现场布局，如图 6－12 所示。

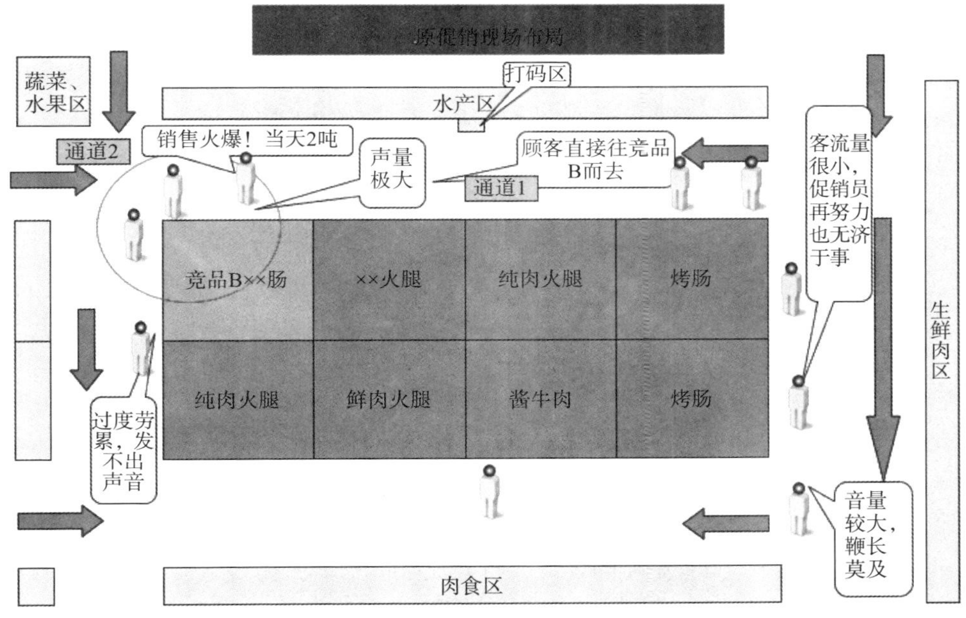

图 6－12　原活动现场布局

人员话术对比：

竞品 B：

（1）“快来看一看……原价 13.9 元，特价 9.9 元了”，“特价 9.9 元了”。

（2）人员音量极大，斗志昂扬，气氛欢快。

（3）产品一筐筐地往上堆。

（4）顾客熙熙攘攘地排队，买的时候随手一抓，根本不计较多少，很多人一下提几袋。

本品：

（1）“快来看一看……”“××烤肠特价 13.6 元了。”对比竞品，根本没有吸引力。

（2）人员音量较小，没底气，压抑，明显被压制。

（3）产品货量较小。

（4）顾客较少。

3. 战术调整思路

现场销售最重客流及人气，如果不能有效地吸引人流，根本就不会产生销售。本品其实处于客流主通道，在现场看到的竞品 B 前客流拥挤的现象，只是因为我们不能有效地留住顾客而已。

第一步：确定如何吸引消费者。面对此种情况，首先分析消费者的购物需求心理，明白消费者的需求，那么吸引顾客的方法就找到了。

顾客在不了解产品品质、品牌的情况下，首重价格，而忘记了此次活动产品真正带给他的价值（优质产品在有足够购买力的情况下，真正优惠幅度的大小），竞品 B 促销手法成功的原因就是迎合了虚假需求，去除真正的购买力低而购买的顾客，其实绝大多数顾客是被马太效应吸引而去的。

在符合产品定位或稍低定位的消费者了解产品品质、品牌的情况下，吸引他们的并不是纯粹的低价，而是实际的优惠价值，这点要在话术及销售技巧中体现出来。

当然也需要投放更低价的产品，以子之矛攻子之盾，建立正面防御阵地，才能保护其他产品。但有一个原则，确定本品低端产品只是策略产品，不是销售的重点。

第二步：遏制、分流竞品的客流，将人流吸引到本品销售区，又将竞品孤立在一边，这是最佳的状况。

- 吸引人潮的低价肠的放置地点要有利于吸引客流，同时还能促使顾客购买转向我们想推介的高品质烤肠、纯肉火腿。（这一点至关重要，具体原因见后面 246 页“产品布局”的描述。）
- 通道 1 处：此处通过调整要能有效地分化吸引蔬菜、水果区的客流，还要阻止从主通道处经过本品区往竞品 B 区域的客流。
- 通道 2 处：在与竞品 B 相接的另一堆头区，此处也要能有效地分化竞品 B 的客流，同时又可以巧妙地利用竞品 B 吸引到的客流销售本品（调整后确实做到了这一点）。

第三步：人员配置。好的战术布置还要人员去执行，人员分配至关重要。

在嘈杂的现场，音量与现场的情绪（外露）、动作（开朗）至关重要。

虽说好的销售是靠产品与活动的吸引力，但对消费者进行简单推介时，销售技巧也很重要。

4. 调整

在1月5日星期六大润发一开店，笔者与销售经理观察了现场后，在大润发的楼顶快速进行了讨论，做出了调整，如图6－13所示。

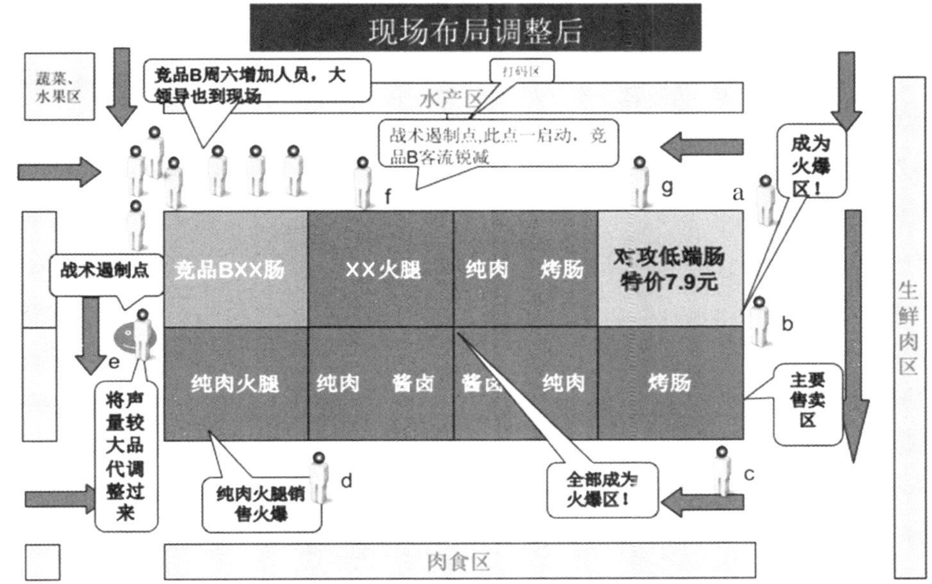

图6－13　调整后人员布局

(1) 人员话术及技巧

开题语：突出活动的优势，同时加入品牌及产品推介（动作：举起各自产品）。

➢“快来看一看……”

➢低端对攻产品：公司美味×××（美味可口），特价7.9元了。

➢烤肠：公司烤肠（纯肉制作），每斤便宜4元了。

➢纯肉火腿：公司纯肉火腿（纯肉制作），每斤便宜5元了。

➢××火腿：公司××火腿（顶级火腿），每斤便宜10元了。

➢猪头肉：公司猪头肉（脱脂酱制，香而不腻），每斤便宜5元了。

➢酱牛肉；公司酱牛肉（老汤酱制，酱香浓郁），每斤便宜8元了。

产品推介话术：低价肠与烤肠、纯肉火腿。

第一步：“口味都很好，只是里面肉多肉少的区别，毕竟价格不一样。”“我们的××肠与同类竞品品质一样，只是我们的价格更便宜。”

第二步：手中抓起3～5根烤肠或拿起一个纯肉火腿。

第三步：“您来3根还是5根?”“周末了（烤肠原价都16.9元，这次搞活动才降价这么多），趁这个机会，来点肉多的，要3根还是5根?”（顺手往袋子里面装）。

其实在火爆的现场，大声的介绍表面是针对1个顾客，但实际上是作为现场告知说给周围所有人听的。

综合运用开题语中的产品卖点穿插进行。

统一话术：“为了这一次大润发厂商周，我们才降价这么多”“公司烤肠，是最早的也是最好的产品，本地人吃了十多年了”。

（2）产品布局

其实在1月4日的现场，出现了两种意见。

第一种意见是将低价肠投放在竞品B精肉肠同一旁，因为此处客流量最大。笔者的意见是不可放在此处。

第一，这种提议忽略了我们的优势，此处的客流量巨大只是个假象，我们拥有主通道的优势，只是因为我们未运用好。

第二，我们的目的绝不是卖低价肠，如果将低价肠投放于此处，那真是把竞争中心彻底转移到了低价上，我们的其他产品就被忽略了，这正是竞品B所愿意看到的。

第三，在拥有绝对优势的情况下，一定要以我为主，将客流量最大化地聚集在本品区，将竞品孤立化。

第二种意见是将低价肠放置到主通道旁（见调整后的布局图，后来证明这是极其成功的），在布局上作为战术吸引人潮点，将烤肠配置在两边，以便于将吸引到客流后销售符合顾客真正需求的烤肠。在与竞品B的中间区域，配置最高端的××火腿，目的是让消费者从主要动线处沿通道转移时，对其从心理上暗示，前面是高价区，不要再前行。

低价肠：最后决定放置在堆头的动线第一聚焦处。

烤肠、纯肉火腿：放置在主推的低价肠旁边，以便于客流吸引过来后进行推介。纯肉火腿放置在近挨竞品B的堆头处，凭借每斤降价5元的巨大优势，利用竞品B的客流进行销售。

××火腿：放置在与竞品B的隔离区处，一方面是用高价阻止本品的客流分流到竞品B处；另一方面运用每斤降价10元的优势进行售卖。

酱卤类：放置在另一通道处。

（3）人员布局：现场的人员站位及分配至关重要

促销员 e、f：在竞品 B 的两个相邻点配备两名促销员，这两名促销员必须音量较大，情绪饱满，具有感染力，因此将原来区域的促销员（音量适中，适合于推介）调到销售区，将两名音量较大的促销员调配至此区域。

第一，运用本品低价肠特价 7.9 元，纯肉火腿每斤降价 5 元的巨大优势，干扰并分化竞品 B 的客流。运用开题语，当竞品 B 前客流量加大时，更要加大音量。

第二，将顾客往本品低价肠、烤肠区引导，促销员 f 的职责是对从本品通道区经过的顾客不断告知其 7.9 元的低价肠所在的位置。

促销员 a、b、c：职责是吸引主通道客流，维系主区销售。

促销员 d、g：销售各自面前的产品，或作为轮换区存在。

5. 现场调整

（1）在现场，不断调整促销员的动作、音量、话术，提醒每个区域的促销员其职责所在，根据竞品 B 的堆头区前的客流对促销员进行现场指导。

（2）在现场，销售经理不断关心促销员的身体状况并进行激励。

（3）经理、主管、业务一起搬货、上货。

（4）紧急调配市场部两名人员，进行现场培训，实战促销，为下一步的消费者促销启动做人员储备。

6. 调整效果分析

促销员 e、f 两个战术点一启动，立刻遏制了竞品 B 的势头，客流被吸引至本品区。主通道旁的客流量不断加大，人流拥挤；竞品 B 堆旁的本品纯肉火腿的销量大增。

调整后，随着现场运转越来越顺畅，销售多点全面开花，如图 6－14 所示。很多消费者都是整根（产品是切开零卖的方式）或 2 根地购买纯肉火腿，产品上堆几乎立即销售一空。低价肠、烤肠也是如此。大润发的销售经理当初不相信我们的高价产品销售额会很高，但结果出乎他的意料。

最后竞品 B 的堆前促销员、业务十多人围在堆头旁，空吆喝，但产品销售很慢。他们既使将产品堆得像小山一样高，还是无济于事，堆头前，客流稀少，促销员情绪低落，与昨日相比大相径庭。

在活动期间，销售区其他家产品的销售额很低，几乎所有人流被我们吸引。

其实，我们的业务人员、促销员素质还是不错的，只是由于方方面面的原因开始无所作为而已。最令人高兴的莫过于将竞品 B 压制住而获得成功，看着竞品

B 的销售哑火，人员萎靡不振，我们团队情绪高昂，销售红火，市场部的两名新人很快融入销售团队得到锻炼，真是欣慰！

在某种情况下，竞品的加入反而有助于我们聚集人气，关键是看你怎么运用。

图 6－14　调整后销售效果

第七章
终端6步销售法

在现场销售过程中，促销员不是被动地等待顾客自行去挑选、购买，而是需要用专业的销售技巧去赢得顾客。

现场销售可以划分为6个关键的销售步骤，如图7－1所示。

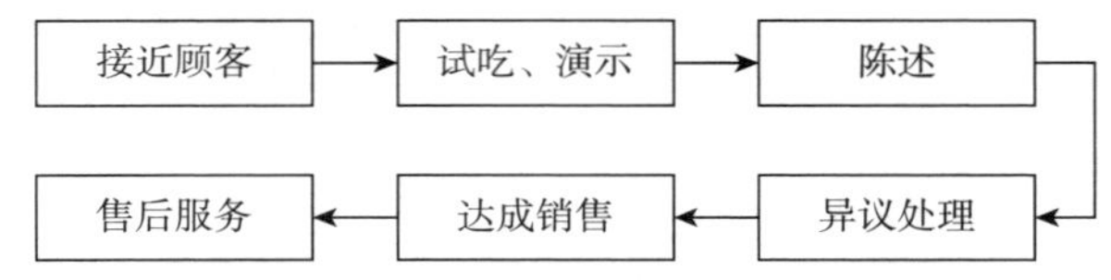

图7－1　现场销售的6个关键步骤

销售涉及两个公式：

第一个公式：购买顾客数＝经过的顾客×接洽成功率×试吃成功率×接受解说的成功率×成交率

没有随随便便的成功，成功的顾客购买源于每一步的成功率，做好每一步的动作，才会销售成功。

每一步都做得完美了，顾客可能仍然不买，不做好这些动作，顾客就更不会买。

顾客买与不买真的不重要，重要的是做好每一步的每一个动作。

这是现场销售的最核心精髓：控制动作过程，而非只盯着销售。

第二个公式：月销售目标＝购买顾客人数×购买客单价×月购买频率

通过公式，可以让促销员明白，销售额来自每一位顾客。

因此，要努力增加顾客数，增加客单价，做好顾客关系，让顾客回头。

一、接近顾客

在现场销售中，如果不通过一定的技巧去成功接近经过的顾客，下一步的销售根本无从谈起。因此，成功接近顾客，是销售成功的第一步。

顾客在接近：顾客在朝你走来，目前最紧缺的资源是顾客的注意力，而不是其他。

顾客的表现：或急急忙忙，或兴高采烈……

竞品在虎视眈眈。

顾客关注你，你才有销售的可能，否则你根本就没有机会。

如果顾客看到你的第一眼或听到你的第一声说话，产生不了兴趣、没好感，进而不信赖你、讨厌你，你还有销售的可能吗？

如果你的促销员比竞品的差，顾客会直接离你而去，机会就这样溜走了。

这一步我们要达到以下目的：

（1）吸引顾客。

（2）让顾客形成初步形象认知。

（3）让顾客对产品的利益点初步认知。

如果是现场加工型的产品，顾客对产品属性——香气等的初步接触。

主动走近顾客，以利于下一步的试吃及介绍，如图7－2所示。

接近顾客一定要最大化地让顾客同意与你产生下一步的交流。

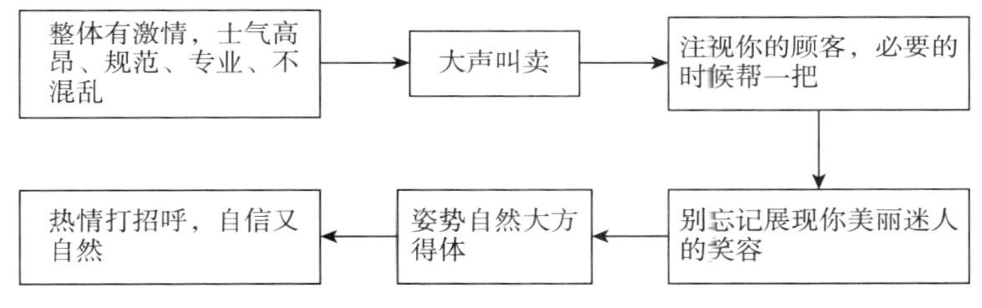

图7－2　主动走近顾客

（一）远观

整体有激情，士气高昂、规范、专业、不混乱，这样顾客愿意过来。

好的现场团队才会让顾客从远处就愿意接近，感到来这里购买是自然的。

顾客不愿意接近的现场和人的因素：你要避免懒散、懈怠等，不要让人看上去公司要倒闭、产品卖不动，卖不出去被打击得不行的、别人不需要的东西，顾客能需要吗？

顾客愿意接近的现场和人的因素：看上去卖得热火朝天的，热情的、红火的，哪怕是假装也可以，让顾客产生“别人需要的东西我也需要”的心理。

（二）远听

大声叫卖，对应需求。

从远处，就让顾客能听到你的叫卖声，引起注意，告知相关信息，对应其需求。

采用叫卖标准话术：

欢迎品尝××品牌××产品，欢迎品尝！

特价、特价、特价××元了啊，××产品××元了啊！

看一看，看一看，××产品特价××元了啊！

最后的尾音一定要挑高起来。

（三）近帮

注视你的顾客，必要的时候帮一把，暖人心，建关系。

顾客做什么，你帮她一起做，她才会把你当成自家人。帮助推小车、扶篮子、夸小朋友、送气球等，凡是顾客在做的、在意的，请不吝惜你的帮助。

动作要干练、规范。

这一步建立起顾客对你的好感，甚至构建起情感纽带。

（四）面对面：微笑

别忘记展现你美丽迷人的笑容，先微笑，去感染顾客。

笑容是传递好感、化解冷漠、僵局的最有效的利器，你对我有好感，我才对你有信任！笑容是获取信任的最好法宝！

（五）面对面：展姿势，让人放心

肢体语言是最好的信息传递方法，大方、得体、自然、不拘谨、不做作。

（六）面对面：热情打招呼

热情！让顾客觉得他与众不同，你对他与旁边的人不一样，体现你对他的关心与关注。

顾客走近你，身体朝向顾客，视线看着顾客，一定要面带微笑，声音自信，具有感情色彩（热情，避免单调苍白），身体稍微前倾。

（1）欢迎：“你好，大姐（大爷、阿姨、姐、师傅等，一定要运用当地的口语化称呼，不可千篇一律，文绉绉的称呼不可取，下同），欢迎光临（或者：又来了）。”

一定要加入直接针对顾客的称呼，不要仅仅是欢迎光临之类的话，如果可能，直接转入确认需求环节。

（2）如果有顾客带小孩的，切记加上：“小朋友，你好。”如果有气球，可以说“小朋友，送你一个气球”，或者顺便夸夸小朋友“真可爱”。

（3）根据顾客采购的物品："阿姨，怎么今天买这么多啊?"语气词一定要加，显得不单调、不突兀，表达你的友善，让顾客融入氛围。

（4）如果顾客手中的东西多或比较重："阿姨，买这么多，很沉吧，您可以先把东西放一放。"

（5）如果顾客有很突出的美感的物品："你这个××真好看!"

如果顾客走进柜台，你正在招呼其他顾客：身体转向顾客，视线看着顾客，一定要面带微笑，声音自信且具有感情色彩（热情，避免单调苍白），身体稍微前倾：

（1）欢迎："你好，大姐（大爷、阿姨、姐、师傅等），请您稍微等一下好吗?"

（2）接待完你面前的顾客后："对不起，让您久等了。"

夫妻一起的，招呼女性，有可能就夸一句："你老公对你真好!"

二、演示

顾客来的目的是看看有没有什么产品是值得买的，我们成功接近顾客的目的也是为了让顾客知晓这一点。

销售现场的时间是很宝贵的，大多数顾客没有太多时间停留，一般在10～15秒。尽快让顾客对产品了解之后，再来判断价值和需求。

所以要尽快切入主题，演示是最好的方法。演示是指展示你所说的产品优点，提供你所说的证据。

演示是吸引顾客介入，增加其直接感触和认识的最佳手段，只要让顾客吃了、看了、摸了、拿在手里了，那么你与顾客的下一步陈述就没有障碍，顾客也愿意花点时间与你交流。

（一）试吃演示

试吃是演示的核心方法，运用感官的传播来强化产品的特点。

做好了试吃，销售已经成功了一半。试吃（试用）是销售成功最核心的保证，消费者通过试吃了解产品的最基本属性，做出基本判断。关于试吃详见本书第二章"线上、线下促销方式及组合运用"的内容。

（二）其他演示方法

产品是最好的演示道具，可以通过现场制作、加工、操作等方法来演示。用产品本身来演示产品的颜色、外观、质感、口味、香气、使用方法和功能、特色。

“姐，您看……”，配合动作，手指着商品引导顾客看产品，让其看成色；放到顾客鼻子下让其闻气味，让顾客吃一点，让其辨味道；放到顾客手里，让其试感觉；让顾客操作，体验功能等。

还可以事先将相关材料准备好，把书面材料塑封拿在手里，随时出示。

三、陈述

顾客被你吸引，等着你施展魅力让她欢快购买呢！

顾客在你身边，想表达她的实际需要……

还有竞品在引诱着她比较一下。

顾客相信你，相信你的产品能满足她的需求，你才有销售出去的机会，否则你就只能失败。

如果产品被你介绍的比竞品差，顾客会直接离你而去，机会就这样溜走了。

我们要达到的沟通目的：

（1）确认顾客的需求。

（2）告知产品的特性、优势、利益，也就是价值感。

（3）告知价格。

（4）告知品牌的优势。

（5）告知促销活动的内容。

如图 7－3 所示，陈述与演示是交织在一起的，可以先演示再陈述，也可以先陈述再演示，更可以边陈述边演示。

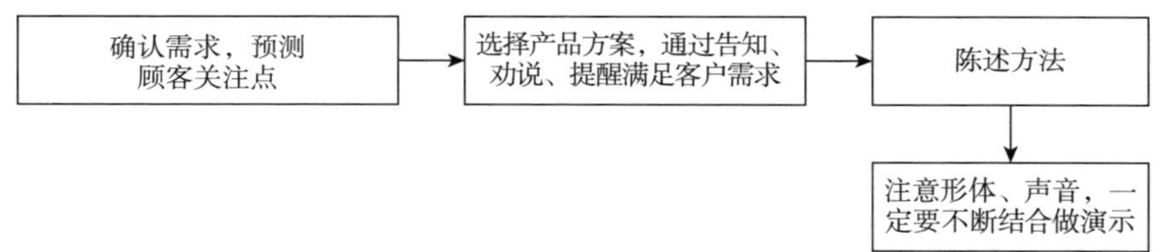

图 7－3 陈述与演示

（一）确认需求，预测顾客关注点

1. 顾客需求

知道顾客需要什么，你才有可能满足他，要深入挖掘产品对应的消费者需求，比如食品包括五感、健康、安全、品质感、功能性需求等。

2. 了解促使顾客接受与拒绝的特征

促使顾客接受的特征，如图7－4所示。

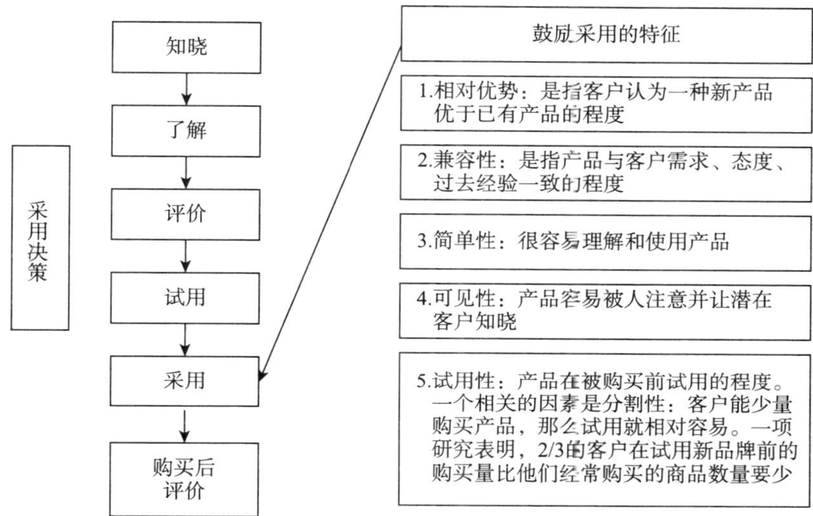

图7－4　促使顾客接受的特征

促使顾客拒绝的特征，如图7－5所示。

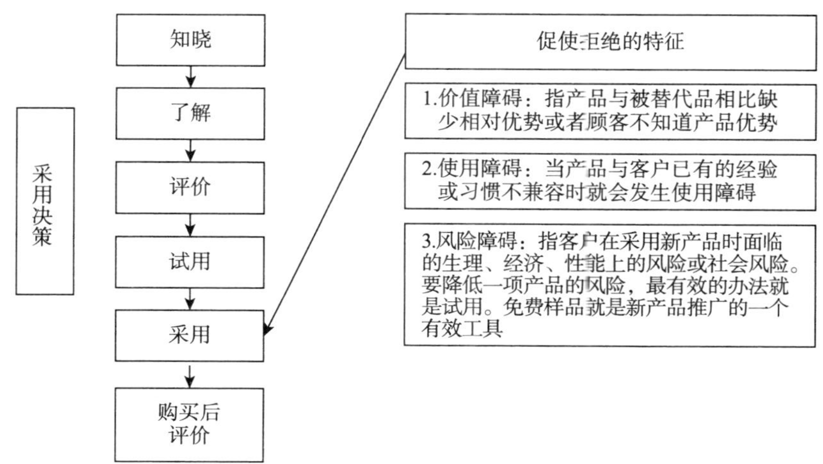

图7－5　促使顾客拒绝的特征

3. 通过提问来发掘顾客需求

提问有四种类型，如表7－1所示。

表 7－1　提问的四种类型

问题类型	定义	使用时机	示例
信息收集型问题	让客户说出某类基本信息的一般性问题	刚开始时	您能介绍一下想要什么样的产品吗
探测型问题	弄清客户需求的问题	觉得有必要获得更多的具体信息，以充分了解存在的问题，并给出解决方案时	您想要具备×××特征和×××性能的产品吗
确认型问题	确认你所传递的信息是否被正确理解的问题	表述重要信息后	您现在了解这个产品所能达到的××效果吗
总结－确认型问题	用于确定你是否了解客户的需求和购买条件	通常在了解到几个重要信息后	让我总结一下，您希望这个产品是这样……

（1）黄金三问题

①方便告诉我一下，之前这种产品（同类产品）用过之后，哪些方面让您感觉好吗？

②哪些方面让您感觉不好？为什么？

③哪些方面需要改善？

（2）提问技巧

①使问题简单易答，不要提问复杂的问题。

②自己承担责任：

不要问“您明白吗”，这样很有冒犯性。要问：“我对这一点的解释，是不是比较充分？”

将“您为什么这样做”或“我不赞成您这样做”改成“是什么促使您做出这个决定的”。

③给提问留下空间：

在提问的过程中，需要在两处停顿三四秒钟，如图 7－6 所示。

第一处：在提问完问题后。第二处：在客户做出回答后。

第一处是留给对方理解你的问题的时间，如果对方过了三四秒都没反应，说明对方没有理解你的问题，可以换一种方式提问。

第二处，给客户留下一些更能理解你的问题、可以补充回答的时间。这种停顿会极大地提高客户提供信息的质量和数量。

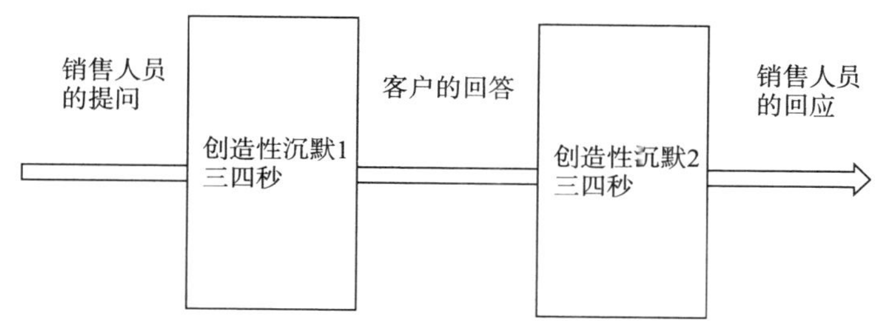

图7-6　给提问留下空间

（3）苏格拉底谈话法

先谈一致的问题，慢慢过渡到不一致的问题。一定要先谈一下顾客认同的产品特色，哪怕是竞品的优势，先表示赞同，再谈顾客还不知道的、还未认可的产品特色。

（4）销售医师法

促销员其实是上门问诊的医师，医生是怎么工作的：询问—检查—诊断—开处方。促销员同样是按这个流程来销售产品，所以最忌讳不问明需求直接开药方，即售卖产品。

（5）提问心态

像记者一样准备问题，事先做好详细的准备。

像律师一样引导问题，有逻辑、有条理地引导顾客的思路，自己顺着相同的思路顺序说话，而不是强行把自己想说的话塞给顾客。

像侦探一样发现问题，要用敏锐的感觉，去发现顾客的真实需求和问题。

（6）倾听

倾听，并对顾客的回答表示感谢。

当我们总是说话的时候，什么也学不到。销售人员要通过倾听，让顾客说，你在旁边听，实际上是顾客在告诉你应该把产品怎么卖给他们。

专注：专心听取客户的说话，不要打断。

移情（换位思考）：站在客户的角度去思考，他所想就是你所想。

对完成性信息负责：要尽可能地弄清楚顾客为什么这样做的全部信息。

听说顺利转换：顺畅地转化听与说的角色。

（7）假设需求法：销售人员要利用经验，对于一些经常性的需求，先假设顾客需求，提出问题，再一一验证，从而确定客户的需求。

“姐，买××（花生油、酱油、火腿）吗？”

“姐，您担心××问题？我们可以……”

“姐，您担心家人的××安全（健康）方面的问题？建议您……”

4. 最后确定顾客关注点和购买动机

根据以上提问得到的信息，确定顾客的关注点，预测购买动机。

（二）选择产品方案，通过告知、劝说、提醒满足客户需求

从公司产品中选择合适的产品，利用具体的产品利益满足客户需求和动机。

告知：强调的是事实性信息，要简洁、清晰、直接，常常用于开始接触阶段。

这些信息来自实际的产品信息和公司说明材料，尤其是高度复杂的产品，用这些信息特别有效。

劝说：常常用于达成或谈判阶段，揭示本品与其他产品的区别，尤其是优势利益的劝说。

主要目的是影响客户的信念、态度、行为，并激励其购买。通过强调需求不满足的害处，强调产品带来的好处。

提醒：一般用于老客户回购或者对公司和产品了解的顾客，或者是公司已经做了很长时间的广告，用广告中的关键词语唤起顾客的记忆。

假设客户了解产品的基本特征和购买利益，需提醒强调的是其他因素，而不是产品或服务。比如广告语、××货源紧张了、××有促销优惠或××促销快结束了等。

（三）陈述方法

有 FABE 陈述法、ABCDE 法，在本书第六章“促销活动现场管理的核心技能”中的“话术制定要领：一句话卖点”中做了详细讲解。

针对关注点，重点介绍。如果我们的产品优势与顾客的需求不相符，用我们的优势点去引导顾客改变其关注的需求点。

不要一味地强调特性，而是要强调利益。介绍时将产品特性转为买方利益后，应该随时注意客户的反应，看其是否明白且相信产品利益，不断提问检测，并为答疑提供证据。

陈述必须简明扼要。很多顾客喜欢简明的销售陈述，当销售人员过多地传递信息或讨论与其需求不相符的话题时，客户会转移注意力。

（四）注意形体、声音，一定要不断结合做演示

再次回想：前面介绍的如何做一个让别人信赖的人。

再次强调：演示是陈述的最好证据。你在介绍时，手中一定要有道具，吸引顾客的眼睛，让她理解起来容易，配合你甜美的声音就成功了80%。

四、谈判及异议处理

有异议的顾客才是好顾客，因为她在与你一起探讨如何解决她的需求并寻求合适的解决方案，这真是天赐良机。

因此，让顾客说出自己的担心与不同看法，你才可能知道她真正需要什么。

先确认一下对方的异议，委婉地表达："是的，我能理解你的担心，很多顾客也都有，但后来都消除了，我们的产品……"

谈判是达成令买卖双方都满意的协议的过程。需要做到以下方面：

（一）预测买方异议关注点

回顾常见的顾客异议类型，对需求的关注点：不知道能不能满足自己的需求。

（1）对产品的异议

担心产品不好用、知名度不高、不受欢迎、其他人不喜欢。

（2）对公司的异议

没听说过、不熟悉、规模大不大、信誉怎么样等。

（3）与价格有关的异议

价格贵了、买不起等。

（4）与时间有关的异议

不着急、家里还有一些、再看看等。

（二）制定谈判策略

确认买方关注点（需求）。

了解你提供产品的价值，熟记产品标准话术及知识点。

了解存在的问题，清楚地知晓顾客的问题点，并且知晓如何解答。

找出一致点，要知晓，没有任何产品能完美地解决顾客的需求，如果顾客知道这个产品满足了其中哪一部分需求，顾客就觉得这种产品最能满足自己。必须先找出一致点，并且强调这些点，以及强调其他公司的产品在这些点上的不足。

（三）谈判常用的方法

直接否定：对于一些明显与事实不符的简单错误，可以直接否定它。

间接否定：用产品的正确演示和描述，间接证明顾客所述是错误的。

转换成问题发问：用问题来复述，“您为什么会这样认为?”“您是如何判定一定会这样?”

展示优越的利益：每一次的问题，都是再给你一次展示优势的机会，不要客气，再来一次。演示，演示，再演示。

试用：再次强调试用（试吃）在辨别产品基本属性（颜色、味道、香气、功能、特征等）方面是语言不可代替的。

第三方证词：一定要提前准备好各种证据，以便随时展示出来。

综合使用各种方法。

（四）常见的异议处理方式

根据前面提到的顾客异议关注点，提前准备一份问题及答案的清单。

（1）对需求的异议处理

明确客户的不同需求，你的产品只能满足其部分需求，以证明你的产品是满足其需求的最佳方案。

“能详细说一说给谁用吗?”“希望这个产品是什么样子?”“对现在用的产品在哪些方面不满意?”

（2）对产品的异议处理

不了解：运用在本书第六章“促销活动现场管理的核心技能”中讲述的FABE、ABCDE方法制定出话术。

不知道好不好用：演示、试吃或试用。

知名度不高：运用大量的保证、测试结果、第三方证明。

不受欢迎、其他人不喜欢：讲述在其他人使用时的受欢迎情况，讲述其他顾客的真实体验，澄清谣言和误会。

当前其他品牌的产品令人满意：用FABE法则破局。

（3）对企业的异议处理

用企业/品牌的优势，提前详细制定企业、品牌话术。

这一点还可能因为顾客已经有经常购买的品牌，这时一定不要去诋毁对手。要鼓励顾客试着买一次，指明顾客始终要以选取更好的产品为目的。

强调很多人已经购买了。

（4）与价格有关的异议处理

不要以价格作为陈述重点，而着重陈述产品价值，指明价格与质量的关系，强调好产品的自然值这个价。

强调特性及价值的不同之处：质量、产品独特属性、技术、工艺、原料、生产过程控制严苛性等，以及送货、安装、售后、信誉甚至你自己。

不要过快做出让步，如果客户坚持低价，用价格低一些的产品去满足客户。

（5）与时间有关的异议处理

顾客推迟做出决定的言辞表明顾客同时具有积极和消极的感情，可通过确认其疑惑点的问题："你对我们品牌的感觉怎么样？""影响你购买的真实原因是什么？""怎么样才能购买？"

强调产品卖得很好，或强调促销活动快结束，或强调产品好。

（6）假异议或者冷漠

运用语气词的方式巧妙化解。

有些顾客本来就是性格冷漠的，或不善于表达，甚至是敌对的、具有攻击性的，这些不是你的错，不要受干扰，用耐心、微笑去感化顾客。

五、达成

成功在向你招手，顾客被你打动，等着你提出成交。

顾客虽然同意了你的介绍，但是任何人对于掏钱买东西都不会太积极。

顾客在点头，表示同意你的看法，或者顾客询问赠品怎么送等细节，也是同意的一种表现。

（一）主动要求顾客成交

很多顾客其实想买，可是每个人在掏钱时总会有些犹豫，总是怕买错了，不轻易付出行动。

如果促销员自信地提出成交请求，顾客会受到感染而打消疑虑。

既然不提出成交请求是失败，那么不如提出，还会有成功的可能，成功的概率会变大，可能变得更好一些。

在销售过程中，顾客主动提出购买的占到20%，销售人员主动提出的占到20%，其余60%的顾客因为销售人员的不主动流失掉，如图7-7所示。

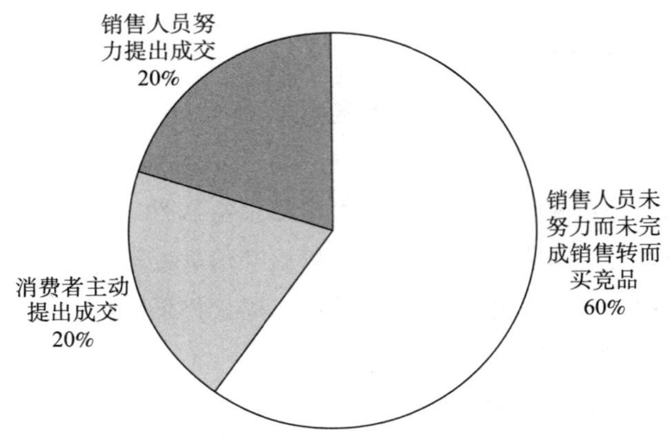

图 7－7　客户购买的比例分析

（二）达成销售的原则

（1）认识和了解语言和非语言信号。

（2）对成交信号保持警觉。

（3）回答顾客的关注点。

（4）关注顾客主要的购买需求。

（5）在达成交易之前，提前攻克难点。

（6）较长的销售周期需要表现出更大的耐心。

（7）避免销售达成时的意外信息。

（8）销售过程不要冷落顾客，让顾客尽可能地参与进来。

（9）表现出高度的自信。

（10）不止一次要求购买。

（三）识别达成信号

（1）口头信号：顾客提问具体细节，如付款条件、送货、安装、交货时间等，认同产品的性能、特征等。

（2）非语言信号：顾客表示感兴趣、点头、身体前倾、有意识地查看产品及宣传材料等。

（四）使用达成方法

（1）尝试达成法：当发现达成信号时，不断要求成交

如图 7－8 所示，尝试达成法更像是一种成交的心态技巧，作为促销员，要

积极主动地、勇于不断尝试用任何方法、抓住任何时机去邀请达成。

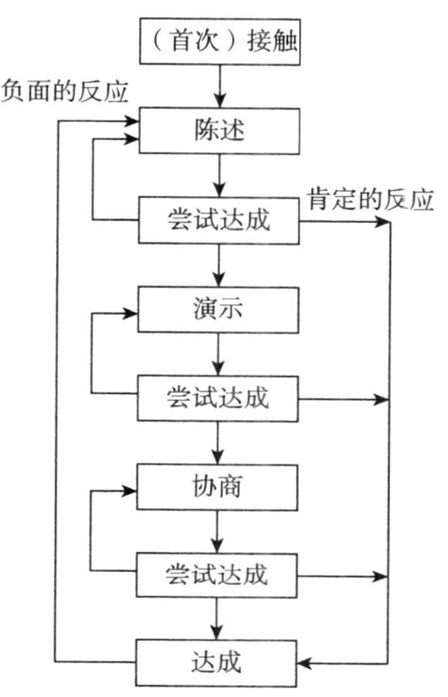

图7－8　尝试达成法

（2）直接要求达成法

直接询问：“姐，来一包（瓶、桶、箱、件）？”

（3）总结利益点达成法

最好的成交，是顾客愿意购买，作为促销员，所做的就是不断地将最满足顾客需求的最佳方案告诉他，由顾客做出决定。

“姐……（产品属性及利益描述，FABE或ABCDE话术）来一包？”

（一款黑胡椒酱）“姐，这款黑椒烧汁，优选的大颗粒黑胡椒，足量使用，胡椒香浓，做黑椒牛排最棒，还可以做其他黑椒风味的菜，比如黑椒牛柳，炒牛肉、鸡肉、猪肉也很合适。最关键的是我们是唯一不添加防腐剂和人工合成色素的企业，远比其他同类产品安全、健康（中间不要停顿），来一瓶吧？

（4）假设达成法

对于做决定购买，很多人确实有着比较严重的心理障碍：又要花钱买东西了，真不舍得啊。

我们来巧妙地越过做决定这个最困难的心理障碍，假设交易已经成功，我们已经达成默契，来确定一下后续的细节：

“您要这个款式怎么样？这个颜色？这个规格型号？您想要多少？周五交货可以吗？送到哪里？”

（5）特别优惠达成法

“姐，我们××产品正在搞活动，现在购买每斤优惠××元，来一包吧?”

（6）二选一选择成交法

选择成交法，是达成中比较有效的一种方法。

直接询问：

“姐，要这包还是那包?”

“姐，这个规格还是那个规格?”

“姐，一包还是两包?”

总是让顾客在两个选择中做出一个选择。

（7）组合达成法：以上方法综合运用

比如总结利益点达成与选择成交法：

“姐……（产品属性及利益描述，FABE 或 ABCDE 话术），来一包还是两包?”

特别优惠达成法与选择成交法：

“姐，我们××产品正在搞活动，现在购买每包优惠××元，来一包还是两包?”

六、售后服务

顾客在前面被你的好印象打动了，答应购买。

（1）销售时你与顾客接触的时间还比较短，你的专业性、职业化体现出了一小部分。

（2）成交后动作比较多，更能体现你的职业化、专业性、规范化，一些动作哪怕你认为有些迂腐也一定要去做，因为这会让你看上去更专业。

我们以现场带加工型的产品案例来说明，不带加工的产品，可以截取其中一部分加以运用，如图 7－9 所示。

（一）加工

要做标准化技能训练，动作要职业化，要做到“一看上去就是专业人士”才行，细心、一丝不苟、速度迅捷、不慌张，身体要自然站直。

在此过程中，不断强调品牌卖点，比如“您看我们的品牌……多值”，或产品卖点，如“您看我们的××产品……多值”。

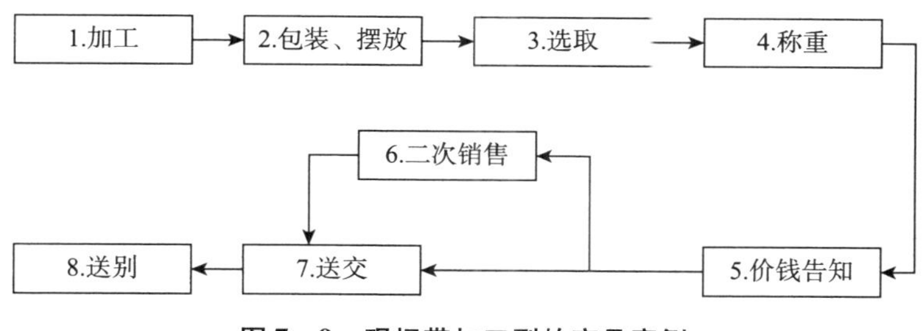

图7－9　现场带加工型的产品案例

（二）包装、摆放

动作要专业、细致，摆放要整齐。

售货人员在接触不带包装的产品时，必须戴手套，不允许直接用手拿取。

（三）选取

细心，轻拿轻放。

（四）称重

将产品放置于电子秤头台面中央，不要偏，轻拿轻放表现对产品、设备的爱护，注视产品，输入单价，眼神要专注，注意声音，热情，微笑。

（五）价钱告知

微笑唱收唱付：

“姐，一共是××元，收您××元，找您××元。’

“姐，二维码在这边，欢迎扫码。”

到账后：“姐，已经收到款，谢谢您！”

（六）二次销售

（注意与第四、第五步视情况同步进行）

二次销售对于销售额提升至关重要，运用得当，至少单次购买金额提升30%以上。

二次销售不是强行销售，而是满足顾客未想起来的需求。

（1）不要仅仅问“还需要点别的吗”，这样并不利于顾客想起自己遗忘的需求。

（2）针对前面发掘的需求，用产品来发问：

其他产品：“您还可以再来些……这种……（好处利益）反正换算下来，比其他的……”

用特价/活动吸引：“不来些××产品，现在正搞活动（活动话术）。”

用新产品：“现在有新品××（卖点），不来些尝尝？（配合品尝）”

（七）送交

注意要面带微笑地双手呈递产品，一手提袋一手托起产品：“姐，请您拿好。”

（八）送别

面带微笑：“姐，请慢走，欢迎下次再来。”

（九）与不开心的客户打交道

（1）给他们机会，让他们表达出来。

（2）认真倾听客户的述说。

（3）记住：客户的抱怨是否真实、是否可以理解不重要。

（4）不要有任何托词，不要把责任推给生产部门、采购部门、服务部门、送货部门、安装或其他人员，不论是谁的问题，这些都是公司的问题，你代表的是公司，而不仅仅代表你自己，承担责任是最好的选择。

礼貌地告诉客户你如何看待产生问题的原因，真诚地道歉是合适的。

（5）决定问题的解决措施：如果是严重问题，迅速转交公司的专业人士解决，及时跟踪并做好详细记录，礼貌地对待客户的每一次询问，并展示记录给客户看，你在真诚地为她着想，让她放心。

七、三段式现场销售技巧

在销售较为复杂的产品时，上面讲述的6步销售法非常合适。但在销售比较简单的产品时，就显得太复杂了。

为什么？原因出在顾客留给销售人员的时间太短了，可能只有几秒的时间，你还没准备完，顾客已经离开了。

所以需要将以上技巧进行简化，形成三段式现场销售技巧。

三段式现场销售技巧与6步销售法很接近，演示的方法是一致的，都采用半强制试吃方法。

核心是尽可能地压缩发掘顾客需求和陈述产品的时间，采用假设需求法发出信息，运用逻辑化的三句话表述方式，同时糅合了达成的方法。

（一）三段式技巧

（1）顾客接近。

（2）迎上去，半强制试吃。

（3）三段式话术：

第1句："姐，买××产品（花生油、酸奶、面包、酒等）吗？"

第2句："买××产品我建议您选××品牌××产品（如康师傅拌面、蒙牛大果粒酸奶）。为什么？因为……"

第3句："（指产品念）……（FABE话术，加演示动作）来一瓶吧？"

"来一瓶吧？"可以换成各种成交方法，比如"来一瓶还是两瓶""拿这个规格还是哪个规格"等。

举例："姐，买酸奶吗？买酸奶，我建议您买××酸奶。为什么呢？（指着包装上的卖点、配料等地方）是因为……来一盒吧？"

"姐，买面包吗？买面包，我建议您选××品牌××产品，为什么呢？是因为……（产品优势、品牌优势、活动），给您拿这个怎么样？"

"姐，买花生油吗？买花生油，我建议您选××品牌××产品，为什么呢？是因为……（产品优势、品牌优势、活动）您试一试？"

三段式技巧其实是一种快速说话的逻辑技巧，是一种引导顾客思维，并且顺着顾客思维说话的方法，可以用于任何产品的销售，可以做到非常顺畅地与顾客交流。

第一句话"姐，买××产品啊"，其实是假设需求法，顾客都到了××产品货架前挑选了，不买××产品还买什么呢？这一句当然是对的，顾客心里就在想着这件事呢，90%的概率你不会被拒绝。

注意：如果前面已经做了试吃，第一句话就省略了。

如果还没试吃，第一句后面接着问："姐，您先尝一尝口味如何？"进行试吃、演示，顾客品尝完毕，再接着说第二句话。

第二句话："买××产品，就买××品牌××产品。"

大方进行推荐，邀请成交（实验达成法）。

顾客这时的思维是："凭什么买你的?"或者"为什么?"

我们顺着顾客的思维："为什么呢？是因为……"，还是很大概率不会被拒绝，因为你在回答他想要的答案。

第三句，顺理成章地邀请达成。

（二）三段式话术的培训

很多促销员受限于年龄、知识、学历等，最害怕学习、记忆、背诵等。

如果培训落入这个范畴，那么基本上只有少数促销员可以被培训出来，大部分人都会出问题。

所以，培训的要义就是，在培训现场促销员就能够熟练使用，不会让被培训人员回去自行学习、记忆。

1. 分段式培训

分段式培训是为了符合人的大脑的记忆特性而采用的与身体记忆技能综合使用的训练方法。

人的大脑是很难记忆复杂的长信息的，记忆短信息却没问题。人的肢体与大脑配合在一起时，很容易就会产生习惯，习惯一旦形成，忘却就很难。

分段式培训采用培训配合实战演练的方式进行：

（1）培训学员面对面，两排站立，互相演练，一方是促销员，一方是"顾客"。注意：扮演顾客的一方只做简单的配合，不要过多发问和说话。

（2）投影仪上显示整体提示信息，指定某一段落。

（3）学员先记忆短单词，可看大屏幕防止忘掉。看着屏幕，高声说出，给对面的学员听，对面扮演顾客的学员可用动作（点头）或简短语言回应。

（4）学员分段把每一段词汇熟练地说出，一定要配合演示道具，将动作类步骤融入，进行动作记忆。

"姐，买××产品啊"是一段；

"买××产品，我建议您选××品牌××产品"是一段；

"为什么呢？是因为……"是一段；

FABE 话术视具体情况，可以分为多段；

"来一盒吧"是一段。

（5）每一段熟练后，进行下一段训练。

（6）两排培训学员反复进行训练，发现对面学员不对的地方，应指出来帮其改正。

（7）熟练后，学员分批叠加下一段词语，继续高声说出。

“买××产品啊?”叠加“买××产品，我建议您选××品牌××产品”这一段进行训练，熟练了以后，依次叠加下一段，直至完全熟练。

（8）重复熟练后，关掉大屏幕。

（9）高声重复以上步骤。

（10）组合起来，加入肢体动作、语言等进行实战演练。

（11）现场主持人做考评。

（12）直至最终熟练。

（13）FABE话术打印出来，发下去，让培训学员回去参照记忆、练习。

（14）隔日考试。

2. 定好考试的激励

加些奖励彩头和处罚，奖多罚少，奖大罚小，设立奖励参与底线和免于处罚条款。

利用排名方式来激励学员参与，利用荣誉来激发学员荣辱心。

奖励前几名，比如第一名200元，第二名100元，第三名50元。综合得分80分以上才有资格获得奖励。

对倒数第一名进行处罚，罚款20元，得分高于70分，免于处罚。

3. 考试

书面与实战考试同时进行，书面30分，实战70分。提前准备好问卷、奖金或奖品。

严格考试纪律，选用具有专业技能的人进行监考。

实战考试，加入肢体动作、语言等要求，实战一对一模拟。

扮演顾客的学员提出的异议问题，事先定好标准和答案，按照标准来发问。

设立好评分表，评分表严格按照三段式顺序来分列各项评分项，如表7－2所示。

打分结束，综合书面和实战分数，评定名次，现场发奖励。

表7－2　实战演练评分表

序号	评分项目	权重	得分	评分原因填写
1	叫卖	5		
2	试吃	15		
3	三段式销售第一段（姐，买……建议您……）	5		

续表

序号	评分项目	权重	得分	评分原因填写
4	三段式销售第二段（为什么呢？是因为……）	5		
5	F（产品特征），含动作	10		
6	A（优势），含动作	10		
7	B（利益）	10		
8	晃、看、闻	10		
9	三段式销售第三段（来一瓶吧）	10		
10	异议解决	10		
11	微笑、亲和感、肢体语言等	10		
合计		100		

（三）三段式销售技巧在门店现场的培训

对于促销员的培训，不仅仅是在办公室，更在于日常在门店中进行，市场部督导要善于利用分段式技巧进行培训。

1. 第1步：接触

与促销员接触的话术：

（1）统计式接触话术，事先观察、统计促销员接触发宣传材料、试吃、三段式销售的一系列数据。

“姐，刚才我观察了你的销售动作，整体还不错，但还有些小缺点。统计是这样的（拿出巡店记录表数据，如表7－3所示）……”

统计式话术是非常有效的，因为上面记录的都是实际、量化的数据，这些是促销员真实的表现，不容置疑。

促销员看到这份数据，基本不会辩驳，也不会找其他理由去搪塞。督导人员就减少了很多不必要的解释工作。

表7－3　巡店记录表数据

步骤		××月××日		××月××日		××月××日		备注
		统计区	结果	统计区	结果	统计区	结果	
经过人数								
叫卖	叫卖话术							
	声音							

续表

步骤		××月××日		××月××日		××月××日		备注
		统计区	结果	统计区	结果	统计区	结果	
发材料	递送动作							
	递送话术							
	发放次数							
试吃	递送动作							
	试吃话术							
	试吃次数							
三段式话术	第一句：姐，买××产品啊							
	第二句：买××产品，建议买×品牌××产品							
	第三句：来一瓶吧							
整体形体语言								
促销员、督导签字								

注：在统计区画“正”字。

（2）询问式话术：“姐，今天怎么样？”

得到的回答一般是：“太贵了，不好卖”“人少”等。

此时的回答很重要：要是讨论人少人多或价格高低，很显然是客观事实，人少是店里的责任，价格贵是公司的定价问题，没必要讨论。

要这样回答：“姐，没事。人少不要紧，价格高也没关系，公司只看你主动接触顾客、发放折页、主动半强制试吃、三段式动作和话术执行到位没有。来10位顾客，你照做了10次，很棒，甚至来了1位顾客，你照做了1次，也一级棒，没毛病，你太棒了。公司没考核你卖多卖少，只考核你是不是按照标准做。卖不卖得出去，卖多卖少，都别担心，和你没关系。放心做吧。”

（3）表扬式话术：“姐，刚才我看了一下，挺棒（最好配合统计数据，也可没有），这是你刚才的数据，还可以再提高一下。”结合第2步的话术。

（4）表现不好的，用事实性话术：“姐，刚才我看了，你的统计数据不算好（最好配合统计数据，也可没有），还可以提高一下。”结合第2步的话术。

2. 第 2 步：表明所用话术简单

目的是说明三段式技巧极其简单，根本不需要记忆，以打开被培训人员的防御墙。

“姐，这个销售技巧不需要背。千万不要刻意记，超简单，（开玩笑似的）谁记谁傻了，我记我也傻了，我从小就不愿意记东西，一记就头疼。所以，咱们千万不要刻意记。”

3. 第 3 步：分段培训，用分段式培训法进行

（1）“姐，来开始。第 1 句：姐，买 × × 产品啊？这句简单吧？会说吧？不用背吧？”

（2）“第 2 句：买 × × 产品，建议您买 × × 品牌 × × 产品。为什么？是因为……”

动作：拿起产品，手指着产品同时念卖点及配料表等优势信息（配合演示动作），使用 FABE 话术。

如果产品上没有这些信息，建议做一个演示卡片或在宣传材料上加上。

（3）“第 3 句就更简单了，不用记啊，‘来一瓶吧？’就这么简单，不要刻意去背。”

4. 第 4 步：放开，让被训练者实际演练，中间调整

（1）“姐，来试一遍吧。”

（2）促销员大姐开始演练。第 1 句基本都会说，没问题。促销员说完你要夸奖：“简单吧，超简单，不需要背吧？”

（3）第 2 句会存在一些难度。

“买 × × 产品建议您买 × × 品牌 × × 产品。”

后面 FABE 话术（一定要早期提供，让促销员事先就熟练或有印象就可以），采用分段式培训技巧。

被培训人员一边说，培训人员这里：“快、快、再快、不错、再快点，我不说停你就别停。”等一会儿被培训人员的话术说顺口了，培训人员要鼓励：“好，不错，太棒了”“串起来，第 2 句来一遍”。

不断反复，直到熟练为止。

只要有一句没问题，都要鼓励：“太棒了，继续，继续，继续。”鼓励着完成。

5. 第 5 步：现场看着使用，并再次说明，只要用这个技巧，不用考虑结果

（1）“姐，去试试吧，我在旁边看着。不用多想，这么简单，用就行。不用

考虑卖多少，卖多少都行。不卖货不要紧，公司只看你用的这三句话好就行。”

（2）旁边看着就可以。这项工作，超级有乐趣、简单，工作就这样干才舒服。

6. 管理动作

（1）做完上述培训后，每隔1～2天去观察，可以现场观察或隐匿观察。

（2）只要不照做，就不断重复：“姐，别不做啊，这么简单都不做，说不过去啊，公司不要求卖多少，只要照做就行了，总部有稽核的，查到就麻烦了。”第三次说完被培训人员还不用，培训人员就转向第4步。

（3）执行好的给予奖励，通报所有门店。

（4）奖励一两个员工后，抓住不做的痛下杀手，来一次处罚，并通告所有门店。

（四）市场部督导工作技巧

1. 督导人员的三步式管理手段

（1）店里人少的时间点及饭点，与促销员多接触，经常一起吃饭，用心深刻了解她们的内心世界和感触、需求，真正去关心她们，描述目前的要求及企业对她们的吸引力。

（2）店里人多的旺点时间段，做足够时间的、量化的现场观察及隐匿观察，记录每个节点的数据。

（3）根据量化的观察数据，做出管理动作反应：奖与惩。

督导的工作并不仅仅是机械地巡店，查看促销员有没有按照标准执行，然后进行奖励或处罚那么简单，督导最重要的工作之一是在日常工作中调动促销员的积极性，努力鼓励她们使用销售技巧。

2. 要从远处隐匿观察，填写巡店记录表，用事实数据去说话，而不是空口白牙去评价

举例：某督导人员的实际总结（下同）

××××年××月××日我去××门店巡店，临近××区域，我就听到了咱家促销员大姐的高声叫卖，瞬间提升了咱家的士气和战斗力！

看到这个情况，我在比较隐蔽的地方暗中观察了×姐30多分钟，从叫卖、试吃、亲和力方面做了观察记录。在这30多分钟里，一共经过了9位顾客，主动试吃了7位，成功了5位，发放折页7位。

看到这些我来到了大姐的身旁，我说："姐，你好，我来啦。你不用管我，（笑）继续按照你的方法来，我就过来看一下（笑）。"

在这里我又观察了20多分钟关于三段式话术的运用执行情况，经过了7个顾客，×姐都没有按照标准话术执行，其中关键是第一句，"姐，买××吗？买××我建议您买××品牌××产品"，这句都没有用。第二句"为什么呢？是因为……"也没有用。

×姐向5位顾客介绍了我们产品的特征……但是没有与竞品做对比，凸显不出我们产品的优势。

×姐没有很好地利用我们的促销活动来和竞品做对比，没有分解价格也同样凸显不出我们的价格优势。

3. 通过自身演示、现场调整的事实，去例证、增强对销售方法容易使用，成功率高的事实

看到这些情况，我对大姐说："姐，你能做到高声叫卖，针对这点对你提出表扬。但是试吃运用不积极，没有半强制行为的试吃。三段式话术运用得不标准，基本上还是用自己的语言进行推荐，所以对于你这次的推广行为及话术运用，我给的评价就是不合格。"

拿出巡店记录表，逐条给促销员大姐解释，让其明白问题所在。

"念在初犯，这次给予严重警告，再犯就给予处罚。我及公司稽核部会进行暗访，如果让稽核部发现推广行为及三段式话术不按照标准执行，那么没有任何商量的余地，我与你都会被公司处罚，反之，如果按照标准严格执行，那么我与你都会得到公司的奖励！"

这时候来了顾客，我走上前，做实际演示，说："姐，买××产品吗？买××产品啊，我建议您买咱家这款××品牌××产品。为什么呢？是因为……"

就这样，我一步一步引导顾客跟着我的思路走，把我们××产品递送到顾客手中，手指配料表给顾客念。通过配料表和我们的温馨提示，顾客将我们的产品与竞品进行了对比，了解了我们产品的优势，即没有任何添加剂的产品优势。

接下来我又进行促销活动讲解，说："姐啊，咱家这个××产品是××元，今天再免费送您价值××元的××产品，您看，您实际买到这么一款健康的零添加产品才××元，多划算。您再看看其他品牌家有添加剂的××还卖××元呢，我们一桶比他们还低××元，还是零添加的，这是多么实惠啊！您来一瓶！"

在实操的30多分钟里，我一共遇到了11名顾客，通过高声叫卖和发放折页

成功接触了7名顾客，通过三段式话术成交了5名顾客。

这时候，我说："你自己在旁边也看到了，通过高声叫卖、发放折页和半强制性的试吃行为，以及我们的三段式话术，比起你用自己的语言，成功率和成交率提升了60%以上，这就是公司推广促销标准话术的目的所在，也是我们最大的优势所在！

"只要张开嘴，就没有学不会的。如果不愿意开口，学了也不愿意用，那么你的技能得不到提升，不能掌握技能就拿不到高工资，我们不要木头桩子似的促销员。

"你就只能离开这个高薪资的工作岗位。你看我们公司的基本工资是××元一天，别人家是××元一天，在基本工资这一项上就比我们少了××元。我们公司是按照零售额4%提成，别人家是按2%提成，这又少了一半，你自己算算，到别人家你少赚多少钱？

"你再看看（拿出促销员往期的薪资数据表展示）我们公司执行推广标准好、业绩高的大姐能赚多少钱。这一天能赚160~180元呢！你为什么不要？为什么要放弃？"

通过这些分析以及现场实操的案例，大姐改变了原先的态度，能够积极配合，也有了竞争意识。

到这，我把三段式话术进行分层培训。

第一句："姐，买××产品吗？买××产品我建议你……"我又把这一句拆分成两个分句，让大姐各念30遍，再连成一句话，结果是她能够说明白了。这还不行，再来20遍，终于她能够很顺利地说出来了。

第二句"为什么呢？是因为……"这句再来30遍，这样她也能顺畅地说出来。

那么第一句和第二句一起来说，不顺畅就再来20遍。就这样三段式话术的精髓掌握了，话术就成功了60%。

我又和大姐说，产品知识不用背，都在瓶子上面，指着念就行，但是一定要和竞品做对比，指着配料表，温馨提示顾客："你看，别人家有的添加剂我们都没有，别人家有的××我们也没有。"

关于价格方面，一定要明确告知我们的促销活动，原价多少钱，现价多少钱，现在买一桶便宜多少钱，或者是我们的产品买一赠一，价格是多少钱，去掉赠品价值多少元，我们实际的价格是多少钱。与竞品的产品价格做对比，有添加剂的产品都比我们贵，所以我们的××产品价格实惠还更健康。

通过40多分钟的培训，×姐在现场从结结巴巴到运用得自然流畅，在经过的5名顾客中，她高声叫卖吸引了2名顾客，积极发放折页5名顾客，能够开展半强制试吃，成功教育引导了5名顾客，利用分层的三段式话术，成交了3个××产品。

看到我给她记录的这些推广行为数据，大姐也感到很骄傲，谁说年龄大了，就学不会？只要按照公司教的方法积极认真地学习，三段式话术是真的不难，只要自己张开嘴，有主动性，按照公司的标准来，成交率是有保证的！

4. 对于好的给予奖励，对于差的给予批评、处罚甚至辞退

举例（接上）：对于×姐这种积极认真的学习态度，高标准的执行力，按照标准运用三段式话术，学以致用的行为，奖励30元，并将全过程如实通告全体促销员，让大家明白，一开始不会不要紧，公司不会处罚，只要现场认真学、认真改进，有效果，就是公司希望看到的，鼓励大家勇于学习并使用技巧和方法。

第八章
终端促销员的理念与管理

一、促销员必备知识

促销员必须具有一些基础知识，才能有效地销售，这些知识要简便、通俗、直接，不需要高深的理论。

（一）顾客长久购买的原因

营销学有个“顾客三买”与“顾客四买”理论，形象地说明了产品与顾客需求的关系，这是每一个促销员的必修课程。

第一，顾客为什么买你的产品（也就是“需要”）？

答案是：因为他有“需求”。

第二，顾客为什么向你买（也就是“想要”）？

答案是：因为你能提供满足他需求的方案，而且优于其他的竞争者，你所提供的价值高于竞争者。

第三，顾客为什么持续向你买（也就是“还要”）？

答案是：因为你已经跟他建立了长期的关系，并掌握顾客忠贞不二的元素。

第四，随着时代的快速演变，“三买”已不符合市场现实，必须增加第四买。那就是：顾客为什么呼朋引伴地持续向你买（也就是“我们都还要”）？

答案是：因为你已经和顾客成为伙伴关系，而且掌握了顾客乐于给你介绍顾客的元素。

顾客的“三买”与“四买”形象地说明了客户购买产品的最根本原因，也就是你的产品比竞争品牌能更好地满足顾客的需要。

促销员只有记住这四点，在现场销售时，才会产生源源不断的销售灵感。

（二）顾客为什么信任、选择你的品牌

1. 产品的信任是最基础的，因为你的产品比竞品强

（1）你的产品与竞争产品相比优势体现在哪里？

①你的包装形象要好于竞品，包装完整、不变形、不脏损等好的表现，你比

竞品强？

②产品的回转好，你比竞品强？

③产品属性好：颜色、外观、味道、香气、触觉（比如牙咬、手摸等）。

■产品的外观颜色要正，你比竞品强？

■产品的香气要好，不得有异味、怪味、变味，你比竞品强？

■产品的触感要符合要求，不能难吃、涩、散、硬，试吃品尤其要新鲜，你比竞品强？

■产品的味道要好，你比竞品强？

（2）产品原料及加工过程管控强。

你的食品的卫生始终如一地强过竞争对手？

注意：顾客对你的食品卫生的关注不仅仅是食品本身，因为在现场她（他）看不到工厂加工、储存、运输等过程，她（他）更倾向从你的身上、现场的卫生及你周围环境的卫生状况来断定，你注意保持了吗？

（3）你爱你的产品吗？

在你的每一步工作中，在拿取产品的动作、眼神里都要体现出你爱自己的产品来，对待产品就如同对待自己的孩子那样细心才行。顾客往往是因为你爱、尊重你的产品，她才会看重你的产品。你都不尊重你的产品，顾客更不会看重。

2. 顾客还会因为对企业的信任而信任你的品牌

（1）什么样的企业是受人尊重的企业？规模、专业、规范、设施先进、安全干净、管理先进、尊重顾客、员工及团队高效、团结、激情、友好等。

（2）顾客是看不到企业的实况的，她只能从你身上来观察这些。你体现出来了吗？

（3）将企业的优势不断地告知消费者了吗？

①企业管理理念的告知。

②组织有序，工作规范（处处体现规范），做到现场不混乱，工作规律、有序。

③职业规范：话术、销售动作一致，销售动作的标准化、熟练化，工作努力认真、细心。

④态度主动、积极、士气高涨、友好。

⑤团队的分工、合作、沟通、互助，始终如一，不要停下来。

⑥充满欢乐、激情与阳光。

3. 顾客会因为你的现场布局及氛围而信任你的品牌

（1）把品牌比喻成一个人，现场的形象就如同一个人的脸面与衣着，体现对自己与顾客的尊重。良好的形象，才会引起顾客的好感。

（2）保持完整、整洁，细心维护，就如同天天洗脸、经常洗衣服。如果你的销售现场形象脏、乱、差，顾客终究会弃你而去。

（3）销售现场的氛围是吸引顾客的重要因素。在终端，充满购物乐趣、生动饱满的产品陈列和布置，加上热情、友好的促销员，处处表达着愿意与顾客建立长久感情的关心与愿望，顾客才有心情与你打交道，并愿意长久来往。

（4）形象要注意，不要有破损、脏污，灯箱、背景板要维护好，不要乱贴东西，不要放置过多海报或道具，保留 1～2 个即可，海报不要卷边、破损、脏污。

4. 顾客会因为你而信任

（1）语言文字、声音、体态语言三大沟通元素中文字只占了 7%，声音占了 38%，体态语言占了 55%，如图 8－1 所示。

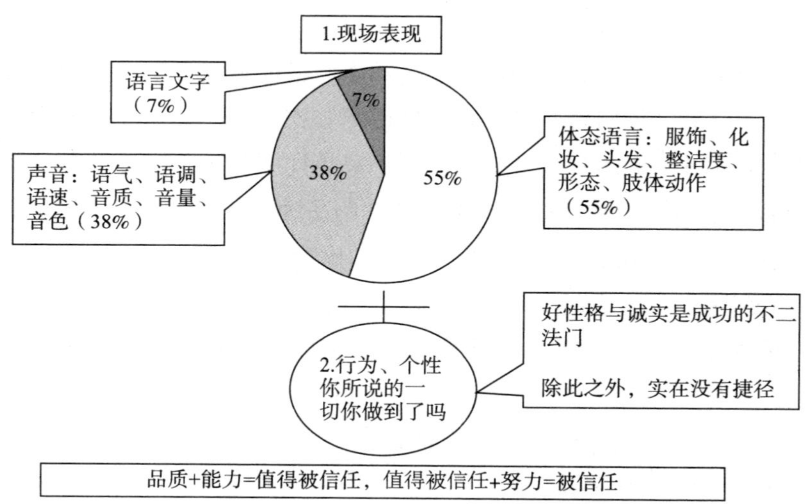

图 8－1 被信任

（2）自身特质和个性很重要。

我们是品牌的传播者，要具备获得信任的 7 项特质。

①权威性：来自你的专业、经验、技能。

②意图或动机：纯净，不谋私利。

③吸引力：长相、职业化服饰、清洁、整齐等。

④个性：活泼、理性、精细、独立等。

⑤相似性：与顾客找到在地域、宗教、学校、爱好等方面的相似特质。

⑥既关心工作又关心人。

⑦自我意识与开放程度：对待别人，思维开放，善待别人，不具有很强的自我防卫攻击性，不会因为别人一句无意的话而觉得受到了冒犯，进而去攻击别人。

5. 基本素养

（1）胜任、礼貌、可信、可靠、反应敏捷、善于交流的销售人员是值得信赖的。

胜任：具有相应的技能与知识，要体现出专业、职业的素养，工作规范、熟练。

礼貌：对顾客态度友好、充满敬意、能为顾客着想。多用礼貌用语，如您好、欢迎光临、谢谢、很抱歉、让您久等了、对不起、您有什么需要我可以帮您吗，等等。

可信：品行值得被信任。

可靠：自始至终能提供准确的服务。

反应敏捷：能对顾客的有关问题和需要做出迅速反应。

善于交流：能尽力理解顾客，并能与顾客沟通。

（2）努力工作、主动积极、乐观、自信、热情、真诚、坦诚等是最容易获得信任的品质。

（3）微笑是你获取好感的最好办法。微笑是你解决异议与破解尴尬气氛的好武器。

（4）好的音色与恰当的身体语言更胜过千言万语。一个说话声音迷人、销售现场工作规范、肢体挺拔舒展、服饰整洁职业、具有激情、面带微笑的促销员在远处就会让顾客产生好感，在现场销售，每一步都要如此体现。

（5）表达你对顾客的好感与关心，赞赏顾客的优点、关心顾客所关心的问题，帮助能帮助的人，对小朋友夸赞、对提着物品不方便的顾客施以帮助，真诚地说几句关心的话语，等等。只有你对顾客投入了感情，你才能获得顾客的感情与信任。

（6）虽然你只影响了1名顾客，可是周围还有许多顾客会被你感动，未来她们会购买，这名顾客还会告诉自己的亲朋好友，如此你会增加很多顾客。另外，一定要坚持不懈地做，只有坚持不懈，你的商圈里的顾客多次看到你的表现才会有深刻的印象，顾客才会真正地信任你，你最重要的商圈顾客才会被你教育出来。

6. 获取顾客信任的要则

（1）真正站在顾客的立场考虑顾客的需求，与顾客建立情感联系才能建立伙伴关系、获得推荐。

（2）顾客不会因为你一次做到了就信任你，长久如一才会换来信任。

（3）信任是很脆弱的，一旦出现错误，就会很快失去。

（4）取得了信任就取得了成功，就取得了顾客下次光顾你的机会，否则你一无所有。

（三）促销员的心态

（1）主动积极

如图8－2所示，制定了目标，想尽一切办法努力去完成的销售人员的业绩比被动销售的销售人员能高出100%以上。

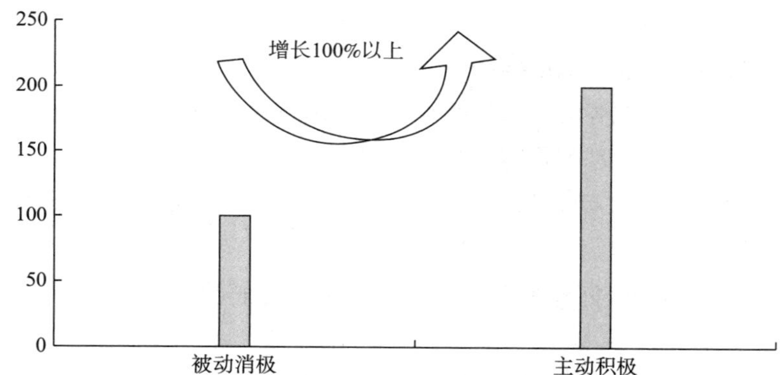

图8－2　促销员的心态对比

千万不要被动地站在那里消极等待。

每天给自己制定一个目标，不完成不罢休。坚持一段时间成了习惯以后，你的销售就会越来越容易，销售额也会越来越高。

（2）建立关系和评估顾客需求很重要

传统的“凭借一张嘴，把死的说成活的，把顾客不需要的忽悠成需要的”的做法，早就过时了。

与顾客建立好的关系，评估顾客的需求，是顾客自己的需要，而不是你强行卖给他，如图8－3所示。

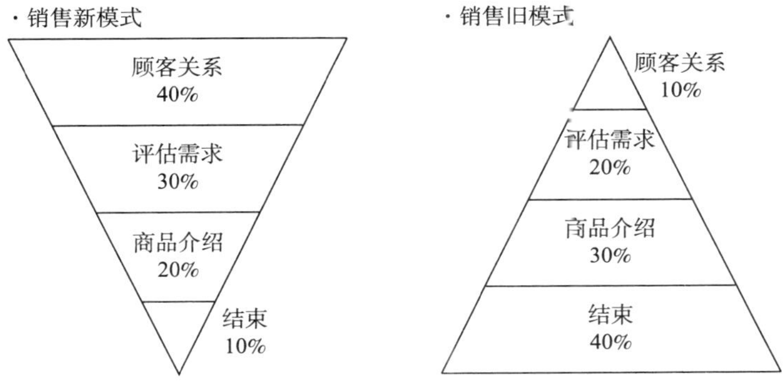

图 8－3　新旧销售模式对比

（四）关键是培育顾客

培育顾客，让顾客形成购买习惯以及主动推荐其他顾客才是最有效率、最省事的销售，当你有了大量养成习惯的顾客，你的销售才最省事。

著名的销售数字法则：1∶8∶25，即影响 1 名顾客，可以间接影响 8 名顾客，并使 25 名顾客产生购买意向。

如果你得罪了 1 名顾客，那么也会带来相应的损失，而带来的损失需要你付出很多倍的努力来弥补。

二、人员促销理念及规范、职责

对促销员，必须长时间地进行理念引导，在日积月累中逐渐潜移默化。

（一）理念

1. 工作的基础

品质＋能力＝值得被信任，值得被信任＋努力＝被信任，如图 8－4 所示。

特别要强调诚实、不撒谎的品质、能力和努力才是获得公司和督导认可的必要条件，甚至一开始能力不强也没关系，只要按照公司培训的要求努力去做就一定可以成功。

2. 亚里士多德《修辞学》中的说服理论

2000 多年前，古希腊著名哲学家亚里士多德在《修辞学》中提到说服理论，指出古希腊演说家们的必备素质。

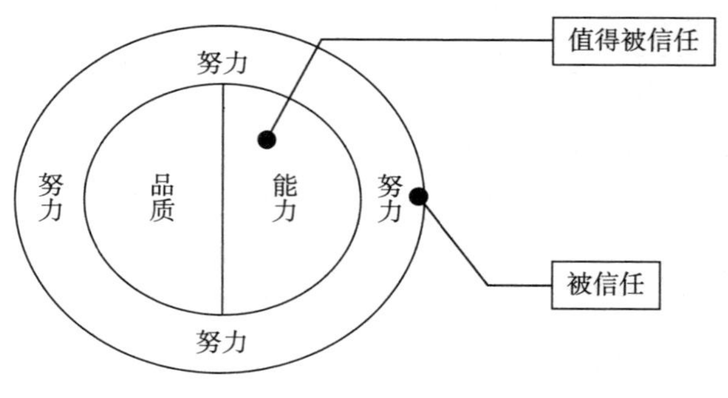

图8－4　工作的基础

（1）信息传播要具有可信性。

作为一项原则，说服者本人的可信度及其内容是所有说服手段中最具说服力的。

（2）使用动感情的呼吁更有助于说服。

（3）要具备充分的逻辑推理和确凿的论据。

这个理念强调促销员要实话实说，运用证据，说话要有逻辑，运用好三段式技巧和 FABE、ABCDE 方法。

要加入感情获得顾客的关心。

3. 多温·卡赖特的说服理论

这是"二战"时期美国解决征兵困难的最有效方法。

（1）要影响一个人，你的信息必须能到达他的感官。

（2）信息到达对方的感官后，必须使他接受（符合对方的认知习惯），成为他认知结构的一部分。

（3）要一个人在说服运动中采取某一项行动，必须让他看出这个行动能达到他本身的一个目标。

（4）要一个人采取某一行动，应使他的行为在特定的时间为一种特定的认知结构所控制，即创造一个合适的行动的环境，使受传者的行动尽可能地简便、具体、直接。（环境的选择、认知结构的选择莫过于符合对方的认知、行为习惯）

多温·卡赖特的说服理论，形象地说明了：

（1）材料和相关产品信息的作用就是必须让顾客先知晓，顾客才会购买。

（2）让顾客知晓能满足他的一部分利益，他才会行动。

（3）设置有效的成交技巧，让顾客很快做出购买决定。

4. 将前面 6 步销售法中的很多心态、技巧作为理念列出来，不断培训

（二）仪表管理要点

公司的促销员，不仅销售公司的产品，更代表公司的品牌形象。整洁端正的容貌，大方得体的着装，稳重又不失热情、活泼的言谈举止，表现了良好的个人风貌，也代表了整个品牌的员工素质，更代表了品牌的形象与个性，它直接决定和影响顾客的购买情绪，也直接关系着服务工作的成与败。

仪表是指员工在销售服务中的服装、修饰、妆容与佩戴的饰品、举止姿态、精神状态、个人卫生等诸多方面的综合外观表现。

1. 服饰管理

（1）样式和谐大方，要依公司标准着装。

（2）穿戴整洁。

2. 修饰管理

（1）修饰要美观、大方、淡雅

发型：不许留超短发、不许染发；如果有头巾或帽子，按照标准要求佩戴。

饰品：不许佩戴胸针、耳坠、耳环、耳链，不许佩戴影响整体形象的饰品。

（2）注重自身的仪容

化妆：可适当化淡妆，既可增强信心，也给消费者一个清新、赏心悦目的视觉感观，禁止浓妆艳抹。

口部及牙齿保持清洁：在营业前不许吃辛辣味浓烈、气味重的食物（如大蒜、大葱等）。

3. 举止管理

（1）站立姿势要自然、端正

正确的站姿：既要站直也要放松，不要以单腿支撑身体，不要穿高跟鞋上岗；双手可垂直放于身体之前，也可交叉于身前。

不正确的站姿：拱肩缩背、歪脖、弓腰腆肚、倚靠货架、双臂抱胸、双手插兜、倒背手等。

（2）举止要礼貌、得体

在工作时，不论忙闲，都要时刻注意自身的举止。要做到不扎堆聊天、不嬉笑打闹；不得当着消费者的面品头论足，在消费者面前不应有挖耳朵、剔牙、解衣擦汗、搔痒等不雅的动作。

（3）工作时不得吸烟、吃零食、看杂志、干私活

（4）不得有以下情况出现

①服装怪异，浑身珠光宝气且香气扑鼻。

②服装不整洁，纽扣掉落或脱线。

③不佩戴胸卡或将胸卡藏于衣服内的一角。

④表情颓废、抱肘而立、手插衣袋而立。

⑤化妆时使用很奇怪的颜色。

⑥头发颜色怪异，表面油腻、有头皮屑。

⑦浓妆艳抹，眼线和睫毛液渗出，佩戴形状夸张的耳环。

⑧留长指甲，涂有有色指甲油，或短指甲内留有污垢。

4. 情绪管理

（1）热情饱满、精力充沛

要有健康的体态容貌，工作期间要精神饱满，而不是萎靡不振，要体魄健康而不是面黄肌瘦。

（2）不得带有个人情绪

不得将个人事业或家庭中的不愉快带到工作中。

5. 语言的礼貌化、专业化是基本要求

（1）运用礼貌用语：您好、请、对不起、谢谢、请慢走。

（2）介绍本品：运用标准的 Q&A 话术。

（3）介绍竞品时：

尽量不要涉及竞品品牌名称，那样会使消费者对竞品产生兴趣，必要时使用“其他产品”“同类产品”等字眼代替，假若顾客提及，尽量短说，一语带过。

如果不可避免地提及，请尽量表现出客观的态度。任何贬低竞争对手的言辞都会使消费者怀疑我们的产品。

6. 非语言方面管理

（1）微笑：好心情就是销售力，微笑可以分为以下几类。

① 1 度的笑：本意的笑。

② 2 度的笑：温馨的笑。

③ 3 度的笑：甜美的笑。

④ 4 度的笑：热情的笑。

⑤ 5 度的笑：火热的笑。

注：宜采用 2 度、3 度的笑，不宜采用 4 度、5 度的笑。

（2）手势、动作：

宜用手掌示人，忌用手指指人。宜用上升动作，忌用下降动作，动作不慌张，姿势自然不拖沓或僵化，标准、干练。

（3）视线：

眼线：落于对方眉心稍偏下，停留三四秒，稍稍移开，再返回眼线。

眼光：温和、关切。

眼神：充满感情、传递信息，不呆滞。

（4）声音：

语气：避免单调苍白的声音，使声音饱含感情色彩。

语速：不要太快，也不要太慢，语速变化有致，除非为了表达特殊含义。

语调：尽量抑扬顿挫，避免单一声调，特别是降调。

音量：掌握到达消费者耳中的音量，不要太高，也不要太低，根据环境设定音量。

音质：不要尖锐，要宽音质。

（5）方位语言：

促销员应尽量处于友好的区域，绝对不要处于顾客偏后方，如图 8－5 所示。

与顾客距离保持 1 米之内。

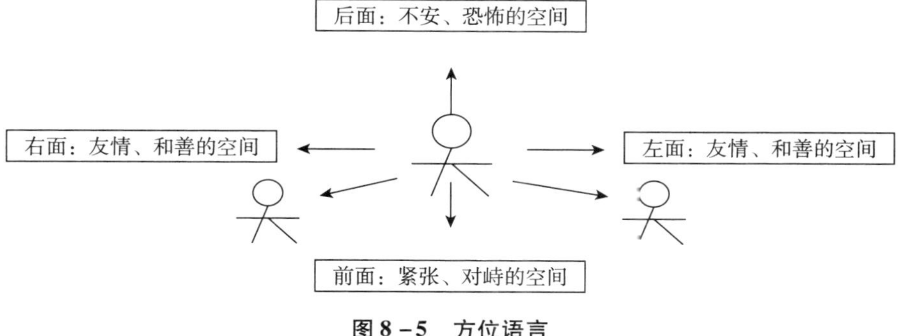

图 8－5　方位语言

7. 其他要求

法则一：顾客永远是对的。法则二：即使顾客错了，参照法则一。

规范化、标准化、专业化永远是现场活动的基础。

（1）在顾客眼里，所有的一切都是品牌价值的体现，所有的一切都是产品的一部分，这一切都是品牌。

（2）工作场所永远是与工作有关的，与工作无关的事情请发生在工作场所之外或休息时间。例如接听手机、处理私事，请离开工作场所。

（3）行为禁忌：

①忌慌张、无序。

②忌吵闹、打笑。

③忌违反公共场所规则之行为。

（三）促销员着装标准规范

（1）头部帽子或头巾：应将前额及两鬓的头发整理到帽子或头巾内部。如果是头巾，戴好后用双手整理出头巾两个边角，两角的长短余度应大体一致，头巾不能反戴。长发应将辫子缩到头后或用发套将头发绾好。

若头巾洗涤后变软，应及时将其熨烫平整。

（2）短发需要将鬓角处的头发整理到耳后。

（3）衬衣：衬衣应干净、整洁、大方、得体，特别是袖口、领口处；袖口要系紧，防止为顾客拿取货物时有皮屑脱落，内衣领口不得高于工装衬衣领口，且衬衣内禁止穿深颜色的内衣。工装衬衣要勤洗勤换，保持整洁干净。

注：应穿公司统一发放的工装，冬季、夏季工装不能混穿。

（4）围裙：应根据个人身高调整围裙的高度，围裙的裙绳要根据个人状况调整松紧，不能太紧或太松。围裙要勤洗勤换，保持整洁、干净。

（5）口罩：先检查口罩的反正面，将有鼻梁条的一边向上，口罩戴好后用手将鼻梁条捏紧，确保密合良好。口罩必须将口、鼻全部遮住。

（6）工牌要统一戴在左胸前，要求佩戴平整，不能反戴。

（7）裤子：应穿深色的长裤，夏季不允许穿高于膝盖的短裤。如果穿裙子，高度应不高于膝盖以上 5cm，严禁穿着超短裙上岗。

（8）鞋：不允许穿拖鞋或赤脚上岗。

（四）促销员行为规范管理

（1）要以良好的精神面貌、饱满的热情投入一天的销售工作中。

（2）在销售过程中要随时关注产品，查看产品是否变色、有无杂质（如塑料包装袋碎片、丝线等），应每天检查生产日期及产品颜色，以确保所销售产品的安全。

（3）应耐心解答顾客提出的疑问。

（4）应及时反馈竞品信息及顾客建议。

（5）在顾客蜂拥而至的时候要做到“接一、答二、招呼三”，促销员不能因为忙而冷落消费者。

（6）不允许怠慢或冷落顾客。

不允许以忙、做账等为理由冷落顾客；不允许以下班、已到晚间收货时间为理由而拒售产品。

（7）不允许在售卖时以任何方式缺斤少两，欺诈消费者。

（8）不允许私自更改价格，赚取差价。

（9）在补货或上货前应用干净抹布将包装袋上的灰尘擦掉，并检查产品是否有包装破损等问题。

（10）宣传材料到卖场后，应第一时间将单页发放给消费者，使消费者能够在第一时间了解行业动态及公司信息。

促销员切忌将宣传材料私自存留、变卖。

（11）在岗期间不允许空岗、串岗、聚堆聊天；不允许在工作时间会友、打私人电话、看报、读杂志、听音乐、吃零食等。

（12）若公司有特价活动，必须及时将特价信息展示在卖场的明显位置，宣传内容应清楚醒目。

（13）及时检查特价产品的价格标签是否更改。

（14）若公司的特价活动已结束，应及时将产品特价信息撤掉，以免引起纠纷或投诉。

（15）在卖场有买赠活动期间，应认真如实地填写赠品登记表，杜绝偷拿赠品、私分赠品等现象。

（16）在销售过程中及时清理垃圾，及时擦拭。

（17）在销售过程中应随时整理产品堆头。

（18）在销售过程中应随时防止粉尘污染产品或昆虫飞入。

（19）禁止私自挪用、出售产品包装袋；禁止用包装袋装垃圾。

（20）禁止用带有其他厂家形象的包装袋包装本公司产品，也不允许提供包装袋给其他厂家使用。

（21）午间休息：

①午休时间严格遵守卖场规定。

②中午不允许在销售区内就餐。

③午餐应避免吃带有异味的食品（如大蒜、大葱等）。

④在午休时间可处理个人事务，整理销售思路，以确保下午工作的顺利开展。

（22）营业后：

①将产品整理好，盘点清楚，记好台账，该入库的入库。

②将公司相关表格、记录本、商场对账单等物品放好。

③换下工装离开卖场。

（五）促销员日常工作流程

促销员日常工作流程如图 8－6 所示。

日常工作流程		
时间	工作流程	工作内容
依规定	接货、班前准备	1.换工装 2.依卖场及公司收货、上货制度收货、上货 3.清洁专柜，参照专柜使用维护管理制度 4.摆货：必须戴手套，依公司要求及产品陈列管理制度 5.清扫：清洁专柜区、用具。参照现场用具清洁管理制度、清洁卫生管理制度、广宣物维护管理制度，校验电子秤，依照电子秤使用维护管理制度 6.现场布局及用具摆放：参照现场用具清洁管理制度
	上岗前工作准备	1.再次整理仪容，参照公司售货人员着装标准规范 2.开心微笑3遍 3.进入迷人的现场销售之旅，努力做一个值得顾客信赖的售货人员
开始营业	销售	参照售货人员行为规范、仪表规范管理制度及各项管理制度
依客流或时间	中午休息	
	销售	参照售货人员行为规范
依客流或要求	结束营业	参照售货人员行为规范

图 8－6　促销员日常工作流程

（六）布局规范

1. 布局规范要点

（1）跑动时间和动作间隔时间最少。

（2）工具放置位置方便使用。

（3）顾客最方便看到、交流不麻烦，现场摆放物品整齐划一，不得斜放、不整齐、随意。

（4）物品在其应该摆放的位置上，不得随意放，用完放回原处。

2. 终端形象物管理规范

（1）灯箱完整、无破损，要经常擦拭，1 周 1 次定期维护，如有脏污，即时擦拭。灯箱褪色、破损必须第一时间通知市场部进行维护。灯箱上不得随意贴海报等。如果要悬挂灯箱，请用钓鱼线进行垂直悬挂。不得用胶带等粘贴，不得损毁、丑化形象。

（2）物料不得卷边、褪色、破损、脏污，爆炸贴、摇摇牌使用时不得遮挡形象。

（3）粘贴摇摇牌、爆炸卡等，可用胶带粘成封圈再行粘贴在后面，这样胶带不外露。爆炸卡作为活化道具，必须常用。

（4）围挡、背景板保证完整、无脏污、褪色，不得在其上粘贴其他物品。如出现质量问题，及时通知市场部进行修理或更换。

（5）海报（产品、活动）、其他广宣品的中心线在一条直线上。

（6）过期海报应及时撤下换新，形象不好的海报在起反面宣传作用。

（7）气球作为活化氛围的道具一定要使用，应绑扎好装饰起来，既美观又能获得顾客的青睐。气球饱满干净，不得干瘪脏污。

（8）广宣形象是品牌形象的重要组成部分，一损俱损。

3. 清洁卫生管理规范

（1）应进行岗前培训，学习《食品安全法》和相关食品卫生管理规定等知识。

（2）每年要进行一次健康检查，取得健康证后方可上岗。

（3）销售工作前，应洗手。

（4）每天早晨清洁一遍销售区，将不洁物品、无关物品清理出工作现场。

（5）在销售现场一旦有杂物，应及时清理掉，这样既保证了现场的良好形象，也会让看到的顾客产生安全信赖感。

（6）随时进行卫生维护。

（七）促销员职责

1. 品牌沟通与推广

促销员位于公司品牌传播的一线，肩负着与消费者进行沟通、正确传达品牌形象的重任，这也是促销员第一重要的责任。

2. 促销推广

认真、积极地按照标准执行公司的各种促销活动。

3. 产品销售

利用各种销售和服务技巧，激发消费者的兴趣，提高消费者的购买欲望，促成消费者的购买行为，并尽可能使消费者购买后满意。

4. 产品陈列

协助做好卖场生动化、产品陈列和 POP 的维护工作，保持产品与广宣促销品的完整、有效、整洁，及时整理货架，以确保排面整齐和标准化陈列。

5. 收集市场信息

（1）收集竞争品牌的产品、价格和促销活动等信息，包括竞品的品项、主推口味、规格、正常售价、特价、生产批号、特殊陈列、促销活动、促销效果等。

（2）收集卖场人员对公司的要求和建议，及时上报，建立并保持与卖场良好的客情关系。

（3）收集顾客对产品的期望和建议，及时妥善地处理顾客的异议，并及时向公司市场部报告。

6. 填写工作表单

具体包括《促销员工作日志》《赠品发放表》等。

7. 参加例会

促销员必须按时参加例会。

三、促销员管理的几个要点

对促销员的管理，每个企业的资源条件不同，管理上也有差异。

（一）人员招聘要求

不同企业的招聘要求是不一样的。

1. 大型企业的招聘要求

对于大型企业来说，销售更多是由品牌拉力和促销活动在起作用，促销员只要做到自身形象优秀和信息有效告知就可以，对卖货能力的要求不太关注。

某大企业的人员招聘要求：

（1）在校大中专院校学生优先。

（2）积极的工作态度。

（3）五官端正，良好的外貌。

（4）普通话流利，且有较强的语言沟通技巧和初步的谈判技巧。

（5）良好的心理素质。

（6）团队合作能力。

将最优秀的、形象最好的人才一网打尽。

2. 中型企业的招聘要求

对于中型企业来说，条件稍微放松，个人形象要有，卖货能力也要强。

（1）有多年促销经验，销售卖货能力突出。

（2）积极的工作态度。

（3）五官端正，良好的外貌。

（4）普通话流利，且有较强的语言沟通技巧和较强的谈判技巧。

（5）良好的心理素质。

（6）团队合作能力。

（7）高中以上学历。

（8）年龄35岁以下。

将学校里、社会上有丰富促销经验的专业人员一网打尽。

3. 小企业的招聘要求

对于小型企业来说，品牌形象不用太关注，条件尽可能放宽，有卖货经验就可以，实在没卖过货也行，反正不能岗位上空人。

（1）有多年卖货经验，优秀者可放宽条件。

（2）积极的工作态度。

（3）普通话流利，且有较强的语言沟通技巧和较强的谈判技巧。

（4）初中以上学历。

（5）年龄45岁以下。

不关注外貌、年龄、学历，敢开口卖货就可以。

但是，如果真的以上面的标准去遴选促销人员，那么不论哪类企业，招到的人都会有很多缺点。

大型企业招到的促销员，无法让消费者在第一时间购买产品做深度试用，会丧失很多潜在销量。

对于品牌拉力不强的中小企业来说，更是致命的，因为这样招到的人都素质不高，基本上不会有好的结果。

怎么办？

4. 解决思路

促销员关注的是薪资待遇，公司关注的是品牌和销售，两者之间的结合点是能够卖出去货。

对于中小企业来说，因为销售额不高，所以不会给予高薪资，不给予高薪资，就招不到好的促销员，从而陷入循环怪圈。

根本原因是缺少对促销员的管理：销售能力和方法的管控。

解决方法是可以设定较高的底薪；有时候促销员最担心薪资不能及时发放和被随意克扣，基于这一点，可以缩短结算周期，比如一周一结，打消其顾虑。

这样可以保证招到较好的促销员，至于销售能力不足的问题，可以采用本书的方法来训练促销员，发掘产品的FABE，销售额自然会提高，公司费用率也会降下来，一举多得，打破了循环怪圈。

大企业招的人员素质较高，按照此方法，关注好过程，形象和销售也都可以兼顾。

（二）招聘和面试方法

促销员招聘分为两类：一是长期招聘。经公司审批通过，为展开推广的门店招聘促销员。二是临时招聘。由于促销员离职、人员更换、临时的促销活动等原因门店需要进行促销员招聘。

1. 第一类促销员招聘流程

（1）申请

业务人员根据系统情况，提交各门店的促销员需求。提前两周到一个月的时间提交门店上人申请，内容需明确说明促销员每周出勤场次、出勤时间以及工资金额、结算形式。

市场部见到批复的申请后开始进行招聘工作。

（2）拓宽招聘渠道

①招聘网站：在各类招聘网站上发布招聘信息。

②兼职微信群：在建立的兼职微信群内发布招聘信息。

③利用现有促销员的人脉、朋友圈招聘人员。

④门店招聘：去门店品牌的货架前挖人招聘，在超市信息栏上张贴招聘启事。

⑤熟人介绍：建立熟人介绍奖励制度。

（3）面试注意要点

①详细告知公司的优势：薪资待遇、结款周期、福利待遇、品牌的保障、产品的保障、提供销售方法、关注过程、无销售压力等优点。

②确认促销员意愿度（想不想干）、能力（能不能干）、稳定性（能不能长期干）。

（4）详细申明公司要求、标准，避免入职后产生误会。

2. 第二类促销员招聘流程

（1）建立人才储备制度

①储备来源：将拓宽招聘渠道作为日常工作。

②进行招聘信息的日常投放。

③平常在门店进行优秀促销员的挖掘，添加微信进行沟通。

④对于优秀的人才，可以考虑替换现有人员替换或增加促销门店，或者提高对优秀促销员的使用频率，当重点门店需要人员时进行调动。

（2）延长人员离职时间，预留招聘人员的时间。除被开除的人员，要求促销员提前1~2周进行离职申请。

（三）通过面试后的管理事项

（1）督导需要明确，促销员上岗的标准是什么。

（2）相关的材料已填写完毕，包括信息表、兼职协议及入职须知，避免劳务纠纷风险。

（3）促销员对于工作的要求已非常清楚，包括上班时间、上班地点、工作内容要求、工资待遇、正负激励等。

（4）使用水印相机、加入整体公司促销员群及督导个人群。

（5）话术已大致掌握无问题，能够较熟练、流畅地使用简短版的话术向督导介绍产品，过程中无须提示。

（6）门店如果有需要办证的，根据办证表单要求促销员进行准备。

（7）在面试过后，入职须知一式两份，要求促销员对于相关的内容签字确认并带回，以确保能够按照要求顺利出勤。

兼职人员协议书

甲方：________________　　乙方：________________

鉴于乙方现在属于兼职人员，甲乙双方经平等协商，共同决定建立劳务关系。甲乙双方在明确这一法律关系的基础上，根据《中华人民共和国民法典》等有关法律法规，甲乙双方本着友好合作的精神，在自愿平等、协商一致的基础上，签订本协议。

1. 协议日期：本协议生效日期为______年______月______日，______年______月______日终止。

2. 乙方的工作内容为：业务工作（包含但不限于促销、捆绑商品等工作）。

3. 甲方有权根据工作需要及乙方的能力和表现，安排和调整乙方的工作。乙方须服从甲方的管理和安排，根据工作职责，按量按质地完成本职工作。

4. 乙方的工作时间应服从甲方的统一安排，甲方根据乙方的实际工作时间进行工资核算，按周或月支付乙方的劳动报酬。

5. 在工作期间关于工作时间和休息休假的具体规定依据国家和甲方的有关规定执行。

6. 乙方应当严格遵守甲方的劳动安全制度，严禁违章作业，防止劳动过程中的事故，减少职业危害。

7. 乙方的社会保险及其他福利由乙方所在单位承担或自行解决。

8. 乙方在协议生效期间患病或非工作时间发生意外伤害所发生的费用由乙方自行承担。

9. 乙方应严格遵守国家法律法规及甲方的规章制度。

10. 如乙方违反劳动纪律和甲方规章制度，甲方有权根据规章制度进行处理，直至解除本协议。

11. 甲方可根据业务经营和管理需要修改、补充有关规章制度，规章制度经正式渠道（内部网、公告栏、电子邮件等）发布，乙方应一并遵守。

12. 本协议的变更经甲乙双方协商同意并以书面形式确认后方可生效。经甲乙双方协商一致，本协议可以解除。

乙方郑重声明，乙方已熟知本协议及附件所约定的甲乙双方的权利和义务，乙方将严格按照甲方的规章制度执行。

甲方（盖章）：________________　　　　乙方（签字）：______

签订日期：____年____月____日　　　　签订日期：____年____月____日

促销员入职须知

首先热烈欢迎您加入××大家庭。在您还没有完全熟悉和了解新环境之前，请您先阅读这份为您特别准备的入职须知，如有任何不清楚之处，请随时垂询您的负责督导。

一、促销员入职手续办理

1. 促销员需办理完入职手续方可到岗工作。

2. 入职需提供的证明资料：员工个人身份证复印件、健康证、银行工资卡。

3. 入职需填写资料：员工入职信息表、兼职协议。

4. 所有入职人员的证明资料必须包括原件和复印件。

二、促销员管理要求

1. 促销员应在工作前了解和熟悉商场的各项规定，并在工作中严格遵守，否则按情节轻重做违纪处理直至开除；促销员如对商场的有关规定不明确时，应立即到直接上级或者督导处了解情况；若在不明情况下违反商场规定，将仍按违纪处理直至开除。

2. 公司纪律管理要求：

（1）工作时间：9：00—18：00，中午休息一小时。休息时，避开人流高峰期，具体视各门店情况微调。

（2）促销员上岗使用水印相机进行拍照打卡，上午、下午上下班各拍一张，每日共计 4 张，每张照片拍完后发在群内，实时发送，过后提交视为考勤异常。照片显示时间地点为有效照片，不允许迟到早退。工作期间，不得办私事，中午用餐时间不得超时，严禁出现脱岗、逃班现象。迟到 10 分钟以内，负激励××元，迟到 10～30 分钟，负激励××元。迟到一小时以上，无原因，按旷工处理，并予以辞退，当日工资不发。特殊情况提前报备督导，视情况决定。

（3）工作期间，严禁出现聊天、吃零食等违纪行为。一经发现，负激励××元。

（4）保证出勤。由于特殊情况不能出勤，提前 1 天以文字形式告知公司的相关人员，经同意后方能休假，否则视为旷工予以辞退。

（5）每位促销员上岗前，需提供自己的联系方式，以便公司电话查岗或通知事情。如果因其他原因，暂时不便接听，必须回电，违者负激励××元。

（6）促销员需进行折页、DM 单发放。违者，第一次负激励××元，两次予以辞退。门店缺少以上物料，促销员应提前申请。

（7）促销员需进行试吃工作。试吃品暂定×××，×××由促销员进行准备，留存发票提交给业务进行报销。试吃台、牙签、微笑口罩等其他试吃物料由公司提供。试吃需佩戴微笑口罩，酌情使用试吃杯。门店不允许试吃的情况下，促销员应及时向促销督导进行反馈，擅自不做试吃工作，第一次负激励××元，两次予以辞退。

(8) 销量汇报。促销员于上岗当日下班后使用汇报模板进行销量汇报，汇报内容不允许作假。如存在谎报销量的情况，一经查实，直接解除合作关系。汇报时间为上岗当日，未按规定汇报销量，罚款××元。销量由促销员自行进行盘点统计。

三、仪容仪表管理要求（略）

四、促销员管理约定

1. 到商超就职的入场押金、服装费等费用由个人承担，员工离职时由员工个人与商超进行结算。

2. 商超内的一切物品（包括赠品等）归商超所有，如将未付款的商品带出商场，将视为偷窃。除按照商超规定进行赔偿外，由个人承担商超全部损失，并取消促销员资格，录入档案。

3. 时刻牢记自己代表的是公司，服从集体管理。注意举止文明，保证安全。

4. 商超内严禁擅自动用明火，严禁吸烟（包括厕所、卖场、更衣室）。

五、促销员薪资待遇

1. 工资×××元/天，加销售提成（固定品项的××%），销售数据由促销员提报。公司定期进行查核。

2. 公司有不定期的巡店访查，对于促销员符合标准的行为，会进行10~100元或产品等相应的奖励；不符合标准的行为也进行10~100元的负激励。新入职的促销员会进行相应的培训、指导。公司针对所有促销员的奖罚比例大约在2:1，只针对行为，不针对促销员本人。

我已确认以上信息，包括工作事项及薪资待遇。

签字：

日期：

（四）做好门店办证、出勤管理

将各系统、各门店办证的具体要求提前统计好，防止人员办证时出问题，如表8-1所示。

表 8-1 促销员门店办证注意事项

业务	联系电话	系统	门店	促销员	联系电话	是否需要办证	办证周期	准备材料
						×		
						×		
						×		
						√	1 周	盖章担保书、健康证、押金 500 元
						√	当天	健康证、押金 200 元
						√	3~5 天，提前见主管面试	健康证、押金 110 元
						×		健康证、押金 110 元
						√	周一到周五办证，当天拿证	健康证、押金 100~200 元
						√		押金 300 元、铜牌费 50 元、黑鞋、黑裤子、黑上衣。年龄无上限
						√		

各门店做好详细出勤时间安排，便于在报岗、做薪资、查岗时用，如表 8-2 所示。

表 8-2 门店出勤安排

业务	系统	门店	促销员	出勤日期（每周）	出勤时间（中午休 1 小时）
				五、六、日	9：00-18：00
				二、五、六、日	9：00-18：00
				五、六、日	9：00-18：00
				二、三、四、五、六、日	9：00-11：00，14：00-20：00

续表

业务	系统	门店	促销员	出勤日期（每周）	出勤时间（中午休1小时）
				五、六、日	9：00－18：00
				五、六、日	9：00－18：00
				五、六、日	9：00－18：00
				二、三（四）、五、六、日	9:00－18:00（周二12:00－18:00）
				二、五、六、日	9：00－18：00
				五、六、日	9：00－18：00
				六、日	9：00－18：00
				五、六、日	8：00－20：00，中午休息
				一、二、四、五、六、日	8：00－15：00/12：00－20：00
				一、二、三、五、六、日	8：00－15：00/12：00－20：00
				三、四、五、六、日	9：00－18：00

（五）开会

很多企业不重视促销员会议，不召开会议或者会议常常流于形式，这对促销员团队的管理有极大危害。

促销员会议上经常进行的工作有：

1. 业绩公布

每次会议，业绩宣导一定是重点项目。根据日常的督导巡查记录和门店实际销售情况做销售数据的公布、排名、升降；销售技能推行的过程数据、排名、升降情况等都是会议要重点关注的。

列举出表现好的人员，给予表扬、鼓励及奖励（例行）。

列举出表现不好的人员，给予批评、处罚及提出整改要求。

2. 销售技能比拼

会议的时候，一定要进行各种实际操作技能（加工技能、售卖技能、清洁技能、售后服务技能等）的实操比拼，同样进行奖励与处罚。

3. 促销理念及规范、职责（本章第二部分的内容）等沟通、企业文化价值观、公司良性发展现状的培训

理念、规范、职责的沟通，要结合督导巡查记录，着重对优秀案例进行表

扬，目的是树立标杆，让促销员形成公司的要求是合理、正确的印象，发挥马太效应，带领所有促销员认真执行。

企业价值观和公司发展现状要结合公司内部的实际案例，不要空讲，以进行团队塑造。

这一点很重要，促销员绝大多数时间不在公司，很难判断公司的一些实际状况。如果没有这方面的培训，往往促销员在心态上会有问题。

促销员努力工作的一个重要决定因素是：服务的企业有前途。在没有前途的企业里，促销员很难全身心地投入工作。

很多时候，促销员对接的业务人员的素质往往很难保证，很有可能常常抱怨公司的问题，把业绩不佳的责任推给公司，这样给促销员造成的印象可想而知。

所以，很多中小品牌的促销员对公司人员一般开口就是："你们公司……"她们认为自己是超市（卖场）人员，不是厂家人员。这绝不是什么玩笑，而是真实情况，究其原因是她们对公司不认可。

只有在会议时，多增加培训，以增强促销员对公司的向心力。

4. 产品知识、加工工艺（针对在销售现场有加工的产品）培训

产品知识、加工工艺，是顾客购买的最直接因素，是每次培训的必要项。

也一定要加上考试、奖励与处罚（参见培训部分的方式），确保促销员一定学会。

5. 会议气氛打造

因为长期不在公司，除了少部分年长的促销员，大部分促销员与公司的关系不算紧密，促销员流动性又比较大，对公司很陌生，对很多事情不能正确理解。

所以，整体气氛一定要和谐、热烈，不宜紧张、严肃。

会议是公司与促销员打好关系的最佳时机。可从以下方面着手：

会议布局不宜用呆板的大会横排模式，要以分组的块状模式进行。

销售技能的比拼，除了个人模式，还可以用小组的方式来进行。

准备好零食、瓜果、饮料，提供餐点。

做好会议时的氛围布置，如标牌、标语、条幅、彩带等。

可以准备些小礼物等，以体现公司的用心、关心。

6. 微信群开会

如果确实因为各种原因无法经常组织会议，可以利用微信群召开会议，会议内容与现场会议相同。

微信群更方便召开促销员的晨会、午会、晚会，时间选在上班前、下班后、午休时等空闲时间（超市一般不允许上班时看手机，对违犯者有处罚），开会时间一定要短，只讲重要内容就可以，不要长篇大论。

微信群还可以时时组织各种短时销售比拼，通过发放小奖励而激发大家的参与兴趣，随时掀起一个销售小高潮。

老板·创业			
一、经理人			
书名	内容	书名	内容
老总有想法，高层有干法 王清华 著	企业将、帅之间的定位问题、角色问题、方法问题、思维问题、管理问题等	**历史深处的管理智慧1：组织建设与用人之道** 刘文瑞 著	通过历史鉴照当今企业选人用人、二代接班人、创业团队管理等问题
历史深处的管理智慧2：战略决策与经营运作 刘文瑞 著	通过历史鉴照当今企业决策、战略规划、战略冒进、决策监督等问题	**历史深处的管理智慧3：领导修炼与文化素养** 刘文瑞 著	通过历史鉴照当今企业的领导修养、用权、管理风格等问题
老板经理人双赢之道 陈明 著	经理人怎么选平台、怎么开局，老板怎样选/育/用/留		
二、用人			
用好骨干员工 王敏 著	系统化分享关键人才打造与激励方法	**领导这样点燃你的下属** 孟广桥 著	领导者如何才能让员工积极主动地工作
让用人回归简单 宋新宇 著	帮助管理者抓住用人的要害，让用人变得简单	**激活新生代员工** 史量 孙斌 著	走进新生代的世界，一套行之有效的管理、激活90后、95后、00后的方法
三、转型·创业			
创业要过哪些坎 董坤 著	15年创业咨询经验总结的创业遇到的问题及办法	**高潜牛人** 董坤 著	创业和事业发展中如何找到牛人
成为下一个SaaS独角兽 崔牛会 主编	19位SaaS领专家，7个不同的视角总结SaaS行业实践	**创模式：23个行业创新案例** 段传敏 著	CEO社群23位企业家的思考与实践分享
重生——中国企业的战略转型 施炜 著	本书对中国企业战略转型的方向、路径及策略性举措提出了建议和意见	**7个转变，让公司3年胜出** 李蓓 著	企业估值、业务模式、营销、生产制造、客户服务、用户黏性、组织管理7个转变
企业二次创业成功路线图 夏惊鸣 著	五步骤给出了一幅企业二次创业经营突破、管理提升的成功路线图	**跟老板“偷师”学创业** 吴江萍 余晓雷 著	如何通过“偷师”学习与积累当老板的阅历
公司由小到大要过哪些坎 卢强 著	企业成长路线图，现在我在哪儿、未来还要走哪些路都清楚了	**跳出同质思维，从跟随到领先** 郭剑 著	66个精彩案例剖析，帮助老板突破行业长期思维惯性
极速增长：企业扩张策略 董坤 著	以“8shoes扩张法则”为思考框架，帮助处于这个阶段的创业公司及以创业公司形式孵化的变革型项目做出清晰的战略选择		
企业经营			
经营打造你的盈利系统 高可为 著	选择最有效的经营策略，打造属于自己的商业模式	**中国企业的觉醒** 王涛 著	企业告别自私、野蛮，转向善良、爱，才会赢得消费者
成为敏感而体贴的公司 王涛 著	未来有竞争力的企业，一定是那些敏感而体贴的公司	**有意识的思考** 王涛 著	对头脑中固有观念保持觉察，从而超越它们的局限
简单思考 孔祥云 著	著名咨询公司（AMT）CEO创业历程中的经验与思考	**写给企业家的公司与家庭财务规划** 周荣辉 著	以企业的发展周期为主线，介绍各阶段企业与企业主家庭的财务规划

续表

书名	内容	书名	内容
从10亿到100亿的企业顶层设计 刘建兆　著	重新定义企业成长方式，有效益、有效率、有效能、有效果、有品质的良性成长	**活系统：跟任正非学当老板** 孙行健　尹贤　著	造活系统，使系统活，靠系统活，活的系统
宗：一位制造业企业家的思考 刘建兆　著	发展20年营业额近亿元制造业企业家的思考与心得	**使命：驱动企业成长** 高可为　著	用大企业发展轨迹及企业家的心路历程，揭示企业成长的基因、做事的逻辑
让经营回归简单 宋新宇　著	战略、客户、产品、员工、成长、经营者的经营法则	**边干边学做老板** 黄中强　著	86个案例讲述中小公司成长过程中遇到的问题和方法
盈利原本就这么简单 高可为　著	跨越业务与财务边界，为企业提高盈利水平提供方法	**战略参谋：写出管用的战略报告** 蔡春华　著	企业对自己、市场、行业其实了解更深，助你高质量完成战略规划
不战全胜：给企业家读的孙子兵法 王吉坤　杨伟霞　著	从《孙子兵法》提炼和总结了帮助企业打造行业龙头品牌的体系	**公司离不开的全栈运营高手：产品运营与推广获客** 王虎　著	涉及运营案例、思维理论、实操复盘、管理方式、推广策略等，是作者八年运营推广经验的浓缩
公域引流　私域经营：这样经营用户关系 王庆云　汪洋　著	为大中型企业提供私域建设的顶层和全景式框架，探索不同业务特性可能适配的不同私域模式	**平台生态：价值创造与价值获取** 彭毫　罗珉　著	厂商之间的竞争已经从产品转到平台，如何创造新的价值创造和获取模式，是企业最想得到的答案
合伙制经营：有效激励，而不丧失控制权 胡八一　著	重点阐述实施合伙制的流程，通过四步为企业家提供一种有效激励而不丧失控制权的工具和方法	**机制创造人才** 彭剑锋　尚艳玲　著	华夏基石专家团著作，为个体赋能，经营人成就人，进行机制创新和价值管理
管理·管理学			
一、企业管理			
让管理回归简单 宋新宇　著	从目标、组织、决策、授权、人才、老板自己等提供方案	**管理的尺度** 刘文瑞　著	西医式的体检化验，又要施加中医式的望闻问切
管理：以规则驾驭人性 王春强　著	人性驾驭角度权度运筹安排的可兑现性，管理有效性	**看电影，学管理** 刘文瑞　著	十六部电影的解读，揭示电影内含的管理之道
好管理　靠修行 曾伟　著	从佛法、道法思想中寻找管理智慧	**公司大了，怎么管** 金国华　著	成长型企业发展中的共性问题，通过案例实录解开
低效会议怎么改 王玉荣　葛新红　著	从梳理公司会议体系的层面改变低效会议的现状	**年初订计划年尾有结果** 郭晓　著	总结七步落地方案让战略计划切实落地实现
分股合心 段磊　周剑　著	围绕股权激励，详细介绍相关知识和实行方法	**员工心理学超级漫画版** 邢磊　著	以漫画形式对组织中个体心理的全面介绍和深入探讨
让投诉客户满意离开 孟广桥　著	投诉法律法规，应对各种投诉技巧等提升客诉能力	**管理就是定计划，抓落实** 张国祥　著	员工“看了就会、拿来就用”的计划制订操作指南
不读韩非子，怎么当老板 王春强　著	通过集中分析有关人性的内容，引导现代管理者更深理解人性是如何影响企业运行，以及管理者应如何因人性而实施管理	**重新想象组织** 彭剑锋　尚艳玲　著	华夏基石专家团著作，通过组织变革逐步进化，找到成长之道，让企业可持续发展

续表

书名	内容	书名	内容
战略管理有方法 和恒咨询　著	结合中国企业实践总结的一套独创性、实操性的战略方法，100+工具轻松做战略	高管如何为公司创造高增长 彭剑锋　尚艳玲　主编	战略驱动着企业成长，企业又该如何突破增长的瓶颈
二、管理思想			
管理学的奠基者 刘文瑞　著	近代以来的管理思想发展揭示管理思想的演化奥秘	巴纳德组织理论研读 郭威　著	深度研读巴纳德《经理人员的职能》，帮你理解和看懂
管理学在中国 刘文瑞　著	科学看待管理学流入中国，对继承发展进行深入的阐述	德鲁克管理学 张远凤　著	以德鲁克管理思想发展为线展示20世纪管理学的发展
德鲁克与他的论敌们 罗珉　著	德鲁克与马斯洛、戴明等诸多管理大师论战的故事	德鲁克管理思想解读 罗珉　著	全面解构德鲁克思想的精髓与实践价值
治论：中国古代管理思想 张再林　著	深入分析中国古代哲学基本精神的基础上，梳理分析了儒法墨三家的管理思想	流程经理10年案例笔记 王焕东　著	用自身工作和生活中的鲜活案例及思考后的心得呈现不一样的流程管理思想
透过决策看组织 李慧才　著	对西蒙管理行为进行贴近企业的通俗化解析和阐释	为什么高管爱读德鲁克 王鹏　著	辅助深读德鲁克、提升管理认知
营销·销售			
一、企业销售			
大客户销售这样说这样做 陆和平　著	大客户销售活动的十大模块，68个典型销售场景	向高层销售 贺兵一　著	销售人员与客户高层打交道需要重点掌握的知识、技巧
资深大客户经理 叶敦明　著	将大客户经理必须具备的规划、策略、执行三种能力运用自如	成为资深的销售经理 陆和平　著	让销售经理成功把握销售管理的6个关键点，并提供工具
销售是个专业活 陆和平　著	据客户采购流程拆分销售过程十阶段，讲解方法技巧	学话术　卖产品 张小虎　著	手机、电动车、家电、食品等消费品的一线销售话术
工程项目大客户销售攻略 陆和平　著	三十八讲循序渐进，全方位透视工程大项目拿单的奥秘，通俗易懂，看了就能用	大客户销售谈判：获得利润的最快途径 陆和平　著	从不会谈判到成为谈判专家，帮助你在与大客户的谈判中轻松说服对方，实现从一次成交、成本价成交到高价成交、持续成交的转变
二、企业营销			
新营销组织力 迪智成　著	适应最新数字化外部环境，系统化协同组织能力建设	营销按钮 老苗　著	讲述存在于人性及各个营销环节中的“按钮”
精品营销战略 杜建君　著	“精品营销战略”核心逻辑与营销组合策略	360°谈营销 王清华　古怀亮　著	营销是立体的，从不同角度观察不同企业的营销精髓
互联网精准营销 蒋军　著	互联网时代整体策划、包装品牌和产品	招招见销量的营销常识 刘文新　著	做好基本的营销动作都可以提高销量、降低成本
用数字解放营销人 黄润霖　著	用数字说话覆盖营销工作的方方面面	用营销计划锁定胜局 黄润霖　著	让营销计划落地，营销人员只需解决两个问题：基数与概率

续表

书名	内容	书名	内容
我们的营销真案例 联纵智达研究院　著	五芳斋粽子、诺贝尔瓷砖、利豪家具、保健品、娃哈哈	**中国营销战实录** 联纵智达研究院　著	51个案例，46家企业，46万字，18年积淀
弱势品牌如何做营销 李政权　著	产品与物流通道、服务通道、促销互动通路，提供方法	**解决方案营销实战案例** 刘祖轲　著	十大工业品作者实操案例解码解决方案营销
升级你的营销组织 程绍珊　吴越舟　著	根据企业的实际情况建立有机性营销组织	**变局下的营销模式升级** 程绍珊　叶宁　著	十年大量案例归纳三种核心驱动要素、三种升级方向
老板如何管营销 史贤龙　著	十六个招式，理论与案例相结合，高段位营销方法	**孙子兵法营销战** 刘文新　著	理解《孙子兵法》原意的同时，还可体悟到营销之用
新营销2.0：从深度分销到立体连接 刘春雄　公方刚 牛恩坤　等著	立体连接打通三度空间，在互联网时代诞生快消品领域的超级巨头		
三、品牌			
中国品牌营销十三战法 朱玉童　著	深度演绎最符合企业品牌营销策划的十三套实战战法	**中小企业如何打造区域强势品牌** 吴之　著	从如何建立强势品牌的角度解析扩张难题
小众战略：小资源打造强势品牌 吴修利　著	从品牌观念、市场调研、竞争机会、内部调整等角度，对产品、渠道、传播等核心原则进行了系统梳理	**把品牌建在顾客心里：4步实现品牌IP化** 张学军　著	让品牌自带话题，自主传播
四、营销策划			
这样写文案，就没有卖不动的产品 秦剑　刘安丽　著	术、法、道三个层面由浅至深培养商业文案创作能力	**洞察人性的营销战术** 沈坤　著	介绍了28个匪夷所思的营销怪招，大部分可以直接运用
双剑破局：沈坤营销策划案例集 沈坤　著	双剑公司8年来的实操案例，每个项目诞生过程、策划角度和方法	**社区团购就这么干：供应商•平台•团长•用户** 陈海超　杨顶刚　著	分享最新实践经验，一看就懂，照着就能做
企业案例			
鲁花：一粒花生撬动的粮油帝国 余盛　著	鲁花如何成长为优秀的带动农业产业发展的品牌，鲁花你一定学得会	**金龙鱼背后的粮油帝国** 余盛　著	以金龙鱼为脉的一部中国粮油行业的史诗
你不知道的加多宝 曲宗恺　牛玮娜　著	以时间为轴线，详细叙述了加多宝品牌的发展历程	**静水流深** 黄治国　著	作者在美的十五年对何享健内部讲话资料的整理
娃哈哈区域标杆 罗宏文　快车君 赵晓萌　寇尚伟　著	讲娃哈哈豫北市场如何成为娃哈哈全国第一大市场、全国增量第一的市场	**借力咨询：德邦成长背后的秘密** 官同良　王祥伍　著	德邦将自己积累的与咨询公司发展共赢的合作逻辑和盘托出
六个核桃凭什么从0过100亿 张学军　著	全视角深度解读养元企业的裂变成长，复盘十年蜕变轨迹	**像六个核桃一样** 王超　著	六个核桃为什么卖得这么好，产品畅销的6大要义36条简明法则

续表

书名	内容	书名	内容
中国首家未来超市 IBMG 集团　著	对乐城超市的掌门人及内部员工的采访详细阐释了乐城的经验	**三四线城市超市如何快速成长：解密甘雨亭** IBMG 集团　著	甘雨亭的许多关键经营指标均高于行业标准，学习其成功的方法
集团化企业阿米巴实战案例 初勇钢　著	作者在某酒厂推行阿米巴经营模式的心得		
经销商			
新经销：新零售时代教你做大商 黄润霖　著	探访近 100 位经销商在传统营销手法上的创新，传统营销微创新和新营销本地化	**商用车经销商运营实战** 杜建君　王朝阳 章晓青　著	对商用车经销商的经营与管理、4S 店运营做了全方面的总结
跟行业老手学经销商开发与管理 黄润霖　著	从管理耐用消费品经销商角度提炼了 48 个代表性问题并给出解决办法	**快消品经销商如何快速做大** 黄润霖　著	经销商如何通过经营实现规模，通过管理实现规模效益
建材家居经销商实战 42 章经 王庆云　著	经营管理的心法和战法，帮助经销商成为“业务妙手”和“管理能手”	**成为最赚钱的家具建材经销商** 李治江　著	针对建材家居行业的经销商，从销售模式、产品、门店、市场等方面给出方法
白酒经销商的第一本书 唐江华　著	对经销商如何选择厂家、合作、运营品牌等问题给出建议	**快消品招商的第一本书** 刘雷　著	从招商理论到招商动作进行系列化分解，化繁为简
大商方法：榜样经销商与厂家的合作之道 唐道明　著	洞察厂商合作的核心，为经销商提供可行的方法，手把手教你做大商	**快消品经销商成功密码** 舟谱商学院　著	通过 8 个真实经销商案例，分享快消品经销商成功经验与方法
中小企业			
中小企业如何打造区域强势品牌 吴之　著	从如何建立强势品牌的角度解析扩张难题	**用流程解放管理者** 张国祥　著	8 个板块构成，共 66 篇文章，14 幅流程管理图
用流程解放管理者 2 张国祥　著	对中小企业规范化流程管理进行系统的阐述	**弱势品牌如何做营销** 李政权　著	产品与物流通道、服务通道、促销互动通路提供方法
本土化人力资源管理 8 大思维 周剑　著	用最贴近中国中小企业现实管理情境的案例讲述周围人的“家事”	**中小农业企业品牌战法** 韩旭　著	农业企业需要全产业链视野，更需要品牌实战方法
门店管理			
门店销售冠军复制系统 王吉坤　著	门店型企业如何打造可复制的销售冠军系统	**新零售动作分解与实操：建材·家居·家具** 盛斌子　著	对泛家居行业趋势、店面管理、团队管理、促销推广、五感营销等提供策略
家具建材促销与引流 薛亮　李永锋　著	对泛家居营销执行模式和工具、关键环节等进行汇总	**建材家居门店 6 力爆破** 贾同领　著	产品力、导购力、形象力、推广力、服务力、组织力
家具行业操盘手 王献永　著	总结家具终端门店发展的现状及问题并给出策略	**手把手教你做专业督导** 熊亚柱　著	系统梳理督导的核心技能，岗位职责、工作流程及技能

续表

书名	内容	书名	内容
手把手帮建材家居导购业绩倍增 熊亚柱　著	针对建材家居门店的业务人员，用案例故事还原场景教你成为好导购	**10步成为最棒的建材家居门店店长** 徐伟泽　著	梳理店长管理的核心工作职责、店面管理规范，帮助销售人员成长
建材家居门店销量提升 贾同领　著	9个板块讲述建材门店一个单店如何做到经营的良性循环	**总部有多强大，门店就能走多远** IBMG集团　著	五大方向综合阐述连锁零售企业总部如何提升管理能力
赚不赚钱靠店长，从懂管理到会经营 孙彩军　著	注重专卖店的经营思路拓展、门店管理细节方面能力的提升	**新医改了，药店就要这样开** 尚锋　著	从药店定位的思考，内部和会员管理等方面探讨中小型药店发展方向
电商来了，实体药店如何突围 尚锋　著	新时代药店经营的三驾马车：药学专业服务、会员贴心服务和精准定向促销	**引爆药店成交率1：店员导购实战** 范月明　著	药店人的零售工作，怎样接待顾客，完善销售技巧
引爆药店成交率2：药店经营实战 范月明　著	从药店经营角度建立改善门店现状的实用标准	**引爆药店成交率：专业化销售解决方案** 范月明　著	从简单的拿药服务到提供多角度的专业解决方案
口腔门诊盈利倍增：精益口腔 杨伟霞　王吉坤　著	为口腔门诊定制业绩提升管理系统并落地实施		
互联网			
一、互联网转型			
画出公司的互联网进化路线图 李蓓　著	18个“可以……吗”的问题作为产品、客户和价值方面的指引牌	**7个转变，让公司3年胜出** 李蓓　著	企业估值、业务模式、营销、生产制造、客户服务、用户黏性、组织管理7个转变
重生战略移动互联网和大数据时代的转型法则 沈拓　著	四个重生战略对应四个法则，告知传统企业的转型重生之路	**创造增量市场：传统企业互联网转型之道** 刘红明　著	为读者提供了寻找这些互联网的切入点和接触点的具体方法，带来增量市场
互联网+变与不变 本土管理实践与创新论坛　著	61篇精华文章，聚焦传统行业如何互联网+时代转型	**今后这样做品牌** 蒋军　著	顶层设计、营销创新、产品战略、渠道变革、品牌策略
移动互联新玩法 史贤龙　著	立足现实，剖析新时代背景下的移动互联趋势与热点	**互联网时代的成本观** 程翔　著	多维组合成本的互联网精神和大数据特征及应用
正在发生的转型升级实践 本土管理实践与创新论坛　著	100多位本土管理专家当年对最新一年的思考和实践	**1000铁杆女粉丝** 张兵武　著	如何让普通女性成为忠实追随的铁杆粉丝，磁力点、情感结、甜蜜区、信任圈
混沌与秩序Ⅰ：变革时代企业领先之道 彭剑锋　施炜　苗兆光 王祥伍　孙波　夏惊鸣	新环境下企业面临变革应如何应对，企业家如何坚守并与企业共同成长	**混沌与秩序Ⅱ：变革时代管理新思维** 彭剑锋　施炜　苗兆光 王祥伍　孙波　夏惊鸣	对处于时代变革下的企业管理新机制、人力资源管理新思维，组织与人的新型关系，结合案例提出优化建议
消费升级：实践·研究 本土管理实践与创新论坛　著	从经营、管理、行业三个方面记录消费升级下的实践	**互联网精准营销** 蒋军　著	互联网时代整体策划、包装品牌和产品
智能推荐：让你的业务千人千面 刘国昊　周波　著	从资讯、电商、文娱行业来详细讲解智能推荐的应用，用户时间的争夺战	**制造业外贸营销网站建设** 宋金亮　著	介绍整个网站从无到有的实现过程，从分析思路、撰写内容到规划页面，列举了大量正反面实例，帮助读者理解和投入实践

续表

二、抖音、微信微商、电商			
书名	内容	书名	内容
抖音营销系统 刘大贺　著	抖音系统的实战营销知识，上百个从0做大的案例	金牌微商团队长 罗晓慧　著	微商团队长创业实操的指导工具书
微商生意经：真实再现33个成功案例操作全程 伏泓霖　罗晓慧　著	精心挑选的33个微商成功案例，阐述具体操作过程	快速见效的企业微信营销方法 孙巍　著	站在微信生态的立体高度系统讲述企业微信快营销方法论
阿里巴巴实战运营：14招玩转诚信通 聂志新　著	产品定位、阿里巴巴排名因素、数据分析、标题优化等	阿里巴巴实战运营2：诚信通热卖技巧 聂志新　著	打开诚信通运营的金钥匙，十大具体运营技巧
三、行业新营销			
餐饮新营销 杨勇　程绍珊　著	聚焦餐饮企业转型，系统的餐饮企业营销管理体系	新零售进化路径 李政权　著	预先复盘新零售及商业的未来，找到方向
珠宝黄金新营销 崔德乾　著	珠宝业新营销/新品牌/新产品/新零售/新连接/新场景/新服务/新传播/新管理	新经销：新零售时代教你做大商 黄润霖　著	探访近100位经销商在传统营销手法上的创新，传统营销微创新和新营销本地化
新零售动作分解与实操：建材·家居·家具 盛斌子　著	对泛家居行业趋势、店面管理、团队管理、促销推广、五感营销等提供策略	新营销 刘春雄　著	让品牌商和渠道商掌握获得独立流量的能力，能够与平台商博弈
快速见效的企业网络营销方法 B2B　大宗 B2C 张进　著	数据和案例90%来自作者服务的中小企业，快速全面地学习企业网络营销方法	移动互联下的超市升级 联商网专栏　著	超市未来的发展趋势，对社区超市、生鲜、全渠道建设、O2O等提出观点
百货零售全渠道营销策略 陈继展　著	零售行业的竞争重点、行业本质、战略转型、未来趋势、经验和案例	互联网时代的银行转型 韩友诚　著	银行业在互联网金融变革浪潮中所做的积极应对和转型布局
触发需求：互联网新营销样本·水产 何足奇　著	通过鲜誉案例解读阐述水产行业如何进行互联网转型	新农资如何弯道超车 刘祖轲　著	从农业产业化、互联网转型、行业营销与经营突破四个方面阐述农资企业转型
新零售　新终端 迪智成　著	将新零售系统打法做梳理并落地在新终端建设上		
医药医疗			
一、药店			
新医改了，药店就要这样开 尚锋　著	从药店定位的思考、内部和会员管理等方面探讨中小型药店发展方向	电商来了，实体药店如何突围 尚锋　著	新时代药店经营的三驾马车：药学专业服务、会员贴心服务和精准定向促销
引爆药店成交率1：店员导购实战 范月明　著	药店人的零售工作，怎样接待顾客，完善销售技巧	引爆药店成交率2：药店经营实战 范月明　著	从药店经营角度建立改善门店现状的实用标准
引爆药店成交率：专业化销售解决方案 范月明　著	从简单的拿药服务到提供多角度的专业解决方案	连锁药店新风口：资本　智能　大数据 动脉网　著	对我国连锁药店的市场环境、行业现状等进行分析，给出对连锁药店未来发展趋势的预判
药店导购关联销售技巧与成交话术 范月明　著	以药店情景案例导入，介绍常见疾病的导购销售话术与顾客心理分析，进而提供关联销售解决方案		

续表

二、药品销售			
书名	内容	书名	内容
医药第三终端：从控销到动销　诊所　基层医疗 王祥君　张芳文　著	用大量案例来梳理药企落地动销的策略、方法和技战术	**医药营销：诊所开发维护与动销** 张江民　著	从六个方面系统阐述基层诊所市场营销攻略
处方药合规推广实战宝典 赵佳震　著	对处方药推广体系搭建、推广人员岗位内容等六个方面进行阐述	**医药代理商经营全指导** 戴文杰　著	从产品选择、价格体系设计、路径管理等维度描述代理商产品操作的基本策略
处方药零售这样做 田军　著	处方药零售的重要性及做市场的具体措施和方法	**OTC医药代表药店开发与维护** 鄢圣安　著	一位从初级OTC医药销售代表成长起来的销售经理的经验分享
OTC医药代表药店销售36计 鄢圣安　著	以《三十六计》为线，阐述OTC医药代表向药店销售的技巧与策略	**做医生信赖的医药代表** 邹晓徽　宁剑锋 朱文虎　著	医药代表如何在合规要求下做好药品推广工作的操作工具书
三、药企转型			
药企战略·运营与医药产业重构 杜臣　著	医药产业的深度认知与发展趋势结合，战略思考与经营操作相统一	**医药行业大洗牌与药企创新** 林延君　沈斌　著	围绕创新介绍医药行业，介绍近百家医药企业创新实践案例
医药新营销 史立臣　著	从药企最关心的八个方面阐述制药企业、医药商业企业营销模式转型	**医药企业转型升级战略** 史立臣　著	从商业模式转型、管理转型、定位转型、运营模式转型和跨界转型五方面阐述转型
新医改下的医药营销与团队管理 史立臣　著	立足新医改相关政策的解读，为中小医药企业出谋划策	**在中国，医药营销这样做** 段继东　著	时代方略在医药营销领域思想、方法文章的精选合集
四、新医疗			
成为医疗器械领军者 王强　著	中小医疗器械生产企业和代理商怎样转型	**新型诊所经营与创新** 动脉网　著	对新型诊所从标准化管理、经营方式、团队建设、连锁模式四个方面进行解读
医美新风口：颜值经济下的亿万市场 动脉网　著	详细介绍中国医疗美容行业的发展趋势、现状及医美产业链等	**互联网医院：正在发生的医疗新变革** 动脉网　著	介绍互联网医院的建设与运营、管理，发展模式和市场布局，以及发展规律
快消品			
一、快消案例			
中国快消品营销这些年 史贤龙　著	一本书浓缩快消品营销15年的实战历程与前沿思考	**这样打造大单品** 迪智成　著	通过13个大案例帮助企业梳理打造大单品的路径
你不知道的加多宝 曲宗恺　牛玮娜　著	以时间为轴线，详细叙述了加多宝品牌的发展历程	**娃哈哈区域标杆** 罗宏文　快车君　赵晓萌 寇尚伟　著	娃哈哈豫北市场如何成为娃哈哈全国第一大市场、全国增量第一的市场
六个核桃凭什么从0过100亿 张学军　著	全视角深度解读养元企业的裂变成长，复盘十年蜕变轨迹	**像六个核桃一样** 王超　著	六个核桃为什么卖得这么好，产品畅销的6大要义36条简明法则

续表

书名	内容	书名	内容
5小时读懂快消品营销 陈海超　著	20年快消品市场风云洞察解码，丰富的案例解析		
二、快消品区域经理			
快消品营销团队管理 刘雷　伯建新　著	快消品团队管理相关的20余个工具+20余个案例	**这样打造快消品区域标杆** 罗宏文　牛玉龙　著	分两篇解决如何成功打造标杆市场和进行持续增量管理两大问题
成为优秀的快消品区域经理（升级版） 伯建新　著	作为区域经理的"速成催化器"，升级版增加11篇内容	**快消老手都在这样做：区域经理操盘锦囊** 方刚　著	一线成长起来的资深快消品营销人"压箱底"绝活
快消品营销人的第一本书 刘雷　伯建新　著	针对一线厂家业务员工作中常遇到的问题给予建议	**销售轨迹：一位快消品营销总监的拼搏之路** 秦国伟　著	一个普通营销人的故事，16年背井离乡的职场拼搏之路
快消品营销：一位销售经理的工作心得2 蒋军　著	从市场操作、团队管理、传播推广、营销的具体策略和战略等方面提供方法		
三、快消品动销			
动销：产品是如何畅销起来的 余晓雷　著	从怎么被消费者买走和竞争对手是谁这两个原点解决动销问题	**动销操盘：节奏掌控与社群时代新战法** 朱志明　著	用七个章节阐述关于动销操盘的要诀，节点、节奏、主次、条件匹配性等问题
动销四维：全程辅导与新品上市 高继中　著	从产品、渠道、促销和新品上市四个方面详细讲解提高动销的具体方法	**快消品经销商这样做才赚钱** 张宇　著	从全新的角度，解读经销商的经营困境，并提供可实操的解决方法
四、快消品渠道			
深度分销 施炜　著	渠道价值链、模式选择、渠道策略与管理、零售经销商管理、最佳实践、团队建设	**通路精耕操作全解** 周俊　陈小龙　著	对康师傅的制胜法宝通路精耕进行系统的介绍与说明，图表和完善入微的操作方法
酒水饮料快消品餐饮渠道营销手册 朱伟杰　著	对餐饮渠道深入挖掘，建立适合餐饮渠道发展的服务模式和组织保障措施	**快消品经销商如何快速做大** 杨永华　著	经销商如何通过经营实现规模，通过管理实现规模效益
快消品营销与渠道管理 谭长春　著	解决日常涉及的渠道管理、市场、产品等营销事务	**快消品招商的第一本书** 刘雷　著	从招商理论到招商动作进行系列化分解，化繁为简
采纳方法：化解渠道冲突 朱玉童　著	21个最新的渠道冲突案例立体地介绍渠道冲突的现象和方法	**快消品促销管理与方案：规划 技能 工具** 张荣举　著	涵盖促销规划、打法、具体落地执行的细节和终端人员技能及训练，结合线上线下运作，提供全套方法
五、快消品企业战略			
重构：快消品企业重生之道 杨永华　著	从战略、品牌、市场、产品、营销、系统、管理7个方面进行重构	**变局下的快消品实战策略** 杨永华　著	从5个角度针对快消品企业如何应对行业变局给出答案
新营销 刘春雄　著	让品牌商和渠道商掌握获得独立流量的能力，能够与平台商博弈	**采纳方法：破解本土营销8大难题** 朱玉童　著	破解困扰营销人的八大难题，给出解决方法
白酒营销培训宝典：复制高业绩 刘孝鞅　著	总结白酒营销人员系统运作市场的要点，转化为易学可复制的动作和工具表单	**酒水饮料快消品餐饮渠道营销手册** 朱伟杰　著	对餐饮渠道深入挖掘，建立适合餐饮渠道发展的服务模式和组织保障措施

续表

白酒			
书名	内容	书名	内容
白酒营销的第一本书 唐江华　著	多角度阐释白酒一线市场操作的最新模式和方法	**白酒经销商的第一本书** 唐江华　著	对经销商如何选择厂家、合作、运营品牌等问题给出建议
白酒到底如何卖 赵海永　著	多角度阐释白酒一线市场操作的最新模式和方法	**白酒到底如何卖2：从市场培育到动销** 赵海永　著	系统化、标准化、模式化的促成动销的实战操作方式和方法
变局下的白酒企业重构 杨永华　著	白酒企业重构期的营销战略与实操策略6大方法	**酒业转型大时代** 微酒　著	酒水营销、新闻资讯及行业分析、预测的知识宝典
区域型白酒企业营销必胜法则 朱志明　著	以36条法则从战略、营销、推广、产品线、品牌、市场、战术等方面提供方法	**10步成功运作白酒区域市场** 朱志明　著	从市场攻守、产品攻略、新品上市、占领渠道、促销等十个层面阐述
白酒营销1：中小酒企操盘与崛起 徐伟　徐涛　著	深入分析品牌与行业、操作方法，提供营销实操宝典	**白酒营销2：品类创新策略升级** 黑格咨询　著	立足行业现状，建立品类创新、营销模式创新路径，提供市场建设方法、营销策略与工具案例
茶·调味品·油·乳业			
营销中国茶：2小时读懂茶叶营销 史贤龙　著	中国茶营销的“困局”“破局”和“创举”	**中国茶叶营销第一书** 柏龑　著	纵览中国茶叶市场的全局，并且有针对性地提出问题并阐述解决方法
调味品营销第一书 陈小龙　著	15年监控中国市场50个中外著名调味品品牌市场运作、管理等的经验总结	**调味品企业八大必胜法则** 张戟　著	提炼了调味品企业八大规律性的关键成功要素
食用油营销的第一本书 余盛　著	从小包装油行业概述到产品的基本知识，从基本执行动作到品牌整体策划等	**鲁花：一粒花生撬动的粮油帝国** 余盛　著	鲁花如何成长为优秀的带动农业产业发展的品牌
金龙鱼背后的粮油帝国 余盛　著	以金龙鱼为脉的一部中国粮油行业的史诗	**乳业营销的第一本书** 侯军伟　著	区域型乳品企业如何才能稳健发展
调味品经销商公司化运营 张戟　著	调味品和快消品经销商如何从“个体户”到“公司化”，一步步推进的具体方法		
工业品			
一、工业品销售			
大客户销售这样说这样做 陆和平　著	大客户销售活动的十大模块，68个典型销售场景	**销售是个专业活** 陆和平　著	据客户采购流程拆分销售过程十阶段、讲解方法技巧
成为资深的销售经理：B2B工业品 陆和平　著	让销售经理成功把握销售管理6个关键点，并提供工具	**一切为了订单：订单驱动下的工业品营销实践** 唐道明　著	以订单流程的三个环节为主线讲述工业品营销管理新思路
订单是这样拿到的 郑文洲　著	作者近10年销售生涯的回顾，真实销售故事和成功经验分享		
二、工业品营销			
工业品营销管理实务（第4版） 李洪道　著	是信任导向工业品营销体系的深化版、工业品营销管理体系优化咨询的升级版	**工业品企业如何做品牌** 张东利　著	为当下中国制造的品牌化转型提供经过实践证明的理念、方法和体系

续表

书名	内容	书名	内容
工业品市场部实战全指导 杜忠　著	解决职能不清、市场部五大职能如何运作、职业发展路径等具体问题	**解决方案营销实战案例** 刘祖轲　著	十大工业品作者实操案例解码解决方案营销
资深大客户经理：策略准　执行狠 叶敦明　著	将大客户经理必须具备的规划、策略、执行三种能力运用自如		
三、工业品企业			
变局下的工业品企业7大机遇 叶敦明　著	探索工业品企业成长的新机会，7大战略与战术性机会	**两化融合管理体系贯标流程与方法** 戴勇　著	融合五十多家企业在两化融合贯标过程的经验，总结重点与举措
丁兴良讲工业4.0 丁兴良　著	多角度阐述中国在工业4.0的机遇和挑战		
建材家居			
一、建材家居门店			
家居建材促销与引流 薛亮　李永锋　著	对泛家居营销执行模式和工具、关键环节等进行汇总	**新零售动作分解与实操：建材·家居·家具** 盛斌子　著	对泛家居行业趋势、店面管理、团队管理、促销推广、五感营销等提供策略
家具行业操盘手 王献永　著	总结家具终端门店发展的现状及问题并给出策略	**手把手教你做专业督导** 熊亚柱　著	系统梳理督导的核心技能、岗位职责、工作流程及技能
手把手帮建材家居导购业绩倍增 熊亚柱　著	针对建材家居门店的业务人员、案例故事还原场景，教你成为好导购	**10步成为最棒的建材家居门店店长** 徐伟泽　著	梳理店长管理的核心工作职责、店面管理规范和帮助销售人员成长
建材家居门店销量提升 贾同领　著	9个板块讲述建材一个单店如何做到经营的良性循环	**建材家居门店6力爆破** 贾同领　著	产品力、导购力、形象力、推广力、服务力、组织力
二、建材家居经销商			
新经销：新零售时代教你做大商 黄润霖　著	探访近100位经销商在传统营销手法上的创新，传统营销微创新和新营销本地化	**建材家居经销商42章经** 王庆云　著	经营管理的心法和战法，帮助经销商成为“业务妙手”和“管理能手”
成为最赚钱的家具建材经销商 李治江　著	针对建材家居行业的经销商，从销售模式、产品、门店、市场等方面给出方法		
三、建材家居企业			
定制家居黄金十年 韩锋　翁长华　著	对中国定制家居行业20年发展历程进行深度、系统、专业的解读	**建材家居营销：除了促销还能做什么** 孙嘉晖　著	探索家居建材行业营销的革命，发现行业“营销天花板”的突破口
建材家居营销实务：新环境、新战法 程绍珊　杨鸿贵　著	针对建材家居市场特点提出以客户价值为基础的整体营销价值链	**全屋整装　高利润运营手册** 翁长华　陈平　著	十大维度解决实际问题，是0到1极具操作性的整装指南
零售·餐饮·服装·影院·美容院			
新零售进化路径 李政权　著	预先复盘新零售及商业的未来，找到方向	**新零售　新终端** 迪智成　著	梳理新零售系统打法并落地在新终端建设上

续表

书名	内容	书名	内容
移动互联下的超市升级 联商网　**著**	超市未来的发展趋势，对社区超市、生鲜、全渠道建设、O2O等提出观点	**百货零售全渠道营销策略** 陈继展　**著**	零售行业的竞争重点、行业本质、战略转型、未来趋势、经验和案例
超市卖场定价策略与品类管理 IBMG 集团　**著**	零售企业的市场拓展与商品定位、商品结构与商品陈列、毛利分析与库存分析	**连锁零售企业招聘与培训破解之道** IBMG 集团　**著**	围绕零售企业组织架构、培训体系建设等内容进行探讨
总部有多强大，门店就能走多元 IBMG 集团　**著**	五大方向综合阐述连锁零售企业总部如何提升管理能力	**三四线城市超市如何快速成长：解密甘雨亭** IBMG 集团　**著**	甘雨亭的许多关键经营指标均高于行业标准，学习其成功的方法
中国首家未来超市：解密安徽乐城 IBMG 集团　**著**	对乐城超市的掌门人及内部员工的采访详细阐释了乐城的经验	**零售：把客流变成购买力** 丁昀　**著**	通过大量的实际案例对中国零售业态的升级转型之路提出思考
餐饮新营销 杨勇　程绍珊　**著**	聚焦餐饮企业转型，系统的餐饮企业营销管理体系	**电影院的下一个黄金十年** 李保煜　**著**	介绍了中国电影产业的运作模式及电影院的开发、设计思路
餐饮企业经营策略第一书 吴坚　**著**	阐述餐饮企业产品之道、市场之道、顾客之道及盈利之道	**赚不赚钱靠店长，从懂管理到会经营** 孙彩军　**著**	注重专卖店的经营思路拓展，门店管理细节方面能力提升
时装买手自学通 范敏娜　**编著**	从流行趋势调研、商品企划、采购渠道、数据管理到店铺销售等时装买手需要具备的能力与操盘技巧	**美容院/养生馆高盈利经营模式** 陈鹏飞　**著**	5步实现店铺高盈利方法与策略
农牧业			
一、农资			
饲料营销有方法 陈石平　**著**	饲料营销的7大核心命题	**农资营销实战全指导** 张博　**著**	在农资市场行之有效的营销策略和工具
新农资如何弯道超车 刘祖轲　**著**	农业产业化、互联网转型、行业营销与经营突破		
二、农牧企业			
中国牧场管理实战 黄剑黎　**著**	对牧场管理标准、管理制度、操作规程做出剖析和指引	**中小农业企业品牌战法** 韩旭　**著**	农业企业需要全产业链视野，更需要品牌实战方法
变局下的农牧企业9大成长策略 彭志雄　**著**	为农牧企业量身打造了9个立足现在、展望未来的成长策略	**农产品营销实战第一书** 胡浪球　**著**	针对33个农产品营销的核心问题提供具体招数
农产品全网营销 吴之　**著**	帮助全国农业合作社、家庭农场打造农产品品牌		
地产·汽车			
一、地产			
中国城市群房地产投资策略 吕俊博　刘宏　**著**	挖掘主要城市群的现状特征、发展因子、演化趋势、竞争关系等，给出分析建议	**产业园区/产业地产：规划、招商、实战运营** 阎立忠　**著**	从认知、规划、招商、运营四方面系统解读产业园区的建设精要和运营技巧
人文商业地产策划 戴欣明　**著**	“全球化视野（创意）”+“人文+”思维	**产业园区/产业地产2：系统化经营与操盘攻略** 阎立忠　**著**	全方位系统解析产业园区运营策略
从零开始打造产业园区 刘晓君　**著**	全流程，系统化，注重细节，多角度教你打造产业园区		

续表

二、汽车			
书名	内容	书名	内容
商用车经销商运营实战 杜建君　著	对商用车经销商的经营与管理、4S店运营做了全方面的系统总结	汽车配件这样卖 俞士耀　著	适合轮胎、机油、维修、快保、美容、洗车等汽车服务业态销售实操办法
润滑油销售：这样说，这样做更有效 张金荣　著	总结润滑油销售面对三大客户常遇到的200余个营销问题解决方法	润滑油品牌营销 张金荣　著	没有说教，只有方法，适合小微企业、代工品牌、经销商、营销人阅读
投资理财·收购资本			
交易心理分析 马克·道格拉斯 【美】　著	一语道破赢家的思考方式，并提供了具体的训练方法	财报背后的投资机会 蒋豹　著	零基础轻松掌握财务报表的相关知识，快速入门
写给企业家的公司与家庭财务规划 周荣辉　著	以企业的发展周期为主线，介绍各阶段企业与企业主家庭的财务规划	分股合心 段磊　周剑　著	围绕股权激励，详细介绍相关知识和实行方法
成功并购300问 浩德并购军师联盟　著	系统学习资本运作和企业并购知识的金融工具书	并购名著阅读指南 叶兴平　著	从全球5000多本并购图书中精选200本并进行评价
避开股权合伙这些坑 苏雯静　著	根据创始合伙人、外部合伙人、内部合伙人等方面的实际案例做归纳和梳理	产业并购操盘手 张军杰　著	15个案例，11个范本，38个图表，拿来即用
科创板IPO上市全流程指导 丁先云　刘海旭　著	不仅有各项制度的深入剖析，更有各种问题和解决方案的详细论述，配合案例，轻松操作		
阿米巴			
阿米巴经营的中国模式 李志华　著	基于阿米巴经典理念提出了适合中国本土的员工自主经营的“1532”模型	集团化企业阿米巴实战案例 初勇钢　著	作者在某酒厂推行阿米巴经营模式的心得
中国式阿米巴落地实践之激活组织 胡八一　著	划分原则、裂变与整合、组织管控、重新定位、巴长竞聘和组阁	中国式阿米巴落地实践之从交付到交易 胡八一　著	从6个方面阐述经营会计，从交付到交易是成功实施阿米巴的标志
中国式阿米巴落地实践之持续盈利 胡八一　著	企业做成平台、平台做成阿米巴、阿米巴做成合伙制		
人力资源管理			
一、绩效·薪酬			
回归本源看绩效 孙波　著	从目的和概念帮助企业梳理绩效管理与经营的关系	走出薪酬管理误区 全怀周　著	从7个常见的薪酬误区入手为企业提供一套系统解决方法
曹子祥教你做绩效管理 曹子祥　著	作者核心授课课程的还原，掌握绩效管理的核心内容	曹子祥教你做激励性薪酬设计 曹子祥　著	作者28年咨询经验总结，如何进行科学的薪酬体系设计
把招聘做到极致 远鸣　著	资深招聘经理多年工作心得的提炼	把招聘做到极致2：灰度招聘全攻略 黄渊明　李仨倩　著	从实战需求出发，兼容并包各种优秀的招聘理论、方法、经验与工具，并进行创新性的应用

续表

书名	内容	书名	内容
二、招聘·面试·培训			
把面试做到极致 孟广桥　著	一套实用的确定岗位招聘标准，提升面试官技能方法	**世界500强资深培训经理人教你做培训管理** 陈锐　著	构建培训体系、培训组织、培训文化、开发培训资源，教你做培训管理
人才评价中心漫画版 邢雷　著	用漫画形式写成的人才测评专业书籍		
三、HR高管·劳动法			
经营型HRD 黄渊明　著	总结企业HRD如何支撑企业经营，抓好七件关键事情	**人才供应链：实现高绩效均衡的人才管理模式** 许锋　著	打造人才供应链的四大支柱、十项修炼的完整体系
新任HR高管如何从0到1 新海　著	到互联网创业型企业担任HRVP，从0到1建立较完善的HR体系	**人力资源体系与e－HR信息化建设** 刘书生　陈莹　王美佳　著	6大框架、28个关注点、5大目标、6大优势、166个交付物咨询体系和盘托出
集团化人力资源管理实践 李小勇　著	针对集团型企业人力资源管理的问题提出科学建议	**我的人力资源管理笔记** 张伟　著	第三方咨询视角跳出“技术方法”看人力资源管理
人力资源的5分钟劳动法 李皓楠　著	入职管理、在职管理、离职管理中遇到的劳动法问题及应对	**海外人力资源管理：帮企业成功“走出去”** 黄渊明　著	弥补了中国企业海外人力资源管理实践体系建设的空白，具有开创性意义
从零开始学：胜任力模型建模与应用 林丽萍　著	手把手教你做胜任力建模，并通过大量的企业案例拆解介绍模型在各个方面的落地应用	**上市公司总经理助理工作笔记** 黄娜　著	40个案例，教你从小白助理到资深总助
用好任职资格体系 杨序国　著	以某企业为案例，系统地介绍了企业HR如何通过任职资格体系帮助员工成长		
四、HRBP			
HRBP是这样炼成的之菜鸟起飞 黄渊明　著	作者在初步转型HRBP两年时间里摸索实践的亲身经历与总结	**HRBP是这样炼成的之中级修炼** 黄渊明　著	结合作者亲身从事HRBP的工作经历，总结HRBP的作战故事
HRBP高级修炼 黄渊明　著	故事方式，HRD角度深度呈现运用HRBP的思维、方法		
		企业文化	
企业文化落地本土实践 王祥伍　著	华夏基石“知信行”模型描绘企业文化落地路线图	**企业文化的逻辑** 王祥伍　著	从文化起源深刻剖析文化、效率、企业、企业文化联系
企业文化定位·落地一本通 王明胤　著	企业文化理念传播和落地聚焦的17种方法，解读了近100个实战案例	**36个拿来就用的企业文化建设工具** 海融心胜　著	汇集整理了36个通用的企业文化实践工具
企业文化激活沟通 宋杼宸　安琪　著	系统阐述沟通与企业文化的关系，给予企业提升沟通效能的企业文化解决方案	**企业文化建设超级漫画版** 邢雷　著	用漫画形式写成的企业文化建设专业书籍，理论体系和29个具体的操作方法
在组织中绽放自我 朱仁建　著	个人与组织之间的关系，文化对组织化形成的影响	**用企业文化提升经营绩效** 彭剑锋　尚艳玲　**主编**	企业要想在竞争中利于不败之地，就不能没有能打胜仗的企业文化与领导力
		流程管理	
营销·研发·供应链业务架构与流程管理 谭勋晖　著	营销、研发、供应链三大业务流程变革实践经验总结	**打造集成供应链** 王春强　著	第一用力在“集成”上，梳理内外部相关模块及其依赖关系
人人都要懂流程 金国华　余雅丽　著	50幅流程管理漫画，内部对流程价值理念的高度共识	**用流程解放管理者** 张国祥　著	8个板块构成，共66篇文章，14幅流程管理图
用流程解放管理者2 张国祥　著	对中小企业规范化流程管理进行系统的阐述	**跟我们学建流程体系** 陈立云　罗均丽　著	在《跟我们做流程管理》的基础上丰富了标杆实践案例

续表

质量管理			
书名	内容	书名	内容
16949质量管理体系落地与全套文件汇编 谭洪华　著	对IATF16949每个条款讲解采用理解、作用、落地、模板、成功案例模块解析	**ISO9001：2015制造业文件模板全集** 贺红喜　著	五篇内容组成的完整的质量管理体系工具文件
精益质量管理实战工具 贺小林　著	四个方面对精益质量管理进行了全方位介绍和解读，并提供大量的方法工具	**五大质量工具详解及运用案例** 谭洪华　著	APQP、FMEA、MSA、SPC、PPAP五大质量工具的具体运用
IATF16949质量管理体系详解与案例文件汇编 谭洪华　著	针对IATF16949的标准原文做详细解说，同时提供大量的表单案例	**SA8000：2014社会责任体系认证实战** 吕林　著	将SA8000多版本及10多年的体系实战经验汇编成书
ISO9001：2015新版质量管理体系解读与案例文件汇编 谭洪华　著	对ISO9001：2015新版标准理解和运用操作进行详细解读	**ISO14001：2015新版环境管理体系解读与案例文件汇编** 谭洪华　著	ISO14001：2015改版后的差别和操作运用进行详细讲解
我在世界500强做供应商质量管理 宋华　著	分享汽车行业成熟的供应商质量管理体系和方法，都是作者的亲身经历	**ISO45001职业健康安全管理体系落地+全套案例文件** 谭洪华　著	每个条款清晰讲解，内容完全落地，轻松运用
五大质量工具之FMEA（2019第五版）详解及运用落地 谭洪华　著	对2019年6月修订的第五版FMEA标准进行详解，提供落地操作方法和全部案例文件，可直接套用		
精益生产			
一、精益·JIT·IE			
精益思维：超越对手的力量 刘承元　著	以尊重人性的精益思想为切入点，分别从管理者的精益理念、精益思维、精益实践、精益中国制造等方面进行独到的分析	**比日本工厂更高效** 刘承元　著	管理提升无极限+超强经营力+精益改善里的成功实践
计划与物流精益改善之道 于晓光　著	围绕“计划与物流战略咨询的方法论”进行解析，提供方法论和案例	**300张现场图看懂精益5S** 乐涛　著	通过日本丰田、上市企业案例，用300张现场图系统讲解5S管理
3A顾问精益实践1：IE与效率提升 党新民　苏迎斌 蓝旭日　著	系统、全面地介绍IE工厂管理技术，提高效率创造价值	**3A顾问精益实践2：JIT与精益改善** 肖智军　党新民　著	系统、全面地介绍JIT生产方式，并加入实践案例
高员工流失率下的精益生产 余伟辉　著	从三方面论述推行精益管理时如何应对员工流失	**让员工爱上6S管理** 肖智军　著	提供了众多企业的原版资料、案例，还汇集了一些企业骨干的推行感想、感悟及反思
200张图表学精益管理：IE工厂效率提升方法 刘秀堂　著	IE工程师视角，全是一线经验。精益落地的实操方法，大量图表工具让你上手就能做		
二、生产管理			
化工企业工艺安全管理实操 黄娜　著	围绕化工工艺安全14要素来展开分析	**手把手教你做专业生产经理** 黄娜　著	生产经理如何在信息流、物流、资金流三大流中开展工作

续表

书名	内容	书名	内容
欧博心法：好工厂 靠管理 曾伟 著	从管人篇和管事篇帮助读者解决人难管、事难控	**欧博工厂案例1：生产计划管控对话录** 曾伟 曾子豪 著	工厂管理生产计划管控模块的8个全景细节大案例
欧博工厂案例2：品质技术改善对话录 曾伟 曾子豪 著	工厂管理品质、技术、效率管理模块的10个全景细节大案例	**欧博工厂案例3：员工执行力提升对话录** 曾伟 曾子豪 著	工厂管理人员管控模块的5个全景细节大案例
工厂管理实战工具 曾伟 著	中国传统文化指导下的工厂管理工具	**制造业成本倍减42法** 王天江 著	42种经过实际验证有效的成本降低方法，用61个真实案例说明
制造企业上10亿其实并不难 杨小林 著	年产值1亿~10亿元中小制造企业在工厂经营和管理上的业务指导		
三、班组长			
全能型班组：城市能源互联网与电力班组升级 国网天津电力公司 著	从互联网时期的班组转型升级出发，对新型班组组织模式和运行机制进行设想	**国网天津电力全能型班组建设实务** 国网天津电力公司 著	聚焦天津电力公司在探索全能型班组转型升级时的优秀实践
咨询·培训师			
培训师事业长青之道 廖信琳 著	培训师自我管理的“洋葱模型”、十项内容与五个层级	**管理咨询师的第一本书** 熊亚柱 著	深度剖析初级入行咨询师在工作中遇到的问题
资深管理咨询顾问工作心得 张国祥 著	使用手册讲述咨询师如何操作项目、老板如何选择咨询师、企业如何自主落地	**手把手教你做顶尖企业内训师** 熊亚柱 著	从开、控、收、编、制、用的角度去履行培训师的职责
TTT培训师精进三部曲上 廖信林 著	手把手教你“深度改善现场培训效果”的一招一式	**TTT培训师精进三部曲中** 廖信林 著	建构一整套培训课程设计与开发的认知架构和方法体系
TTT培训师精进三部曲下 廖信林 著	通过“沉淀职业功力的六度模型”，帮助培训师在职业技能上持续精进		
产品·研发			
研发体系改进之道 靖爽 陈年根 马鸣明 著	取材数十家企业研发改进的咨询实践，提炼一套实操的改进步骤与工具	**新产品开发管理，就用IPD（升级版）** 郭富才 著	把产品经营的思想凝结在新产品开发管理机制中，升级版更丰富
产品开发管理：方法·流程·工具 任彭枞 著	结合超过300家企业的实际研发管理方法，总结问题和方法，大量表格	**资深项目经理这样做新产品开发管理** 秦海林 著	采用过程管理方法，对新产品开发的四大过程进行分析，主要针对小电器产品
产品炼金术Ⅰ：如何打造畅销产品 史贤龙 著	打造畅销产品的四个方法	**产品炼金术Ⅱ：如何用产品驱动企业成长** 史贤龙 著	从经营者视角重新认识产品，快速诊断产品现状
快消品产品开发方法：打造快消爆品 张荣举 著	提供整套实战性的思维、方法、技能和工具，直接带有表格及公式，一看就能上手		